《云南少数民族科技与文化》丛书

纳西族山林观念研究

地方性知识的建构与科技文明的袭入

沈云都　杨琼珍 / 著

中国科学技术出版社

·北 京·

图书在版编目（CIP）数据

纳西族山林观念研究／沈云都，杨琼珍著．—北京：
中国科学技术出版社，2015.9
（云南少数民族科技与文化丛书／诸锡斌主编）
ISBN 978-7-5046-6992-6

Ⅰ.①纳…　Ⅱ.①沈…　②杨…　Ⅲ.①纳西族－民族文化－
研究－云南省　Ⅳ.① K285.7

中国版本图书馆 CIP 数据核字 (2015) 第 229974 号

策划编辑	王晓义
责任编辑	王晓义
装帧设计	中文天地
责任校对	凌红霞
责任印制	张建农

出　　版	中国科学技术出版社
发　　行	科学普及出版社发行部
地　　址	北京市海淀区中关村南大街16号
邮　　编	100081
发行电话	010-62103130
传　　真	010-62179148
投稿电话	010-62176522
网　　址	http://www.cspbooks.com.cn

开　　本	720mm×1000mm　1/16
字　　数	300千字
印　　张	16
印　　数	1—1000册
版　　次	2015年9月第1版
印　　次	2015年9月第1次印刷
印　　刷	北京京华虎彩印刷有限公司

书　　号	ISBN 978-7-5046-6992-6 / K·177
定　　价	60.00元

谨以此书，献给东南大学人文学院哲学与科学系教授，笔者的博士后合作导师陈爱华教授

《云南少数民族科技与文化》
丛书编委会

沈云都
SHEN YUNDU

沈云都，博士，东南大学人文学院科技伦理学方向博士后。云南农业大学人文社会科学学院副院长，副教授，科学技术史专业硕士研究生导师。现任云南省高等教育学会理事、云南省科学技术哲学研究会理事。在 CSSCI 来源期刊，如《马克思主义与现实》《高等教育研究》《道德与文明》《江苏社会科学》《浙江社会科学》《学术界》《思想战线》《云南社会科学》《全球教育展望》等发表学术论文 30 余篇，其中一篇论文获人大复印资料全文转载。出版个人学术专著 2 部，主持或参与国家级、省级社会科学项目多项。一项研究成果获得省委领导批示。获云南省第十七届哲学社会科学优秀成果二等奖一项。

杨琼珍
YANG QIONGZHEN

杨琼珍，女，纳西族，任教于云南农业大学人文社会科学学院，师从著名学者方慧教授。长期从事西南边疆民族习惯法与纳西族民族史研究，在 CSSCI 来源期刊发表学术论文 4 篇，参与国家社会科学基金重点项目一项，主持或参与其他项目多项。

作者简介

《云南少数民族科技与文化》丛书序

　　生活于云南的各个少数民族是中华民族的重要组成部分，一些少数民族，如壮族、傣族、布依族、藏族、彝族、傈僳族、景颇族、哈尼族、佤族、怒族、拉祜族、独龙族、苗族、布朗族、德昂族、京族以及在中国目前还未确定为单一民族的克木人等作为跨境民族，其文明影响具有国际性；其中一些少数民族，如佤族、景颇族、傈僳族、独龙族、怒族、德昂族、布朗族、基诺族等则是直接由原始社会进入社会主义社会的少数民族，其文明状况具有明显的特殊性。正因为如此，云南作为认识和探索人类社会发展和人类文明进步的"宝地"，受到我国以至世界各国的关注。然而，长期以来，对云南少数民族及其文明的研究，大多集中在经济、政治、宗教、风俗、语言等方面，而对其传统科技的研究相对薄弱。事实表明，云南少数民族作为中华民族大家庭中不可或缺的成员，他们所创造的传统科技与文化，曾为中华文明做出了重要贡献。然而，遗憾的是，由于历史、自然、社会、经济等各种原因，很多少数民族的传统技术以口授言传的方式保存和应用于民间。随着我国经济建设的快速发展，城市化进程的增速，加之现代市场经济的冲击和传统技人的相继离世，保留于民间的传统技术以及与之相随的文化面临着加快消失的危险，如何保护和开发云南各少数民族优秀传统技术及其文化已不是讨论其是否具有意义的问题，而是一项十分紧迫的任务了。

　　当前，非物质文化遗产保护越来越受到各国政府和人们的重视，云南少数民族的传统科技与文化也日趋受到关注。尽管一些国内外学者已开始把眼光转移到对云南少数民族传统科技与文化的研究上来，在资料和文献的收集、整理方面取得了较好的成果，发表和出版了一些有价值的论文与专著，并且在关于中国少数民族科技史以及人类学的国际学术讨论会和国内的各种会议上，云南少数民族的传统科技与文化也一直是人们的关注兴奋点。但是，面对如此广阔的研究领域，如何抢救、保护和开发云南少数民族优秀传统技术的研究却一直较为薄弱。由于云南少数民族传

统科技与文化不仅大部分属于非物质文化遗产，而且许多还是物质文化遗产，是亟待加强研究和开发的领域，它需要自然科学、社会科学、人文学科以及与这些学科相关的技术等的相互配合，开展综合性的研究，其难度显而易见。尽管如此，我们必须明确，既然中华文明是中国各民族创造的文明，那么发掘与弘扬云南各少数民族的传统科技文化，就是事关中华文明之大事，不能因难而退，而应看清自己作为一个中国人身上所承担的责任，这也是具有良知的学者之本分。

为此，一批有志于为少数民族的传统科技与文化的研究和开发做出奉献的工作者，无论是官员还是教授，也无论是年轻的学者，还是一般的工作人员，在共同理想的推动下，走到了一起，或借助各类科研课题和项目，或利用各种机会和业余时间，深入基层、农村，进深山、下田野，走村串寨，采访调查，进行了艰苦的研究和探索。开展这一工作的重点，就是要将云南少数民族传统科技放到不同民族特定的文化背景中去，不仅形成抢救性的学术研究成果，而且力图把对云南少数民族传统科技与文化的开发利用作为重要支撑点，以此来提高研究成果的可应用性，使其在新的时代背景下，发挥多方面的效用。这套丛书的出版，正是基于这样的目的，凝聚了各位作者的心血和期盼。

值得庆幸的是，该丛书作为一个开放的体系，并不因为业已完成著作的出版而结束，而是期待着更多这一方面优秀的作品加入，使之在不断地发掘与探索中完善、深化和发展。我们期待着这棵稚嫩的小苗，能够长成参天大树，为前行的开拓者遮风避雨，使他们能够由此得到启发，奋然前行。

《云南少数民族科技与文化》丛书编委会

2014 年 6 月 12 日

科技文明与地方性知识的相遇：在历史人类学的视野下（代自序）

本书的观点，或愚或得，已在文中陈列；本书的缘起，也以后记的形式作了简扼的交代。在此想要补充的是推动笔者写作本书的理论动机。

一、历史人类学与知识社会学的相互邀请

哈贝马斯认为罗尔斯实现了当代"实践哲学的一个关键性转折"[①]，因为他承认了"合理多元主义的事实"[②]的存在，即在同一个社会生活内部，并存着多种各自不同但又各自成立的对日常生活的完备的理解方式，由此也就事实上承认了并立着多种对应的社会实践。

换句话说，人类的知识，包括经验知识（巫术或科学）和道德知识（伦理），都不再具有同一的形式和内容。因此，康德所谓的"主体知性范导的超验性"（Die transzendentale Asthetik）[③]，也就是知识的"内源性"和实在性，就被证伪了。这也标志着我们不得不承认：人类的知识，包括科学知识，原则上都是地方性的。这一点，决定了科学学（知识学）问题与人类学问题需要结合、统筹在一起。也就是说，不仅是人们的行为和文化，而且包括人们的知识和信念，都呈现为一种地缘或地理的谱系分布，也就是人类学所说的"岛屿状"的。

那么，如果说一切"真理"，都一定有其特定的民族—宗教生活史的观念前提，

① Jürgen Habermas. *Reconciliation Through the Public Use of Reason: Remarks on John Rawls's Political Liberalism*[J]. The Journal of Philosophy, Vo.l 92, No.3（March, 1995）.

② John Rawls. *Political Liberalism*[M]. New York: Columbia University Press, 1996: 36.

③ 黄裕生. 真理与自由——康德哲学的存在论阐释［M］. 南京：江苏人民出版社，2002；291.

因此也就没有理由拒绝"异文化"提出的不同的知识见解和道德见解；正是知识现象之间以及知识的文化认知之间的不同，同时为知识学和伦理学提出了当代化的压力。这是对康德所代表的近代形而上学的一个根本性的挑战。它意味着：以先验的普遍理性为担保的抽象的人类真理不能再继续无视民族习俗的因素。所以知识不可能是内源性的，而是与彼此相异的民族—宗教生活史相互联系。① 其次，这一"地方性知识"又不是现成的和稳固不变的，而是持续处于生成过程之中。尤其是，在世界性的现代化和全球化进程中，异文化之间的知识分际导致文化碰撞呈现常态化，其最典型的特征就是本书所说的科技文明对土著民族的强行袭入。这种碰撞又引发了地方性知识的反思与重建，导致当地知识现象自身显现出更加鲜明的变迁性和历史性。这迫使当代人类学家不得不放弃固有的观点，而开始正视人类知识系统的发生性或生成性（由此也引出知识体系的时间性）以及知识的生成与"异文化"碰撞之间的关系。

总之，人类知识的地方性（异文化语境）和生成性（历史性），要求研究者们把他们所研究的各种知识全部放回人类学的视野之中。

另一方面，人类学作为一个相对后起的学科，在 20 世纪不断面临着知识社会学上的压力。这一点从该学科在近几十年的基础理论史中就十分明显地透露了出来。从 30 年代马林诺夫斯基提出田野工作的民族志方法时起，"人类学家如何（或者说能否）客观地书写异文化的民族志"就成为了该学科在知识论上的一个前提性的隐患。到列维－斯特劳斯提出文化具有一个非"家乡式"的，也就是当地人自己也"日用而不知"的无意识结构，而人类学家的任务就是揭示这个结构的时候，对人类学的知识社会学的怀疑也达到了顶峰：人类学家如何能够察知一个连当地人也无从察知的"无意识结构"？这一问题包含着三个子问题：其一，人类学家是在自身的文化—社会时空，还是在异文化的时空中进行研究？或者说，他是采取一种客位（etic）视角还是主位（emic）视角来经验异文化的他者生活？（进一步的问题是：①如果是主位视角，那么人类学家为什么能够得到同属主位视野的当地人所无法发现的"无意识结构"？并且作为一个"外乡人"，他怎么可能获得这个主位的视角？②如果是客位视角，那么人类学家如何证明这个"无意识结构"不是他的虚构甚至捏造？）其二，人类学家如何确保他的"客观"的民族志书写具备前提上的纯洁性，即他不会把他自己的本文化，也就是马林诺夫斯基所说的"家园"眼光和成见带入他

---

① 沈云都. 哈贝马斯晚近道德哲学中的民族宗教生活史问题 [J]. 思想战线，2010（5）：147—148.

的研究中从而破坏或"污染"其结论的"科学"性？而如果他必然把这种家园眼光带入他的研究，那么这种不再客观、也不再"纯洁"的研究，到底是具有一种书写的意义呢，还是具有一种建构的意义（或者甚至不具有任何可靠的意义）？这就涉及一个在当代人类学领域极具争议的问题：人类学是一门描述性的科学呢，还是——按照实验民族志学派的观点——某种构建性的叙事，也就是某种"文学"？（这里潜在的问题是：人类学家对异文化做了什么？既然他不再是一个超然的中立者）其三，人类学家所发现的这个异文化的无意识结构，之所以能称为"结构"，就是因为它具有内在的一致性和有序性。但是，这个一致性和有序性到底是该文化的无意识结构本来具有的，还是仅仅存在于人类学家的思维秩序之中、仅仅因为他自己的思维经验本身具有一致性，所以人类学家才"发现"了异文化的结构的一致性？（列维－斯特劳斯把无意识结构奠基于人类的普遍的思维语法的一致性之上，这简直就是对他的怀疑者的启发。）

由此可见，"人类学家"或"民族学家"自己恰恰成了人类学的最大困难。这一知识社会学上的困境已经不再是人类学或民族学的经验探究本身所能完全解决的了，所以这个年轻的学科在最近几十年、特别是列维－斯特劳斯和他之后的重要学者，如格尔兹、布迪厄等，越来越注重对人类学问题的哲学辩解。

所以，知识社会学与人类学的靠近，是两个学科因各自的理论困境而对对方视野的"邀请"，是双向挤压的共同结果。

二、"我们身边"的人类学：一种可能的方向

本书经验材料的一个基本事实是：丽江纳西族世居地区，已经出现了各民族居住地理和知识地理的深度的空间交叠。

这一点，与传统的人类学假设是错位的。

传统观点认为，人类学的眼光指向"远方"。人类学家的研究对象，也就是那些"简单社会中的土著民族"，是生活在现代科技文明之外的孤岛中，是轰轰烈烈的现代化历史时空的"局外人"和"异乡人"（或者反过来说：人类学家也是土著民族的异乡人）。这样的学科假设，在人类学诞生之初无疑规定了其研究的边界和论题，从而为人类学独立学科的构建，起到了根本性的奠基作用。但是，随着人类学本身的深入发展，越来越多的事实证明，人类学并非只存在于"远方"。一方面，随着非西方民族的人们，比如原先被认为是人类学研究对象（远方的野蛮人）的中国人，也开始参与到人类学学科领域的研究当中，这就意味着"远方"作为一个空间概念，

其边界变得模糊起来；另一方面，"远方"与"本土"，从产生出人类学研究活动之时开始，就已经形成了微弱的相互干预，"远方人的生活样式"从来不是像物理自然那样客观而不受干扰地呈现在研究者面前（现代物理学证明，即使是物理自然，也必然受到研究者的干扰，这种现象被归纳为"测不准原理"）。这样，人类学就必须重新解释自身的处境，其中关键的问题就是：如果"远方"在方法论上从来就是一个假设，那么，人类学的知识是否仍然能够成立？

1. 人类学在全球化和新传媒时代的尴尬在于：它所标榜的对"远方"异文化的客观书写再也无法实现，因为"远方"已经消失。今天的人类学家所能够目睹的，是吃肯德基、泡星巴克、看《变形金刚》、读《纽约时报》的"异民族"，纯洁无染的他者永远地一去不再来了。

这就带来一个问题：这是人类学的灾难吗？又或者，人类学能够从中还原出这个学科本身的真相？

事实上，早在"人类学"的研究意识和研究行为诞生之日起（此时，民族志方法还远远没有被完整地提出，但是"客观书写"的雄心已经彰显），异文化的书写者们（此时尚未出现严格意义上的"人类学家"）就该学科的一个基本真相视而不见：他们所接触到的从一开始就不是所谓的异文化的"现实"，而是他们自己与该文化中生活着的人的历史"相遇"。或者说，书写者对他所书写的他者的历史富有责任；现实地讲，他参与了异文化"他者"的历史制作。[①] 所以，全球化和新媒体并没有带来人类学的灾难，而是把人类学一开始就无法豁免的、但却被忽略的真相加以放大，即在我们的书写中投下了"我们"的影子。

2. 面对全面"科学化"的压力，现代社会——无论是哪一个具体的民族的现代生活形式和地方性知识形式——都出现了强烈的内部分裂问题。涂尔干准确地注意到原始社会的"同质性"及其机械的社会团结力量在现代社会已经消失；但是，他所寄望的现代团结、也就是通过社会分工来维系的"有机团结"却与社会的共同意识形成了一种不可避免的消长关系。在这里，涂尔干甚至极为高兴地宣布：在社会分工时代，"既然共同信仰和共同习惯绝大多数都是从传统的力量里获得的，它们显然也越来越无法阻止个人的自由变化和发展了。"[②]（当然，在其学术生涯的中晚期，涂尔干开始试图挽救社会分工与社会共同意识的抵触，因而转向宗教问题。）

恰恰是在现代社会的分裂张力中，人类学内部出现了一系列新的困扰，这些困

---

① 克斯汀·海斯翠普. 他者的历史——社会人类学与历史制作 [C]. 北京：中国人民大学出版社，2010：7.

② 涂尔干. 社会分工论 [M]. 北京：生活·读书·新知三联书店，2013：254.

扰动摇着这个学科百余年来的传统边界：一方面，同一个现代社会内部的不同的群落（阶层或阶级、职业、性别、聚居地，甚至学术领域内的不同学科）之间彼此呈现出了互为"他者"的局面；另一方面，在一个信息通达程度很高的现代社会中，某种从其他社会舶来的习俗，导致接受这些习俗的人成了这个社会内部的"他者"，例如中国的"杀马特"、美国的和尚、法国的麻将，等等。我们或许可以将之称为"科学时代的地方性知识交叉"。在本社会、本民族内部出现"他者"，导致人类学与民族学的边界从此不再统一。这也是布迪厄"场域"理论在本民族内部开展人类学研究的理论动机之一，同时也是哈贝马斯社会团结理论所潜在包含的一个理论维度。

三、人类学家与他者：知识谱系相遇的一种特例

其一，关于人类学家在其研究中的处境问题。如上所述，"对无意识结构的意识如何可能"这一问题的核心困难，在于人类学家难以说明他自身在其研究中的处境。而这显然不是一个人类学问题，而是一个哲学问题。到目前为止，人类学家只为自己找到了两种可供选择的处境，一是以结构主义大师列维－斯特劳斯为典型的客位视野，二是以功能主义"参与观察"（participant observation）方法和后结构主义象征论人类学家格尔兹为代表的主位视野。然而，必须指出的是，"主位"与"客位"的共同问题在于，它们都是以与对方的抽象对立为前提；而且仅凭经验就可以断言，纯粹的主位与纯粹的客位在人类学方法上都是无法保证的。本文试图指出，在哈贝马斯道德哲学的视野中，暗示了人类学的第三种可能的处境，那就是"他位"处境，即人类学家或哲学家并不比普通人具有更多的话语特权，人类学或哲学只是他们与同一社会空间中的"他者"相遇的一种特殊方式而已。一方面，他位当然不是主位，因此这种处境并不奢望找到人类学家获得当地人视野的方法，相反，它承认这个当地人视野永远无法完全获得；另一方面，也是更具理论挑战性的一点，即他位也根本不同于客位，因为它并不标榜一种科学家式的纯客观、纯中立的"旁观者"实证，而是在承认观察者既有的、而"我"永远达不到的"家园"视野的前提下，保持一种与当地人生活及其视野的可参与性，在这种参与中发生各自行为冲动的冲突，[1] 从而引发对自身生活境遇的反思意识。这样，人类学就不再是描述性的，也不仅仅是建构性的，而是（在这一点上哈贝马斯与布迪厄的"场域"观点不谋而合）不断处

---

[1]　J. Habermas, Nachmetaphysisches Denken, Frankfurt am Main: Suhrkamp 1988, S. 210.

于"重建"之中的。所以，本书的重点问题就是：在科技文明强行袭入某一地方性知识谱系的历史称量中，在同一生活空间内部的不同民族之间，放弃传统人类学的一元时间观或多元平行时间观，而承认并慎重对待"多元交叉的时间谱系"这一事实。

其二，关于他者。作为对人类学"主位—客位"模式的知识学传统的突破，这个"他位"（多元交叉时间谱系）必须以一种新的关于"他者"的哲学表述为前提。人类学从一开始就是对他者的研究，但是人类学所说的"他者"总是处于与人类学家"我"的二元对立关系当中。这种二元对立与西方形而上学一直以来所奉行的自我与他人的非此即彼的对抗关系有关。但是，从阿多诺到哈贝马斯的"他者"却来自一个完全不同的哲学传统，在这个传统里，他者与自我是一种相互"中介"的关系，自我需要在与他者的对立性中、在他者对自我的持续性相异质和相抗拒中存续和被自身经验到。所以，这一传统不仅包容、而且依赖自我与他者既对立又相持的关系。这一关系的源头恰恰是黑格尔的中介辩证法和马克思的对立统一学说。

其三，关于决定论的问题。一方面，一个文化对身处该文化之中的人的行为和他的社会记忆具有某种"趋同力"或"内趋力"（cohesion），这个事实导致以往的人类学家相信确实存在着某种可成立的社会文化决定论。所以，无论是把文化解释为人在社会中满足自身需求的功能，还是解释为某种具有相对独立意义的符号规范的象征体系，其背后的意图都是：希望提供文化与人的行为或记忆之间的某种单向决定式的因果模型。所以，人类学的基本话语长期以来都是："当地人之所以那样做，是因为……"另一方面，随着人类学田野工作的深入，出现了相反的情况：一些历史人类学家试图放弃这种因果秩序的书写，因为他们发现，异文化（或者说一切文化）的历史变迁恰恰是通过对本来的社会同一性的打破而实现的，所以他们断言，在假想的社会决定论的因果必然性中，找不到任何历史。同时，某些人类学家（如英国新功能主义人类学家格拉克曼）开始注意一种与社会内聚力相反的力量和趋势，那就是社会的裂变（segmentation）倾向。也就是人类学家所说的"不洁净"（impurity）。而且社会的裂变一般不会进入、相反只会分解该文化的共同的社会记忆，所以裂变本身很容易被民族志书写所遗漏。在这个过程中，来自"别的生活传统"的"他人"起到了至关重要的作用。

其四，恰恰由于布迪厄与哈贝马斯在上述相同的问题意识之下采取了不同的解释策略，导致二人的研究路向和思想推进的线索正好相反：布迪厄在异文化的视域里，发现了人的实践可以实现社会与个人行为之间的趋同力与分裂性的再平衡，所以他把这一模式运用于巴黎的社会研究，以图核实该理论的普世性。结果，布迪厄的研究生涯就发生了一个从异文化向己文化递变（内）、从人类学向社会化迁转（外）的过程。而哈贝马斯则相反，他一开始是要证明实证主义社会学的"中立"立场不可能成立，研究者一定会把自己的生活史传统作为"前见"，带入对被研究者行为的理解和解释过程之中。相反，在他看来，社会学的本质，其实是两个相互差异的社会人彼此理解对方行为，以至于通过对方而理解和建构自己的一种互动过程。甚至，只有承认这种人的差异性，社会学才是现实的。但是他面临的问题是，研究者与行为者（还有其他任何两个社会人）之间为什么是不同的？这一要点促使他把社会解释（诠释学）与阿多诺的他者理论（否定辩证法）相结合。哈贝马斯与布迪厄一样，把生活世界再生产的推动力，以及由此形成的同一性与非同一性的动态平衡（大致相当于专业人类学家所谓的社会趋同力与分裂力的再平衡）的起因，归结为人的"实践"。在本书中，这一点就体现为科技文明（西方人）与地方性知识（纳西族人）的相遇。

其五，人类学家试图书写他者文化本身，实际上，他书写的只是文化之间的相遇。或者说，人类学有必要承认，作为客观对象的文化其实并不存在。① 15 世纪之后，人类进入"文化间性"时代，人类学从诞生之日起就从未遇见纯粹的"可供观察的文化和社会"。人类学家的研究是从他对异文化之"隔绝状态"这一假设的打破开始的（这一点实际上是人类学方法和人类学知识的悖论，即人类学的知识被假设为是描述性的，而人类学方法却一定是建构性的或发生性的），但是否认这一事实却成了这个学科从业者的集体默契。② 20 世纪之后，传媒和信息时代来临，把现时代的"文化间性"推向极端，西方科技文明以它无与伦比的操作性和工具性，更加强有力地袭入所有西方之外的地方性知识系统。这使作为观察对象的纯粹文化和社会的不可能性被极度夸大地突显出来。所以，人类学对"自身研究之本质乃是文化相遇之一种特例"这一点的掩饰，是通过这种文化相遇的强度剧烈加强而被揭穿的。所以本书隐含着这样一个见解：人类学应该调整其民族志写作范式，民族志书写的有效性有可能在哈贝马斯式的文化间性或文化相遇的支撑下，获得新的说明力。

最后，为什么选择纳西族？这是本书必须直面的一个疑问。"我比较熟悉"——这样的回答显得很不"专业"，但却是事实。然而，绝非出于辩解的是，在笔者完成了本书的主体写作之后，才忽然意识到当时选题具有某种歪打正着的可取之处：纳西族自秦以来两千年的历史，始终处于一个背景性的族际关系结构之中，或者说一个异文化之间的"相遇"结构（详见导论）之中。我们有理由相信，这样一个一直处于"相遇"场景之下的民族，在遭逢科技文明袭入这一千古未有的独特"相遇"

的时候，它的适应问题更具有比较意义。

遗憾的是，这一维度并没有在一开始就被笔者清晰地意识到，以致我们未能从研究伊始就有意开辟一个科技文明袭入时代与其他任何一次族际"相遇"情景的比较视野。这一点只能期待于将来。越接近于完结，越远离于穷尽，这不正是研究者永远无可回避的"处境"吗？

是为序。

目录

CONTENTS

上 篇
兄弟之约

下 篇
林郭相望

导　论

　　纳西族是一个典型的山地民族。一方面，他们的日常生活和传统的地方性知识与山林及"山林观念"有着密不可分的关系；另一方面，在现代科技文明强行袭入的过程中，纳西族世居地区的山林遭遇砍伐，与他们的"山林观念"遭到冲击，也是同步发生、相互叠加的。

　　目前，学界一般认为，纳西族是古代羌人的一个分支，有着自己古老的文化体系和生活方式以及两种完善的文字形态"东巴文"和"哥巴文"。远古时，世居于祖国西北的河湟地区（即甘肃、青海高原上的黄河、湟水流域）；随着漫长艰苦的南迁进程，在大约秦汉至魏晋时期，纳西族先民已经迁至大渡河、雅砻江流域，并继续保持着游牧或畜牧的生产方式；于大约东汉时，建立白狼王国，形成特有的语言"白狼语"，至今有献诗三章《白狼歌》留存，可证明白狼语与今日纳西语之间语音、语法皆略同。[①] 唐朝时，沿雅砻江南下，第一次抵达丽江，并在洱海之东建立"越析诏"政权，后为南诏国所灭，退回金沙江中游流域，在唐、吐蕃、南诏三大政权的夹缝中求生存，但也因此成为汉族、藏族、白族三种文化的枢纽融汇之地，并正是在这一时期，今天饮誉世界的纳西东巴文化逐渐趋于成熟阶段；从北宋开始，吐蕃政权覆灭，大理政权几经动荡，汉族宋王朝苦于北方战事而无力经略西南，纳西族获得了长达350年的发展机会，于宋末元初，建成今天的丽江大研古城；1253年，麦良因审时度势，主动迎接"革囊渡江"南下攻打大理国的蒙古军，并协助忽必烈、兀良合台攻下大理城，为蒙古迂回攻宋立下大功。

　　忽必烈进入纳西族地区后，对当地部落首领先后授以"茶罕章管民官""茶罕章宣慰司"等官职，此为土司土官制度的雏形。[②] 1274年，元政权设置"丽江路军

---

　　① 方国瑜，和志武. 纳西族的渊源、迁徙和分布［J］. 民族研究，1979（1）：33—41.

　　② 《木氏宦谱·文谱》。

民总管府","丽江"之名从此始。1285年改置"丽江军民宣抚司",宣抚司皆由麦良子孙承袭。从此,基本统一了"酋寨星列"的纳西地区各部落并正式纳入了云南行省的行政区辖,加强了同内地的联系。从1253年忽必烈灭大理国到清朝雍正元年(1723年)实施"改土归流"的470年间,元、明、清三朝直接在纳西族地区推行中央王朝管辖下的世袭土司制度。

明代是纳西族历史上一个重要的发展时期。深得明王朝信任和倚重的丽江木氏土司采取较为开明的政策,不闭关自守,积极地引进中原汉族地区的生产技术和文化教育,广揽人才,将一些医生、教师、画师、佛教、道教人士和开矿、冶炼、建筑、铜业、银业等方面的技术人才引进纳西族地区。这些汉族同胞后来都多与纳西族融合。木氏土司的开明政策促进了丽江纳西族地区各方面的发展繁荣。在经济生产方面,特别兴盛的是开矿业,木氏在丽江、木里、中甸、兰坪、维西等地大办银矿、铜矿、金矿、铁矿及盐井等,木氏因此成为云南省内最富有的一家大土司,《明史·土司传》中写到木氏时说:"产矿独盛,富冠诸郡",并称赞"云南诸土司,知诗书,好礼守义,以丽江木氏为首"。木氏土司还重视兴修水利,促进了农业的发展;畜牧业也比较发达,出产名马,常作贡品。此外,木氏土司还很重视本家族内的汉文化教育,出现了以木公、木增为代表的木氏汉文学作家群。汉传佛教、藏传佛教、道教先后在纳西族地区得到传播和发展,产生了著名的融多种宗教文化于一体的艺术杰作"白沙壁画"等。①

纳西族有多种自称:居住在云南省丽江市玉龙纳西族自治县、古城区、维西傈僳族自治县、永胜县和四川省木里藏族自治县俄亚、盐源县达住等地的纳西人自称"纳西"(naq xi)②,居住在云南省宁蒗县永宁、翠依和四川省盐源县、木里县的雅砻江流域和泸沽湖畔的纳西人自称为"纳"(naq)或"纳日"(naq ssee,或音译为"纳汝");居住在宁蒗县北渠坝和永胜县獐子旦的自称"纳恒"(naq hi);居住在云南省香格里拉县三坝乡的纳西人自称"纳罕"(naq hai,或译为"纳汗");此外,还有少数自称为"玛丽玛沙"(ma lil ma sa,居住在维西县)、"路路"(lvl lv,又音译为"鲁鲁",居住在丽江塔城、鲁甸等地)。在上述自称中,以纳西、纳日、纳罕、纳恒几种称谓居多,特别是自称纳西的人占纳西族总人口的5/6,因此,根据本民族意愿,经国务院批准,于1954年正式定族称为纳西族。"纳"一词有"大""宏伟""浩大""黑""黑森森""黑压压"等意思,"西""日""罕"等皆意为"人"。③

① 杨福泉. 当代云南纳西族简史[M]. 昆明:云南人民出版社,2012:6.

② 本书中所用纳西语音译采用1957年设计、1981年修订的拉丁字母形式拼音文字《纳西文字方案》。

③ 杨福泉. 当代云南纳西族简史[M]. 昆明:云南人民出版社,2012:2.

今天的绝大多数纳西族人，集中居住在云南省丽江市，纳西族政治经济文化的中心丽江古城（大研镇）海拔2400米，比云南的省会城市昆明高500米。这是纳西民族的世居之地，丽江市下辖古城区、玉龙纳西族自治县、宁蒗县、永胜县、华坪县一区四县；另外，在丽江市宁蒗县永宁乡、云南的迪庆藏族自治州香格里拉市、维西县、四川的盐源、木里等县、西藏的芒康县，均有少量纳西族分布。目前，丽江市古城区的丽江古城（大研古城）（图导-1，图导-2），是世界文化遗产、全国著名的旅游目的地、中国历史文化名城，有国家5A级旅游景区、全国重点旅游名胜地、全国文明风景旅游区示范点，入选2005年《中国国家地理》主办的"中国最美六大乡村古镇"之一。此外，丽江处于世界非物质文化遗产"三江并流保护区"，纳西族的东巴文化典籍被列入"世界记忆遗产"名录。这是丽江的"三大世界遗产"。

目前，纳西族总人口约为33万，古老的文化习俗和生活方式在总体呈现萎缩的趋势，传统观念与现代生活方式的边界不断模糊。

纳西族的传统文化与"山林"有密切关系，因为他们世居的丽江就是横断山脉的一部分。与世界上很多古老文明一样，纳西族"山林"观念，对人的欲望，特别是对性和财富的欲望，倾向于限制。但是，与那些主张尽量禁欲、压缩自我的文化不同，纳西族传统文化承认甚至倡导对大自然的合理索取。这一点，又隐而不彰地与当地人赋予"山林"的复杂的情感符号和记忆符号有着千丝万缕的联系。这些相互牵缠、相互穿织的象征系统，作为地方性知识，在20世纪

图导-1　古城街市的繁荣，毫不掩盖林间野趣的遗迹、溪水绕过人家

图导-2　今天的丽江大研古城现代化气息浓厚

3

五六十年代和八十年代两次面临科技知识的袭入，并且，这两次改变又恰恰与人们对"山林"的大规模砍伐同步发生。从而造成今天丽江人日常生活的种种深刻改变，也就是本书后面将要提到的"社会信念失灵"现象。

解开丽江纳西族的地方性知识与纳西先民"山林"观念（本书"上篇"）、与现代"科学"这种普适性知识袭入（实际上，科学仍然是一种起源于欧洲的"地方性知识"，详见本书第四章）（本书"下篇"）两大线索的脉络，将是本书的目标。

一、纳西民族迁徙、分布及现今纳西族人流衍情况略说……○

《后汉书·西羌传》记载，公元前 4 世纪，迫于秦帝国的强大压力；同时，也是为了追逐肥美的水草，[①]一部分古羌人被迫从赐支河流域（当指今甘肃西部、青海东部之黄河及其支流）南迁，经过川西高原而入滇西北。"羌"这一字，据信为"羊"字与"人"字的组合，也就是"牧羊之人"的意思，可见牧业为其重要生产活动，牛羊为其重要生产资料。纳西族著名的殉情文学《鲁般鲁饶》中的"鲁"（Iv），就是源于"青年牧人"，可泛指"青年男子"。这一点，杨福泉先生有详尽的考证。[②]据方国瑜等老一辈学者研究，分布在祖国西南边陲蜀郡广大地区的"牦牛羌"，其中有一支称为"越嶲羌"，[③]也就是后来的"摩沙夷"（《华阳国志·南中志》）或"麽些蛮"（《蛮书》），即今天的纳西族祖先。[④]直到今天，纳西族人认为他们的神山——玉龙雪山（纳西语中叫"伯使雾鲁"，意思是"白沙的银石山"），仍然是属"羊"的。由此可见，古麽些（纳西）人与牛羊、畜牧的关系之密切。纳西族先民从大渡河流域自北南迁，所谓牦牛之"牦"或"旄"者，就是大渡河流域纳西族古名"麽些"之"麽"字的变体是也。[⑤]此外，纳西民族的《创世纪》等古来传说认为，藏、纳西与白三族的祖先为同一个父母所生的三个兄弟，而据王明珂观点，古羌族确实经常把世居的相邻民族视为亲兄弟，这是古羌人对周边民族关系认同的一个鲜明特色。[⑥]这一点似乎也可以旁证纳西族的羌人血统。[⑦]（汪宁生先生等学者也认为，经方国瑜先生

---

① 孟彻理. 论祭天仪式的时间安排和参与人员 [C] // 杨福泉，白庚胜. 国际东巴文化研究集萃. 昆明：云南人民出版社，1993：117.

② 杨福泉. 东巴经殉情长诗《鲁般鲁饶》刍论 [J]. 民族文学研究，1996（2）：10—16.

③ 方国瑜，和志武. 纳西族的渊源、迁徙和分布 [J]. 民族研究，1979（1）：33—41.

④ 汪宁生. 纳西族源于羌人之新证 [J]. 思想战线，1981（5）：35—38.

⑤ 同③。

⑥ 王明珂. 历史事实、历史记忆与历史心性 [J]. 历史研究，2001（5）：136—147.

⑦ 方国瑜. 麽些民族考 [J]. 民族学研究集刊，1944（4）：23—35.

等前辈学人的考证，此论目前已成通说；但是近年来，也有学者提出商榷，认为纳西族是古羌人迁徙而来并与当地土著人融合而成的新民族。①）自汉代以降，麽些人即古纳西人定居于定筰县，一部分麽些人从双舍地区南渡金沙江（泸水）而至洱海之东的越析州（大约为今云南宾川县），于唐朝开元年间势力已盛，但始终处于大唐、南诏、吐蕃三大势力的夹缝中间，苦苦谋求生存，同时也意外成为汉、藏、白三族文化的重要交汇融通枢纽，创造了灿烂的文化成就，并于这一时期形成独具特色的纳西东巴文化。即便尽量与三大势力保持平衡，唐贞元十年，南诏与大唐联合向吐蕃发动铁桥之战，麽些还是遭受池鱼之殃，又被迫退回双舍地区。还有一部分麽些人向西迁徙，至金沙江上游地带，至"铁桥上下、大婆、小婆、三探览、昆川"等地方。这一部分麽些人，发展成为了今天纳西族人的主干。这些地方在唐贞元年间均被纳入铁桥节度，其管辖范围即今天的丽江古城区大研镇、鹤庆（今属大力州）、丽江市的宁蒗县、永胜县，并延伸至今天四川盐源县（古称"昆明"，又称"定筰"，并非今日之云南省省会昆明），仅未涉及今丽江市之华坪县。② 发展至宋仁宗时，力量已获得长足发展，纳西族酋长麦宗（木氏土司祖先）的势力已发展到大理段氏"亦莫能有"，即大理段氏也对日益强盛的纳西酋长的势力无可奈何。

从元朝到明朝，纳西族势力不断壮大、稳固，为中央朝廷钦命"宣抚使""土知府"等世袭职衔，形成世袭统治，与吐蕃互争雄长，并通过多场战争，迫使吐蕃节节败退。至明末，纳西木氏土司的控制范围一度拓展到"自维西及中甸并现隶四川之巴塘、里塘"以及江内的"喇普、处旧、阿墩子等处，直至江卡、拉三巴、东卡"地区，势力达到顶峰。在明代，有大量汉族人或是军屯的移民、或是木氏土司邀请来的工艺学艺匠先后进入丽江地区，逐渐融入纳西族人中间。他们说纳西话，娶纳西妇嫁纳西汉，自认为是纳西族人，也被当地纳西人所接受。③ 随着明朝覆灭，清朝崛起，雍正在雍正元年（1723年）在丽江推行改土归流政策，将地方木姓贵族之"土司"或"知府"职务降为"通判"，实际上是大大压缩了纳西族的"土司自治"之权力，代之以中央委派的"流官"，木氏家族的势力开始逐渐衰落，纳西民族日渐融入中央政府之集权管辖。④

---

① 杨福泉. 东巴教通论［M］. 北京：中华书局，2012：25.

② 方国瑜，和志武. 纳西族的渊源、迁徙和分布［J］. 民族研究，1979（1）：33—41.

③ 孟彻理. 论祭天仪式的时间安排和参与人员［C］// 杨福泉，白庚胜. 国际东巴文化研究集萃. 昆明：云南人民出版社，1993：125.

④ 上述内容多参考：方国瑜，和志武. 纳西族的渊源、迁徙和分布［J］. 民族研究，1979（1）：33—41.

下附陶云遴先生手绘之《麽些民族之分布与迁移图》（图导 -3），提供对纳西族的分布和迁徙的辨识。①

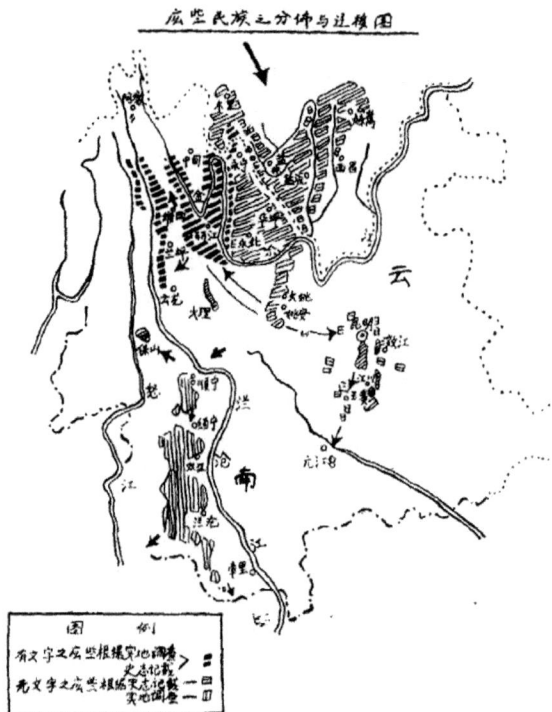

图导 -3　麽些民族之分布与迁移

今天，纳西族居住在金沙江上游地区，江水自北而南纵贯，把纳西族聚居地区分为东西两半。纳西语也一般划分为西部方言区和东部方言区。今日的世居纳西族人，主要分布于云南的丽江市、迪庆藏族自治州；四川的甘孜州、凉山州、攀枝花市；西藏的昌都地区，涉及三省区六个地州市，其中丽江市一区四县是纳西族人口最集中的地区，占全国纳西族总人口的 70% 以上。

在历史上的大部分时期，纳西族人有自己独特的生活方式，但这又不排除他们与其他民族开展经常性的文化交往和经济往来，因此出现复杂的文化融合现象。总的来讲，明代以前，丽江纳西族人中间，本土传统文化流行最广，地方性知识十分集中，在精神生活领域占据独尊地位。但是，自明代以后，纳西族不同人群，尤其

---

① 转引自：朱宝田. 纳西族象形文字的分布与传播问题新探［J］. 云南社会科学，1984（3）：74—79.

是上层社会，不仅开始接受儒家思想，而且开始接受汉族的文学和艺术、开始有人参与汉族科举考试、同时在部分与藏族杂居和接壤而居的地区开始流行藏族的生活礼俗，从而打破了纳西族本地文化在纳西族人精神生活中的独尊地位。[①]尤其是藏族风俗，在明代丽江的影响力十分强盛。有记载表明，历史上最著名也是势力最强大的木氏土司、被称为"木天王"的木增（他被演绎为中央电视台热播的电视剧《木府风云》的主人公），就是非常喜爱汉族文化和藏族文化的一个土司，汉文修养也非常高，有一系列汉文诗文著作传世。

据方国瑜先生考证：当时木氏土司家族成员死后的墓葬仪式，一般都是由喇嘛（藏传佛教僧人）来主持，且"骨灰朱书"和墓碑，全都由喇嘛文（藏文）撰写。[②]而且据记载，当时一户丽江人如果有多个儿子，那么送一个儿子去当喇嘛是很常见甚至几乎是理所当然的事。据学者估计，这种情况大概多数发生在上层社会中。在这一时期，一些反映木氏土司与本土势力之间矛盾、争斗甚至凶杀的民间传说、故事开始流行，同时也出现了一些不同文化背景中的神话人物相互斗法的故事，而且这些故事往往以本土神人战胜汉族、藏族等其他神话人物而结局。[③]可见，在这一时期，纳西族统治阶级成员在精神生活领域的格局开始变动。这也许与纳西贵族阶层日益接触汉文化等外来文化有关。但是，明朝灭亡之后，甚至到雍正元年"改土归流"之前，纳西东巴文化仍然是纳西族民间特别是乡村民众精神生活的主流。

清代之后，中央统治者为了掩饰自己的"外族"尴尬身份，而矫枉过正地大兴"王化"，推行儒家治国理念和纲常。遂发生了"改土归流""以夏变夷"这样的政治变革事件，即一个少数民族强迫另一个少数民族遵循汉族礼法的奇怪事情。这一股由满族统治者掀起的崇汉、崇儒之潮流，以"引进先进文化"的名义，本质上却对纳西族的地方性知识适应性进行了粗暴的干涉。以致在清代和民国时期，东巴文化、纳西传统的民间神话和民间文学甚至纳西族象形文字，都面临被人歧视、甚至被纳西族本族的受过儒家汉文化教育的人所不齿的反常局面。更重要的是，这一潮流十分不幸地向民间蔓延，导致了纳西族民间也开始广泛地推崇儒家文化而蔑视本土的纳西文化和民族民间文学。纳西文化和纳西象形文字不仅开始退出上层阶级，而且开始退出大研镇等市集繁荣的城市地区，而退守乡间村落。（也是在同一时期，曾经在丽江纳西族人中间广为流布的藏族生活方式和藏族文化，也同样开始衰微，只有

---

① 杨福泉. 社会与文化变迁对民族宗教文化认同的影响——纳西人对东巴教的认同及其变迁研究 [J]. 思想战线，2010（4）：15—20.

② 方国瑜. 明十和院墓葬考丽江文史资料（第二辑）[M]. 丽江县政协文史组编，1987：67.

③ 同①。

图导-4　82岁的老东巴杨文杏老人

穷人或病人，要么是"八字"不好而被社会歧视的人，才会出家做藏传佛教僧人。这与明代藏传佛教僧人文化流行于上层社会的情形大不相同。由此，"以夏变夷"对纳西社会的影响，可见一斑。）

1949年后，特别是"文化大革命"期间，纳西族地方性知识和纳西东巴象形文字长期被当做"封建迷信""牛头马面"而遭贬斥，进一步失去本民族人们的认同，在纳西族人聚居地区迅速消失，只在很少村落乡间仍有保留，且熟悉东巴文化的人年龄老化（图导-4）、后继无人，民间文学和文化典籍散落毁坏，传统纳西文化从面上讲遭受重创。[①] 导致很多纳西人对自己的传统文化的认同感趋于衰微。尽管如此，在20世纪60年代，依然有如当时的丽江县委书记徐振康等一些有识之士以远见卓识，组织了抢救整理翻译东巴文化古籍和组织传承"白沙细乐"等一系列文化活动，当时这是需要有极大的勇气的。

20世纪80年代之后，国家组织地方政府、学界和民间力量，在东巴民间文学经典的翻译、东巴文化遗产抢救等方面做了大量的工作，成绩卓著（详见本书"结语"部分）。但是，目前的纳西东巴文化，却已经不再是作为一种"活"的文化而广泛渗透在当地人的平常生活中，而是要么作为一种学术研究的考古样本，要么作为一种文化产业的财富池塘，而存在于学者或商人的"对象性"视野里，迅速走向"标本化"。传统东巴文化从丽江很多纳西族人的日常生活中逐渐退出，这个过程经历了从木氏土司开始接受汉文化（但是当时木土司还禁止民间学习汉文化）和藏族文化，到清朝"改土归流"和"以夏变夷"，到民国时期纳西东巴文化和藏文化同时衰落，再到中华人民共和国时期。当国家意识到文化减退之危急而着手抢救时，早已有些积重难返。今天，纳西族地方性知识和纳西文化的"复兴"，也只能处于记忆的层面，而远不再是生活和心灵的层面，需要走漫长的路来逐渐推进和复苏。

---

① 和力民. 丽江东巴教现状研究［J］. 云南民族学院学报（哲学社会科学版），1995（2）：56—58.

二、纳西东巴文化和民间文学的性质再探

　　传统的文化人类学理论框架的局限在于，它无法容纳一些突破这一框架的个案。例如，洪俊、董绍禹两位先生就曾指出：在独龙族的"灵魂消亡论"中，就未曾、也无法产生出"祖先崇拜"这一结构。[1] 这一证据打破了原始文化理论"从自然崇拜到祖先崇拜、再到普世抽象观念"的通行理路，当然也就证伪了原始民族精神生活"进化"的高低位阶线索。同样，当代纳西文化研究领域的代表性学者杨福泉教授，曾经旗帜鲜明地指出：用"原始崇拜"（primitive religion）这一歧义较大、但明显含有"智能水平和道德水平处于较低阶段"暗示的词语，来概括中国丰富多彩的众多地方民族精神生活，是极不妥当的。他对东巴教很难用现有的"原始宗教""原生性宗教""民间宗教"等术语去套的性质特点做了深入的分析并提出富有理论启发意义的重要观点。[2]

　　以纳西族东巴文化为例。一般来说，"原始文化"是相对于无文字的民族而言的，即认为这样的民族没有阅读和写作之符号，当然也就没有作为记忆遗产的文化典籍。但是，纳西族不仅拥有两种稳定、成熟的文字形式，即象形文字和标音文字，而且纳西族人运用这两种文字写成了大量东巴文化典籍和民间文学作品。可以说，这两种文字的起源与构造，均与纳西族本土文化（Indigenous Culture）——东巴文化，有着十分深厚的关系，甚至可以说直接起源于文化记忆的目的。一方面，纳西象形文字是一种十分古老的文字，其起源年代学界至今有争论，不少学者认为应在唐代，但也有学者追溯至更早，例如杨启昌先生就断言起源于春秋战国之际。[3] 而据和志武先生研究，纳西族象形文字大约在公元 7 世纪，也就是唐初时期，是应社会统治的需要，伴随着专业的纳西文化知识阶层队伍的形成而形成，并且据传说就是纳西民间神话体系的重要人物丁巴什罗大师所创（当然，和先生指出此传说必不可信，但说明纳西族人普遍认同文字与丁巴什罗之间的关系），因此纳西族象形文字常常被称为"东巴文"。[4] 但无论哪种观点，都一致认为，这种文字最初的作用就是记录书写东巴文化典籍和长篇诗歌作品。纳西象形文字是图画式文字，见石画石，见木画木，所以纳西语称为"森究鲁究"，意为"木迹和石迹"，而"木石"这

① 洪俊，董绍禹. 宗教起源新证 [J]. 中央民族学院学报，1986（4）：24—30.
② 杨福泉. 关于东巴教性质的几点新思考 [J]. 宗教学研究，2014（3）：151—157.
③ 杨启昌. 东巴教及象形文字的产生年代问题 [J]. 云南社会科学，1994（1）：70—73.
④ 和志武. 纳西族古文字概论 [J]. 云南社会科学，1982（5）：84—91.

个东巴文化最基本的概念，即可放大为本书所关注的"山林"。以东巴象形文字书写而成的东巴文化和文学作品，可谓汗牛充栋。另一方面，纳西族的另一种文字，即标音文字（音节文字），在纳西语里也叫做"哥巴特恩"（ggeq bbaq tei ee），意为"哥巴文字"，有"弟子之文字"的意思，这就暗示了这种文字是后世纳西知识阶层所创制。这种文字的起源时间大约在元、明朝代，凡是同一读音都用同一符号来代表，而不根据含义上的区别做出区分（方国瑜、和志武等学者认为，这一点类似彝文），因此仅有"标音"之功能，在典籍和文学作品的写作中，大多数仅起到辅助象形文字的作用。但是，据方国瑜先生考证，在丽江和维西地区，也有专门用标音文字写成的古书。[①] 由于纳西族的两种文字从起源到运用都与东巴文化记忆遗产有密切的关系，所以完全可以断言，纳西东巴文化是一种高度文字化、经典化了的民族文化形态。

又如，所谓的原始民族文化或原生性民族文化往往相对于"创生性民族文化"而言，即前者是地方民族在长期社会生活中自发形成的，没有明确的文化创始人或宗师；而后者则是由一个或多个文化创始人创设、具有明确的文化记忆历史起点（这个起点有时是历史事实，有时是知识阶层成员们心中的确信）的民族文化形态。那么，东巴文化中的丁巴什罗，是否纳西东巴文化的创始人物？这个问题成为了判断纳西文化性质的一个要点。在这个问题上，学界分歧很大。目前，至少有三种观点。第一种观点认为，丁巴什罗甚至整个纳西东巴文化，并不起源于纳西族。房建昌等学者认为，丁巴什罗是从藏族借鉴过来的一个神话人物形象。该派主张，丁巴什罗的本来面目是西藏文化的大师东巴先饶（sTon-pa gshen-rab），在他被引入纳西族之前，纳西文化一直没有一个明确的开创者；而且关于丁巴什罗的种种描述也没有贯穿于东巴文化典籍的始终，所以他最终也未能成为纳西文化的真正灵魂。习煜华、杨逸天等学者也持此观点。另一种观点认为，丁巴什罗的形象来源于藏族文化或藏传知识谱系，其依据主要是纳西东巴文化的大量民间神话人物，很多有藏名，东巴文学的经典、卷轴画艺术，也多受藏族文化影响，以及丁巴什罗曾被纳西土司的诗歌描述为"行僧"、他弘法之地被称为"佛地"，等等。更有第三种调和性的观点认为，东巴文化是两种藏族的地方文化或地方性知识记忆杂糅的结果。习煜华等即是此说的主张者。这些学者认为，"丁巴什罗"一名也来自藏语 sTon pa（顿巴）一词，意为"祖师"。[②] 针对这些观点，杨福泉教授给予了全面的分析和批判。他指出，过于强调纳西东巴文化的封闭性和本土性或者忽视这种本土性而妄断纳西东巴文化是

---

① 方国瑜，和志武. 纳西族古文字的创始和构造 [J]. 中央民族学院学报，1981（1）：57—68.

② 郭大烈，杨世光. 东巴文化论 [C]. 昆明：云南人民出版社，1991：59.

其他民族文化的"变体",均是轻率而不客观的。例如,纳西族的民间神话中,有一系列独特的本土神祇,如开天之神盘(Perq)、辟地之神禅(saiq)(但是奇怪的是纳西族往往认为,盘是藏族的神,禅是白族的神)、天神孜劳阿普(简称"美",mee)、地神衬恒阿孜(简称"达",dda)、柏神"绪"(xiul)、雷神"吉"(jji)、电神"奔"(bbee)、人类始祖之神董(dduq)、贤能和富裕之神吾(wuq)和朵、交合与繁衍之神"华"(huaq)和"自"(zeel)、联接之神"著"(zvl)、村寨之神孜(zzee)、风神"哈"(her)、猎神"丽"(leel)、五谷之神"哦"(oq)、威力之神"汁"(rherq)、自然山泽之神"署"(svq)、山神"世日"(sheel reeq)、火塘灶之神"左"(zo)、纳西民族保护神"三多"(sai ddo)、生命神"素"(svl)、畜神"糯"(nol)、铁匠神格汝老锻(ggeq ssee laq ddo)、生育繁衍之神和富神"仁"(sseiq)等①……但是,与此同时,还有一系列外来的神祇,如主司战争和胜利的神祇"嘎劳"(gga laq)和"本"(bbeiq)神都应来自藏族,"端格"(der geq)神和"优麻"(ye maq)神也来自于西藏,等等。② 也就是说,纳西族民间神话中的神祇具有杂糅性质,是纳西、汉、藏等民族,汉族、藏族、白族等各种思想体系和神话体系的神话系统(礼教)长期竞争、交流、融合、演变而成的结果(而所谓"原始文化"则应该是封闭的、不向外氏族开放的)。在此基础上,通过吸收和批判藏族学者拉巴次仁的观点,③ 杨福泉教授指出,"东巴"一词与"丁巴什罗"之"丁巴"应该是同一个词,但可能并不来源于藏族之"Ston Pa"(顿巴),因为"顿巴"对于西藏或藏族文化来说,其使用必须十分慎重,不会泛用;而应该是另一些藏语词汇"昂巴"或"多巴"(又译"达巴")的转译词,也就是普通的"生活在凡间的神话人物"。原因是,在纳西东巴文化和文学作品中,丁巴什罗的地位并不是全知全能的至上神,而仅仅是一个能够沟通神界与人间的人物。"丁巴什罗"之"丁巴",与普通的地方性知识的掌握者"东巴"应该是一个词,二者并没有不可跨越的界限。丁巴什罗应该是吐蕃王国时期所尊奉的大智者东巴先饶:吐蕃国主赤松德赞在位期间,西藏本土的民族民间文化,在各种历史机缘和地理交通条件的共同作用下,开始向西藏的极西边地区或者向东也就是川西(盐源等地)和滇西北(金沙江上游流域,约为今丽江所在)转移,④ 从而进入纳西族人居住地区,把东巴先饶祖师的形象

① 杨福泉. 略论东巴教的本土神祇谱系 [J]. 思想战线,2009(1):16—22.

② 杨福泉. 东巴教通论 [M]. 北京:中华书局,2012:264—297.

③ 拉巴次仁. 刍析纳西族东巴教中的"东巴"一词 [J]. 西藏研究,2002(3):80—83.

④ 洛克. 论纳西人的"那伽"崇拜仪式 [C] // 杨福泉,白庚胜. 国际东巴文化研究集萃 [C]. 昆明:云南人民出版社,1993:53.

输送给了该地方，从而对纳西东巴文化中的"丁巴什罗"民间传说的形成产生了深刻影响。加之藏族先民与纳西的祖先古羌人之间在语言、地缘甚至血缘上的亲近关系，藏族本土文化融入纳西人聚居地区，也是当时合理的选择。[①] 这一点有很多佐证，例如纳西东巴文化的知识分子——东巴，还自称为"本"（biuq），[②] 其意思就是藏语中的"咏诵""念念有词"之意，也就是念诵书籍的样子。

这一历史以十分曲折的形式反映在纳西族圣地——中甸（今香格里拉市）三坝乡白地的民间传说里。相传，丁巴什罗祖师与西藏的另一位智者和祖师米拉争做居那世罗神山的智者，二人约定谁先登上居那世罗神山的山顶，谁就坐镇神山。结果，拉米半夜就出发，结果领先登顶；丁巴什罗则因为一直等到天亮才出发，因而以一步之遥落败（此故事显然带有纳西族人的明显的感情倾向）。于是，拉米用手抓起神山上的一把雪，向远处撒去，并要求丁巴什罗只能到这把雪撒落之处去传扬他的思想和哲学。这把雪正好落在纳西族人居住的玉龙雪山及金沙江流域，于是这位藏族的智者就把他的思想向纳西族人传播。纳西族人以此故事，曲折地反映了藏族文化内部的纷争，对纳西东巴文化的渊源关系和历史影响。

但是，在借用了东巴先饶祖师的形象之后，纳西族人又在吸收本土因素的基础上，对这位神话人物进行了本土化的改造，使之具有纳西族文化记忆的很多特征。[③] 纳西东巴文化在藏族文化"东来"之前，就已经长期存在并建立了自身的鲜明特色。杨福泉教授特别强调两个民族文化在源头上的相似之处，而不是相互影响后才具有了相似性。毋宁说，藏族和纳西族都是古代羌人的后裔，都是"喜马拉雅周边文化带"上偶然相遇并因此相互影响的两个"兄弟"，而不是一对"父子"。丁巴什罗是一个源于藏族、但已经经过了纳西族人的地方性改造和人格重塑、已经高度本土化了的智者和民间神话人物，这一点当可无疑。

关于纳西东巴文化并非一般意义上的"原始民族文化"，还有很多证据，这里不必一一列举。因此，早已有学者提出一种折中的观点，认为：纳西族东巴文化是原始民族文化向高阶文化过渡的一种中间形态。和力民先生是这一理论的主要代表。该论首先认为：纳西东巴文化显然不是一个原始文化。但是，由于下列原因，它也不是一个"成熟的高阶文化"：纳西族虽有一千卷左右的经典，但多为提醒式的略写，是对口耳相传的原始文化遗产的文字辅助，由此造成地域性歧义很普遍，可见经典化程度不高；纳西族和东巴文化残存着大量祖先崇拜和对自然的敬畏等因素，

---

① 杨福泉. 论唐代吐蕃本教对东巴教的影响［J］. 思想战线，2002（2）：53—57.

② 杨福泉. 纳西族祭天仪式的功能和特点［J］. 云南社会科学，2009（4）：15—19.

③ 杨福泉. 东巴教通论［M］. 北京：中华书局，2012：594—595.

祖先庇佑意识和归祖意识强烈，尚未斩断人与人的血脉关系这条脐带；纳西东巴文化和文学作品并未成为上层统治阶级的意识形态工具，因此没有形成专门的职业知识精英队伍和专门的文教、知识场所，因此不是完全意义上的高阶文化，等等。由此得出结论：不能简单地把少数民族文化分为原始文化和高阶文化两大类，纳西东巴文化即是两者之间的中间形态。此说固然敏锐严谨，但仍不免拘泥成说：首先，《论语》《孟子》《坛经》等大量汉文化经典，也没有完整、一贯的结构形式，而且儒家同样把"孝悌"的血缘亲族关系视为自身一切理论设计的出发点，因此不能仅仅因为"经典化程度不高"或"存在归祖意识"，就得出某种思想文化体系是"半原始"和"不成熟"的结论。其次，所谓成为统治阶级的意识形态工具作为"高阶文化"之标准，更是勉强：汉民族的儒家、道家和佛家学说、思想、哲学，至少有大量的成分是与统治意志无关的，这也证明了文化的"高低"（笔者反对对不同民族的文化加以"高低"之分）与统治阶级的工具问题，并不直接对应。由此看来，从学界一般的区分方式出发，汉民族的"三教"，竟然没有一个不是所谓的"原始"民族文化。最后，就强调祖先神对本族子孙的庇佑这一点，而断言纳西东巴文化没有斩断自身狭窄的"血亲性"，因而不是一个普世性的"成熟"文化，此说明显带有西方中心论的色彩，强调一个民族文化或地方性知识系统，在多大程度上与"祖先"有关，就证明其在多大程度上是"原始"的。这在早期文化人类学上是一个"通说"，但是目前，越来越多的人类学前沿成果已经驳斥了此种理论，认为祖先意识与"原始文化形态"之间，并没有必然的联系。[①]

因此，本书赞成和力民先生的一部分见解，即简单的"原始民族文化"与"高阶文化"之划分方式过于粗糙，无法准确涵盖纳西族和纳西东巴文化的情况。但是，他所谓的纳西东巴文化即是两者的中间形态之说，实际上还是以承认此种二分法为前提，其潜台词似乎是：只要假以时日，纳西东巴文化必能洗清自身的"原始"特征，"进化"为一个"成熟"的高阶民族文化形态。这一点却是本书不能苟同的。

本书恰恰认为，正如费边所指出，进化论的人类学潜藏着一种"直线式"的时间观念，这一观念的本质是把知识话语上的弱势民族理解为正在朝向强势者（也就是西方民族或汉族）的方向"进步"。在这样的历史哲学视野下，人类学上的时间观念不免具有"政治性"，[②]不免暗含着知识强权的意图。强行将某一个民族文化放入其他民族文化"历史发展规律"的参照系统中并规定前者为"原始文化"，这种做

① 拉帕波特. 献给祖先的猪［M］. 北京：商务印书馆，2015：46.

② Fabian. *Time and the Other: How Anthropology Makes Its Object*[M]. New York: Columbia University Press, 1983: 28.

法是与人类学的现当代成果背道而驰的。因此，本书的基本设想是：必须抛弃和彻底清算"原始文化"与"高阶文化"二分法的框架，从纳西文化的地方性知识构造、特别是它的空间概念入手，来给出纳西族人关于"山林"的相关观念及其在地方性知识上的内在一致性解释。在这个过程中，本书认为，恰恰是纳西东巴文化的某些与"成熟"民族文化不同的特征，例如它没有特定的专业的知识阶层、没有固定的文化知识场所或财团、对自然形象和性格的特殊假设方式以及对自然的知识组织方式等，正是其在知识上最具吸引力、对当代人最具启发性的地方。

三、纳西族民间神话的世俗旨趣：人神共处的"五行"世界

首先，从理论上讲，需要区别知识社会学意义上的"世俗化"和本书所谓的"世俗旨趣"两个概念。

"世俗化"是战后数十年来西方社会学领域最受瞩目的理论问题。[1] 从当代西方社会史或西方精神生活史研究的视野看来，一般认为世俗化是指"社会和文化的一部分摆脱传统精神生活制度或精神象征的控制"，也就是以往的知识体系撤出过去控制和影响的领域。[2] 人们因为现代世界的世俗化过程而变得不再需要借助固定知识系统来对自己的生活加以解释。用高师宁教授的话说："世俗化"就是一个社会的"非神圣化"，[3] 或更直接的，如陈爱华教授所说，即"非神化"。[4] 如果我们还能找到一个词汇能够更为明白地表明"世俗化"所意味着的社会变迁方向，那应该是"非彼岸化"。也就是说，"世俗化"的本质是超验世界不再能够为现世提供一个关于"彼岸"的统一解释。

社会的世俗化或"非彼岸化"，从世界范围来看呈现出极不均匀的分布和扩散的局面。就西方社会的历史经验和学界研究经验而言，西方社会的世俗化是多个动因的综合结果。有一部分学者认为，世俗化起源于战后欧洲社会的内部，是不同民族、不同文化的人们的涌入，导致各种传统的社会仪式、象征和解释权的淡化，也就是说，欧洲传统的知识体系对尘世世界的知识垄断权被分解，从而"剥夺了此世的神

---

① Budd, Sociology and Religion, Collier-Macmillan Publishers. Press 1973, P118—119.

② 贝格尔. 神圣的帷幕 [M]. 上海：上海人民出版社，1991：128.

③ 高师宁. 关于世俗化问题 [J]. 世界宗教文化，1995（4）：1—9.

④ 陈爱华. 法兰克福学派科学伦理思想的历史逻辑 [M]. 北京：中国社会科学出版社，2007：347.

性"。① 这就导致了两种世俗化的后果：一种是欧洲式的世俗化，即不同的文化开始呈现多元化发展，冲淡了旧有的精神生活方式；另一种是美国式的世俗化，即固守传统的人数不减反增，但是他们更多的是通过传统文化和价值观，来指导自己的世俗生活或解决自己在日常生活中遇到的种种问题。前者被称为"外在的世俗化"，后者则相应地是出现在内部的世俗化。②

多年来，西方社会学家关于"世俗化趋势是否真的存在"这一问题的争论已经相当广泛。认为当今世界正在经历世俗化过程的学者，主要从西方本土精神生活方式的私人化趋势入手，论证传统的知识体系已经退出了公共领域，变成个人事件，因此今天的世界已经不再有统一的文化意义和文化符号系统；而反对"世俗化"提法的学者则认为，在西方历史上，传统知识在民间的繁荣程度和人们对传统文化的非被迫的坚信程度，其实一直没有想象的那么强烈，而且在第二次世界大战之后，全世界坚持传统民族文化的比例与世界总人口出生率始终是大体持平的，因此实际上并不存在"祛文化化"或"世俗化"的问题。③ 究其原因，所谓的社会世俗化问题，其本质上在于西方社会和知识领域关于"此岸"与"彼岸"的二元分化和对立。现代以来，世俗尘世世界驱逐传统文化符号和精神生活方式，已经是一个不争的事实，所争者不过是在世俗日常生活中接受传统观念的指引算不算世俗化而已。

与西方知识社会学所遇到的问题不同，纳西族的民间神话和文学观念，有一个突出的特点，即它并不特别强调神明世界与凡尘人世之间的空间界限。例如，在纳西族先民的民间神话世界里，方位与颜色之间的关系极为密切，"五色""五方"与"五行"是一一对应的。④ 关于世界的起源和"五行"的生成，在纳西族神话体系的内部有两种解释。

一是"卵生"五行说。此说至少有三个版本。"卵生说"的第一种版本认为，产生五行和万物的"卵"来自米利董主。根据和正才讲述、周耀华翻译的神话文学《什罗祖师传略》记载：在万物之初，造物的大神和人类的始祖——米利董主，向大海中吐唾，就从大海中产生了五个白蛋，这五个白蛋分别孕育出了英十本神、吗帕由登神、白牛、白马、白羊等神物，以及天地日月星辰（由蛋壳变成）等五行之物。紧接着，五行运动，又产生出了花蛋（杂色或彩色的蛋）、绿蛋、黄蛋：花蛋孵育出

① 贝格尔. 神圣的帷幕 [M]. 上海：上海人民出版社，1991：134.

② 孙尚阳. 世俗化与去世俗化的对立与并存 [J]. 哲学研究，2008（7）：103—111.

③ 高师宁. 世俗化与宗教的未来 [J]. 中国人民大学学报，2002（5）：34—38.

④ 李国文. 纳西族《东巴经》"五行"记录概述 [J]. 云南社会科学，2007（2）：104—108.

居那世罗神山，绿蛋孵育出树木，黄蛋孵育出石头。[①] 其中，居那世罗神山居于世界的中心，既是联接天与地的"天柱"和"天梯"，又是宇宙的"轴心"，是纳西族地方性知识体系当中的具有"中央"意义的神圣地方；而"木"和"石"对纳西族来说具有特别重要的意义，例如纳西象形文字作为一种图画式文字被称为"森究鲁究"（ser jell v jel），意思就是"见石画石、见木画木"，所以象形文字在纳西语中的意思是"木迹和石迹"。"卵生说"的第二种版本，是认为大鹏鸟（也就是是民间神话中著名的"修曲"神鸟，后有详述）产下五个白蛋，化生出"精威"（或称"精我"）五行。[②]"卵生说"的第三个版本来自纳西民间神话史诗《黑白战争》：在上古时代，"在上方出了佳声，下方出了佳气；声气交合，出现一滴白露；白露变化，出现一个白蛋；白蛋变化，出现了'精我五行'；五行变化，出现了白黑绿黄红五股风；五股风变化，出现了白黑绿黄红五种云；五种云变化，出现了白黑绿黄红五种蛋；从五种蛋中出现了盘、禅、高、苏、董五个族群的天地山川、木石、牦牛、蝙牛、马、山羊、绵羊。"[③] 也就是说，在这个版本中，"卵"既不来自创世大神，也不来自大鹏鸟，而是自发孕育的。这三种不同的"卵生五行"说，共同反映出古代纳西族人的"万物卵生"观念。这三种"卵生五行说"的观念可见图导-5。

图导-5　三种"卵生五行说"观念

其中，"━━━"表示"天"。在天的下面，"🏛"就是居那世罗神山，它是彩色或杂色，居于中央，也是其他四个世界的分界线；"🐚"代表白银，居于东方，是"董神"居住的白色世界；"🔗"代表黑玉石，居于西方，是"术鬼"居住的黑

① 白庚胜. 东巴神话之神山象征及其比较 [J]. 民族文学研究, 1996（3）：31—36.

② 纳西东巴古籍译注全集（第59卷）[M]. 昆明：云南人民出版社, 1999：200.

③ 杨福泉. 纳西族的"青蛙五行"与生命观 [J]. 云南民族学院学报（哲学社会科学版）, 1995（4）：67—72.

色世界。东方白色世界和西方黑色世界有明显的价值倾向色彩：前者是光明善良的，后者是阴暗邪恶的，因此纳西族是"崇白忌黑"的①（例如：三种卵生说的"蛋"都是白蛋）。" "代表绿松石，居于南方，是人类居住的绿色世界；" "代表黄金，居于北方，是"署"居住的黄色世界。②据说，"署"是山林、川泽、鸟兽之神，是人的同父异母之兄弟。绿色的南方和黄色的北方两个世界似乎没有明显的善恶、正邪之分，但是由于人的贪婪和署的小气，他们曾发生过争端。显然，这种"五行"观念与汉族的金木水火土"五行"之说区别较大。

另一说是"蛙生"五行说。纳西族民间文学《碧庖卦松》（意思是"白蝙蝠取经记"）里说：在米利达吉神海（有学者推测，所谓的米利达吉神海就是纳西先民记忆中的青海湖③）上，有一只名叫"含失罢美"的金色大青蛙（一说是"神龟"④，此说不确，见后），由于它吞食了居那世罗神山上的经书，而遭到三个神人的射杀，死后尸解为"阿哇、精要、和、哇、能"这五种元素⑤，"毛发变出了东方的木，蛙血变出了南方的火，蛙骨变出了西方的铁，蛙胆变出了北方的水，蛙肉变出了天地之间（中央）的土。"⑥并且，蛙生说还明确提出这五个方位的颜色，即：木色青，火色红，土色黄，铁色白，水色黑。⑦如果把这种五行观念中的西方之"铁"，理解为金属的"金"（当然不是黄金的"金"，否则不会是白色），那么这正好与汉民族的五行，也就是东方尚木（青色）、西方尚金（白色）、南方尚火（红色）、北方尚水（黑色）、中央尚土（黄色）⑧的观念相符合。所以，也许可以猜测：蛙生五行之说是汉族与纳西族文化相互浸染的产物。青蛙五行与纳西人的生死观有密切联系。一方面，从出生或生命的角度讲，纳西族圣地——中甸白地的"巴格图"，利用蛙生五行的观念，推衍出东方之木有六种命运，南方之火也有六种命运，西方之铁有七种命运，北方之水有六种命运，居中之土也有六种命运。人一生的命运就是暗藏在他或她的生辰之中，而他或她的生辰又对应着上述各种命运。所以，纳西族人家有

① 杨福泉. 再论纳西族的"黑""白"观念 [J]. 西南民族大学学报（人文社科版），2009（8）：1—7.

② 白庚胜. 纳西族空间观念之色彩表象 [J]. 西北民族研究，2003（1）：163—171.

③ 杨启昌. 东巴教及象形文字的产生年代问题 [J]. 云南社会科学，1994（1）：70—73.

④ 白庚胜. 东巴文化中的巴格图龟蛙辨释 [J]. 云南民族学院学报（哲学社会科学版），1995（4）：73—91.

⑤ 和芳口述. 木扒卦松——找卦书 [M]. 云南民族文学资料油印本（第22集），1979：32.

⑥ 纳西东巴古籍译注全集（第40卷）[M]. 昆明：云南人民出版社，1999：30—31.

⑦ 纳西东巴古籍译注全集（第42卷）[M]. 昆明：云南人民出版社，1999：157—158.

⑧ 纳西族认为中央的色彩是"展"（zzaiq），意为斑杂色，"展"也是"土"与"泥"的意思。

图导 -6　石崇拜与男根崇拜，都与五色彩带相连，象征性与繁衍最终会通过死亡而归结为五行之中

小儿诞生时，一般都要请当地的东巴推算出新生婴儿对应的方位和属性，再根据这些方位和属性给孩子取名。并且根据相关的方位，可以依据"巴格图"测算出一个人的每年的"魂居之地"，一般来说，纳西族人会特别小心，不走向自己的"魂居"方向。[①] 另一方面，从死亡的角度讲，纳西先民认为，丁巴什罗死后，归复于"木、火、土、铁、水"五种元素。此后，在"改土归流"之前，纳西族人死后，按照习俗都是火化尸体，人们在死者的手臂上栓上红、黄、蓝、黑、白五色丝线（其中蓝色即是"青"色），象征着死者回归青蛙五行元素。图导 -6 的石崇拜与男根崇拜都象征性与繁衍最终会通过死亡而结为五行之中。

"改土归流"之后，朝廷不再允许火化尸体，强行改为土葬，则在死者棺材上钉入四个木楔子，这四个木楔子叫做"斯包久"，意思就是"木青蛙"，然后在这四个木青蛙上拴以红、黄、蓝、黑、白五色布条，意思仍然是死者回归"青蛙五行"元素。[②]

所以，上述两套"五行"，是用完全不同的两套"五色"和"五物"，对应东南西北中"五方"，从而形成两套互不相同的空间哲学。可见下表。

卵生五行与蛙生五行的比较表

五行、五色、五物、五方		东	西	南	北	中
卵生五行	颜色（居）	白（神）	黑（鬼）	绿（人）	黄（署）	彩
	物性	白银	黑玉	绿松石	黄金	（神山）
蛙生五行	颜色（兽）	青（龙）	白（虎）	红（朱雀）	黑（玄龟）	黄（狐）
	物性	木	铁（金属）	火	水	土

---

① 杨福泉. 纳西族的"青蛙五行"与生命观 [J]. 云南民族学院学报（哲学社会科学版），1995（4）：67—72.

② 同①。

以往学者大多将卵生五行与蛙生五行混淆来说，李国文先生虽做了初步的区分，而未能比较二者实质上的差异，也未将之分类归纳。导致纳西五行观念当中的方位、颜色、属性各方面的混乱。例如，白庚胜先生在他的书中说：黄色"表示中央、中间"，但有时也表示北方。[①] 又说"北方主水，色黄；东方主木，色白；西方主铁，色黑；南方主火，色绿"[②]，就算水能"黄"、铁能"黑"，但不知木何以"白"、火何以"绿"（云南方言倒是常把不可理喻之事形容为"鬼火绿"）？进而在象征东方的颜色到底是绿色（也就是蛙生五行中的"青"色）还是白色（卵生五行）无法说清的时候，又只好说这个"是因为绿色在某些时候具有与白色相通的神色性"。[③] 此说不可不谓贩矛市盾，有牵强附会之感，令人浑不可解。

需要稍作辨析的是：卵生五行的提出时间也许比蛙生五行要早。因为在卵生五行的相关民间神话故事中，东方白色世界的大神米利董主，选择崇仁利恩作为新时代的人类始祖，崇仁利恩和他的妻子衬红裹白咪患病，白蝙蝠因此上天界求取经书，这才引出金蛙吞经，射蛙而成蛙生五行的故事。由此也可以推证：卵生五行大概是纳西族人民的原创，而蛙生五行是后来，特别是与汉族实现文化交往后的引入观念。

值得注意的是，纳西族的古老哲学观念中，两种"五行"空间观，都没有明显的"彼岸"世界。在第一种"五行"空间观当中，南方是人类居住的绿色世界，它与东方的白色董神世界、西方的黑色术鬼世界、北方的金色"署"世界具有相同的地位。虽然其他三个世界的居住者不是神就是鬼（"署"也是神，是人的兄弟。本书后有详述），但"人"的世界并不低于它们。白庚胜先生早年在《纳西族空间观念之色彩表象》一文中认为，这四方的界限不可逾越，"交界森严"；[④] 当然，作者也承认四个世界之间"存在一定的交流"，[⑤] 这一点值得认可。实际上，纳西族古老的文学作品中，常有这样的记录：每当人间有灾祸出现的时候，人就会通过各种方式到达神的领地，请求神的帮助。况且，占据东方白色世界的"董神"，在纳西族东巴神话的神祇谱系中就是"人类始祖之神"，是"祖先"与"神灵"的模糊边缘，可见神与人的世界从血缘上并非隔阂（但在这里应警惕和反对传统文化人类学的所谓"从祖先崇拜向神灵崇拜进化"这样的固定模式所带来的历史线性思维）；又如，据《白蝙蝠取经记》（也就是前文提到的《碧庵卦松》）：人类曾经派白蝙蝠，通过十八重

① 白庚胜. 东巴神话研究［M］. 北京：社会科学文献出版社，1999：484.

② 白庚胜. 东巴神话研究［M］. 北京：社会科学文献出版社，1999：102.

③ 白庚胜. 东巴神话研究（增订本）［M］. 昆明：云南大学出版社，2012：152.

④ 白庚胜. 纳西族空间观念之色彩表象［J］. 西北民族研究，2003（1）：163—171.

⑤ 白庚胜. 东巴神话研究（增订本）［M］. 昆明：云南大学出版社，2012：227—234.

天到达女神"盘祖萨美"的住处,求得居那世罗神山上的经书,这是人类(通过白蝙蝠)到达神(而且是地位极高的盘神)的居所的例子;《崇搬图》记载崇仁利恩等五兄弟曾经到神的领地耕种、跑马、放牧,并且崇仁利恩最终还娶到了天神子劳阿普的女儿"衬红裹白咪";此外,有古籍故事记载:纳西族的人类祖先米利董主、他的董族儿女(他们都是应该居住于东方白银之国)都曾经被术鬼(按说应该居住于西方黑玉之国)用箭射伤;① 而著名的史诗文学《董埃术埃》(也就是《黑白战争》)的起因,就是董神家族的儿子董若阿路,爱上了术鬼家族的女儿格饶次姆所引发的。还有就是本书将要重点分析的:居于北方黄金之国的署,与居于南方绿松石之国的人,是同父异母的两兄弟,曾经"合居",可见二者的空间界限尤其模糊;他们是后来才分家析产,并且由于人类无节制地夺占署的领地之内的物产(可见这个界限又是模糊的和可以跨越的),导致兄弟之间起了严重纷争,人类不敌署族,才请修曲神鸟和丁巴什罗斡旋调停。在这个故事里,出现了人、署、神三个世界的一次全面动员。最后,从"署"的颜色上看,分为白署、黑署、绿署、黄署和花色署,② 这恰恰是青蛙五行中五个方位的代表色,暗示着署其实并不限于居住北方,而是四处分布。可见,神、鬼、署、人四个世界常可跨越,人与神之间的界限并不分明。

在第二种五行观中,"五行"本身恰恰是连接神与人的世界的纽带。首先,木、火、土、铁("金"属)、水五种元素形成的起因,就是源于一场人神沟通。人类派白蝙蝠去往女神盘祖萨美之处求取经书,白蝙蝠偷看经书导致书页被风吹散,这些散落的书页被米利达吉神海边的金色神蛙"含失罢美"吞进肚里。为此,神女只得派久都、久尤、久补三兄弟射杀神蛙,神蛙的尸体分解,形成五行。所以,五行本身就是一次"人神沟通"的产物。其次,从纳西族乡土的生命观或生死观来看,蛙生五行恰恰取消了人与神之间的界限。如前文所说,五行的五种元素是来源于神的世界,即神海之中的金色神蛙,并且是由三个神人箭射神蛙所导致;而天地、山川、人鬼,皆由这"蛙生五行"元素构成,并且人在死后又要回归于五行,连半人半神的丁巴什罗大师也不例外。③ 也就是说,神蛙(神)、丁巴什罗(通神之人)、我们(普通人),在生死幻化问题上的本质和终极归宿并无不同。所以,五行是神与人之间的生死幻化的纽带,人、神、鬼、署等各个世界通过五行的合和与消解而融通无碍。因此神的世界并不是人的世界的"彼岸",二

---

① 杨福泉. 略论纳西族东巴教中的箭 [J]. 民族研究,1996(4):54—61.

② 白庚胜. 东巴神话研究 [M]. 北京:社会科学文献出版社,1999:86.

③ 杨福泉. 纳西族的"青蛙五行"与生命观 [J]. 云南民族学院学报(哲学社会科学版),1995(4):67—72.

者是平行存在和相互连接的。

所以，无论是卵生五行观，还是蛙生五行观，都没有一个像西方形而上学思想体系那样的超越于世俗之上的神的彼岸世界。人与神的世界是交织杂糅、可以跨越的。这种人神共处的"五行"空间哲学，体现着本书所说的纳西东巴文化和地方性知识的"世俗旨趣"（详见本书第三章第三节）。

在这里，有必要做一个初步的比较。西方，特别是欧洲国家的社会之所以会出现"世俗化"的问题，也许可以从尼采对传统欧洲文化，特别是柏拉图哲学的批判中找到原因。在尼采看来，早在古希腊的戏剧时代，在被编织出来的意义世界——日神精神——的背后，酒神精神所代表的蓬蓬勃勃的原始生命冲动已经翻腾不已，希望撕毁"彼岸"意义的虚假"面纱"。① 到了中世纪，奥古斯丁直接继承了柏拉图主义，追求一种不可抵达、不可触及的神秘主义。② 或者说，尼采认为，奥古斯丁是一种为了迁就"庸众的偏见"而主动大众化了的柏拉图主义。柏拉图的基本观点是：在世俗世界之上，还有一个高不可及的超感性的真实世界，叫做理念世界。相比于它，我们生活于其中的这个世俗世界反而是不真实的，是对真实世界加以临摹的产物。在尼采看来，柏拉图的这种一定要在世俗世界之外假设一个超验世界的冲动，根源是人"不能无所追求"的本性。③ 这就是尼采所谓的"人性"，人性的主要特征之一就是用一个虚悬的、不可触及的"彼岸"来不断地自我欺骗。④ 所以，所谓的"高于现世"的那个世界，是人类自己设置并用以膜拜的偶像，它依靠其与人隔绝、超越经验所及范围的方式，来维持自身的神圣性。但是，柏拉图关于超验世界的"谎言"，又是以鼓励人"揭破谎言"的生命冲动（权力意志）为基础的，柏拉图所代表的超验哲学的唯灵主义和神秘精神体验，祈向于在"真知"中获得拯救，⑤ 这就埋下了人类冲破柏拉图主义"虚假彼岸"的导火线，人类的真理意识必然导致"彼岸"的荒芜化和空洞化。⑥ 近代西方的虚无主义由此而来。换句话说，柏拉图主义从西方 2500 年的纵贯历史来看，是一直在自掘其穴；这也决定了，自从古希腊从柏拉图主义的手中接过"彼岸"这面旗帜的时候开始，已经注定了"超越现

---

① 尼采. 悲剧的诞生——尼采美学文选 [M]. 北京：生活·读书·新知三联书店，1986：9.

② 蒂利希. 基督教思想史 [M]. 香港汉语基督教文化研究所，2000：107.

③ 尼采. 论道德的谱系 [M]. 桂林：漓江出版社，2000：132.

④ 尼采. 哲学与真理：尼采 1872—1876 年笔记选 [C]. 上海：上海社会科学院出版社，1993：5.

⑤ 赵林. 中世纪基督教哲学中的奥古斯丁主义与托马斯主义 [J]. 社会科学战线，2005（1）：23—30.

⑥ 尼采. 查拉图斯特拉如是说 [M]. 北京：商务印书馆，2014：213.

世的彼岸谎言"必然崩溃。①

也就是说，从柏拉图主义用关于超验彼岸世界的谎言来迎合庸众情趣开始，整个欧洲的形而上学体系，与人的生命意识（权力意志）的冲突已经不可避免，在当今普遍"祛魅"的大语境下，所有形式的形而上学话语都失去了其固有的对"超验彼岸"的垄断解释权，超验的神秘主义转而成为私人事件，西方人的精神生活失去了公共领域这一固有领地，从而导致上文所提到的"社会的普遍世俗化"。在此过程中，埋伏着西方精神历史的必然因果（关于西方思想史与科学"信念"问题的进一步分析，见本书第四章）。

可是，反观纳西先民的五行空间，人与神的领域是交织杂糅的，并不构成对方世界的"彼岸"，人在日常生活世界领域内与神明相联接，神的领域早已向人间世界靠拢和交融，相对于西方形而上学传统而言，是一种完全不同的世界观设想。这种"非彼岸化""去超验化"的世界观或空间观，内在地发生出一种"人间旨趣"或"世俗旨趣"，正如杨福泉教授所说："这种把人与自然界的起源都归因于阴阳五行的观念，反映了纳西先民视自然与人为一个同源共存的整体的思想。它与东巴文化中十分突出的自然生命一体化的思维特征有密切的关系。把人与自然、人与一切生命体视为相依交感，共生共存的整体。鬼与神的本质一样，是人格化的观念产物，因此，东巴文化中也有鬼从阴阳五行中出生的观念。"②从而，纳西族的东巴文化不必面临西方近现代文化所面临的那种"世俗化"的压力，从而也就没有尼采所针砭的那种超验价值世界和意义世界的荒芜导致精神领域走向虚无化的危机。

对本书来说，这一点正是纳西族古老的东巴文化最值得深入研究和对精神困顿的当代人最有所启迪的地方。

四、"山林"在纳西族民间神话观念中的地位

在纳西族人漫长的生活历史上，经历了从甘青高原向金沙江上游流域南下的民族迁徙过程。杨福泉先生的著作《魂路》就是研究纳西族人死后灵魂的"归路"。这条"归路"，实际上就是反向的追溯纳西先民迁徙的"来路"，是对先民足迹的幻化

---

① 吴增定. 尼采与柏拉图主义 [M]. 上海：上海人民出版社，2005：56.
② 杨福泉. 纳西族的"青蛙五行"与生命观 [J]. 云南民族学院学报（哲学社会科学版），1995（4）：67—72.

的记忆。① 纳西族的布卷画《神路图》（图导 -7），就是指引亡魂，摆脱各种苦难，最终回归"北方祖先之地"。②

如果如一些学者所推测的那样，纳西族人的祖先可以追述至夏商时期甚至更早，③ 那么其主要的生产方式和生活方式一定经历了从游牧到畜牧、从采摘到农耕的发展历程。而且在很长一段时间内，不难想象，在纳西族人的生活中，狩猎、采摘、砍伐、耕种等各种生产形式，一定是并行不悖、相互补充的。④ 这样，纳西族人对自己所控制的家舍、村落、田地、水塘等空间范围（对应农业生产），以及对

图导 -7　纳西族古老的布卷画《神路图》片段

自己控制之外、但一样可以攫取生活物资的自然、山川、水泽、林莽等地域（对应伐猎生产），也就是"人居的领域"和"野外的领域"，必然有一个既相互区分、又彼此关联的空间认知结构。一个与自己的生活领地比邻而居的"自然"观念，由此形成。所以，在纳西族人的生活常识和东巴神话或文学作品中，人的领地和自然的领地相对区分又相互联系，或者套用黑格尔哲学的话说，就是"对立统一"和互为"中介"（Vermittlung）的关系，也就是说，二者都是"自身的对方的对方"，⑤ 必须要以对方为参照才能够被理解和自我证成，乃是很自然的事情。

其实，如果我们回顾上文提到的纳西族民间神话中的"卵生五行"空间观，则不难发现，东、西两个世界分别以"黑、白"冠之，而且神鬼殊途，有明显的善恶、正邪之分，我们或许可以称之为"价值对立"的两个世界；而南、北两个世界分别以"绿、黄"冠之，前者的领主是人类，后者的领主则是一种叫做"署"的神灵，它掌管的正是山林、川泽、鸟兽等"大自然"万物，也就是与人类的"人文社会"领域相对立的"野外世界"。因此，与东西两个世界的"善恶对立"关系不同，南北

①　杨福泉. 魂路［M］. 深圳：海天出版社；南昌：江西教育出版社，2000：30.

②　杨福泉. 从《神路图》看藏文化对纳西族东巴教的影响［J］. 云南社会科学，2001（5）：34—39.

③　杨启昌. 东巴教及象形文字的产生年代问题［J］. 云南社会科学，1994（1）：70—73.

④　杨福泉. 东巴教通论［M］. 北京：中华书局，2012：93.

⑤　黑格尔. 小逻辑［M］. 北京：商务印书馆，1980：250，254，455.

图导 -8　纳西族人相信，人与自然曾经缔约，相互恪守边界

两个世界是"功能对立"的，也就是这两个世界向"人"提供温饱的方式和功能不同：前者对应人类的农耕生产，所获得的物产，是对人类辛勤劳动的回报；后者对应人类的狩猎、采摘和砍伐生产，体现为大自然对人类的馈赠或舍让（图导 -8）。

"家"与"野"的这种对立，反映在纳西族人的语言文字和传说中，也相映成趣。一方面，"人"在纳西族语言中叫做"精"（zzi）或"崇"（coq），与"署"对应。另外，在人的生活领地里，还有一个叫做"素"（svl，其在东巴象形文字中的写法也与"家"有着十分深刻的关系，写作家居生活不可缺少的竹篓子：🧺）的神，它执掌的是人类生产和生活中的各种事物，例如家畜、五谷、家庭成员，等等。因此有学者说"素"是纳西族的"家神"，[①] 或"房子里的生命神"。[②] 其实不然，作为与"家"对立的山林之神"署"，也有自己的"素"。[③] 因此"素"并非家神，而应该是"生命之神"。[④] 由于"素"的读音与掌管野生动物、山川、河流、森林等野外空间领域的自然神"署"（shv）十分相似，大概也暗示了二者的既对立又联系的关系。[⑤] 相传，人要是随意砍伐了山中的树木，胡乱扑杀了山林中的鸟兽（尤其要是伤害了青蛙和蛇这两种动物，原因见下文），就会遭到"署"的报复：署会把这个人的灵魂摄去，导致这个人生病；只有通过"署古"仪式，也就是祭祀"署"神，才能赎回他的灵魂，这样，生命之神"素"才能回到他的身上。[⑥] 纳西族民间神话《梅生突尺传略》《古生土称和享命素受的故事》也有十分近似的记载。所以"署"和"素"之间有着"一家一野"的对应关系。

另一方面，"署"是纳西先民观念中一个十分重要的神灵。它是人类的同父异母

---

① 方国瑜，和志武. 纳西族象形文字谱 [M]. 昆明：云南人民出版社，1981：357.

② Rock, J.F.: *The Na-khi Naga Cult and Related Ceremonies*, part 1, P. 582.

③ 木丽春. 论纳西族的原生和次生图腾 [J]. 云南师范大学哲学社会科学学报，1991（4）：34—40.

④ 杨福泉. 论纳西族生命神"肆"[J]. 思想战线，1992（3）：48—53.

⑤ 杨福泉. 原始生命神与生命观 [M]. 昆明：云南人民出版社，1994：34—49.

⑥ 杨福泉. 东巴教通论 [M]. 北京：中华书局，2012：114.

亲兄弟，纳西族古老的民间祭署仪式"署古"，是除祭天之外最为隆重盛大的仪式。在纳西象形文字里，"署"写作"🐸"，从该文字的构造可知，署长着蛙头、人身、蛇尾。从这个外形来推测"署"的来历，目前可见两说。其一，有学者指出，蛙与蛇这两个元素来自于古纳西族四大氏族（束、尤、禾、梅）[①]中的两个氏族集团——束氏族和尤氏族。前者的图腾是蛇，后者的图腾是蛙。经过长时间的共居、通婚、争斗，尤氏族最后取得了对束氏族及其他所有氏族的统领权，前者演变成今天纳西族的木姓，后者演变成今天的和姓，而木姓为贵族，和姓为平民。[②] 有关学者认为，体现在"署"的图腾上，则是以蛙头为头，蛇尾为尾，暗示了蛙（木姓尤族）与蛇（和姓束族）地位有高下之别。其二，另有学者认为，"署"体现了人类对生育或生殖能力的崇拜。"蛙"在东巴文中有"🐸"、"🐸"等多种写法，中外很多民族学资料表明青蛙常用来象征女性生殖器。[③] 而"蛇"则类似男性生殖器，因此也有生育繁衍的意思。况且蛙和蛇在自然界中都是生育能力极强、繁衍后代数量极多的生灵，用蛙、蛇两种动物的特征杂糅而成的"署"，象征着纳西族先民对大自然繁育力量的曲折记忆，同时也反映出大自然物产丰饶、取之不竭的深刻印象。

　　"署"是什么？如何理解"署"？在这个问题上，学界曾经有过较大的争议。早期学界有一种观点认为，署是汉族"龙"或印度"纳伽"（Naga）观念的引入。此说的代表人物，就是现代早期纳西学的开拓者、美籍奥地利学者洛克（图导-9）。

图导-9　洛克故居

　　此说的直观依据是"署"与汉族的"龙"或印度的"纳伽"（Naga）一样，都是长身如蛇的爬行水神。但是，这还不是问题的根本。实际上，洛克的解释要比这种表面上的、外形上的描述深刻得多。他指出：纳西民间

---

①　孟彻理. 论祭天仪式的时间安排和参与人员［C］// 杨福泉，白庚胜. 国际东巴文化研究集萃. 昆明：云南人民出版社，1993：124.

②　白庚胜. 纳西族祭天民俗中的神树考释［J］. 云南民族学院学报（哲学社会科学版），1997（2）：32—35.

③　赵国华. 生殖崇拜文化略论［J］. 中国社会科学，1988（1）：131—156.

文学和神话，是藏族文化在川西、滇西北地区变迁演化而来的文化（神话）形式，正是基于他关于东巴文化与藏族文化之间深厚历史渊源的判断，所以他认为需要从藏族的神话中寻找"署"的身份证据。他列举出如下依据：首先，后来化身为纳西族神话人物丁巴什罗的西藏智者东巴先饶，在藏族神话故事中曾经提到："纳伽"是无处不在的，例如水中、山上、尖坡、高原草地、树上、岩石中、悬崖上、村寨、宅第，等等；而"署"同样无处不在，据说有 99 个署在天上、77 个署在地下、55 个署在山上、33 个署在谷中、11 个署在村寨。① 无所不在，这是二者的相似之处。其次，在缺水的季节，纳西族和某些地区藏族都会举办民间祭祀活动，都会祈求"纳伽"降雨（问题是洛克未能说明纳西族和云南藏族所理解的"纳伽"是否同一个东西），由此断言纳西族先民的"署"，与西藏甚至与印度之间有渊源关系。但是，如果细看洛克的观点不难发现：东巴先饶是西藏的本土智者或神话人物，其起源与印度无关，藏族文化只有在印度文化和哲学进驻西藏并与本土的文化发生争斗的时候，才勉强与印度"扯上关系"；所以，即使西藏的民间神话受到印度的影响，也首先在喇嘛文化，而不在本土文化；因此，不能因为西藏的一位本土智者东巴先饶论及了"纳伽"，而认为受藏族影响的纳西族山神"署"直接来源于印度的"纳伽"。

特别值得注意的是，某些纳西民间神话中的专有名词，只要洛克认为来自印度神话，他就经常直接用印度神话词汇来替换。不仅在"署"的问题上他直接使用"纳伽"一词，而且对纳西神话中的大鹏鸟"修曲神鸟"，他也直接用印度神话中的金翅鸟"迦卢荼"（Garuda）来代称。②（在这一点上，中国社科院的"纳族群"研究专家木仕华先生给出了纳西族神鸟"修曲"与藏族神鸟"督盘雄却"之间关系的词源学证据③）用这些印度神话中的名称来直接替换纳西族古老文学中的神话角色，又不充分论证这种替换的依据，造成了很多理解上和治学上的混乱和牵强。也许作为一个西方学者，洛克的确需要在参照或比附印度、汉族等神话谱系的基础上理解纳西族民间神话。尤其不可靠的是他对"署"一词的词源学考证。他认为："署"一词来自藏语中的一种鬼叫做"Se"或"bSe"，它们都是纳伽，纳西人称其为"世

① 洛克. 论纳西人的"那伽"崇拜仪式［C］// 杨福泉，白庚胜. 国际东巴文化研究集萃. 昆明：云南人民出版社，1993：59.

② 洛克. 论纳西人的"那伽"崇拜仪式［C］// 杨福泉，白庚胜. 国际东巴文化研究集萃. 昆明：云南人民出版社，1993：60.

③ 木仕华. 纳西东巴文白海螺大鹏鸟字源考［C］// 黄建明，聂鸿音，马兰. 首届中国少数民族古籍文献国际学术研讨会论文集. 北京：民族出版社，2012：566—577.

日",意思是"蛇精灵",也指"山神"(东巴文写作"⿰")。由此推论:藏语中的"Se",就是纳西语中的"署"(shv 或 Ssu)。① 这一段在"署"与"纳伽"之间画等号的关键论证,始终是从藏语和纳西语的近似读音推断二者之间的联系,此外没有令人信服的可靠证据,因此只是勉强而带有强烈猜测性的臆断,不足以充当严谨的学术结论。实际上,纳西学研究的前辈和重要学者李霖灿先生早就指出:比附于其他民族的水神(他这里指的是汉族的龙王,本处亦可推衍及"纳伽")是十分不妥的。② 杨福泉教授也指出:将"署"比附于"纳伽",证据不足,不甚妥当。③ 基于同样的原因,将"署"比附于汉族的"龙",也是不可取的:在东巴象形文字中,"署"与"鲁"有着完全不同的形象,前者是蛙头、人神、蛇尾;而后者则是蛇身、鹿角、鸡爪、鱼鳞、利齿,与汉族的龙全无二致,且"鲁"这个发音就是汉族"龙"(纳西语把汉族的"龙"叫做"鲁",标音文字写作"lvq")的浅易变读。只是由于署与鲁(龙)在外形、神界的职司、法力方面有重合的地方,所以后世逐渐将二者并列甚至融合(其时间起点及过程已不可考),④ 乃至于在纳西族民间祭署仪式"署古"上,经常把"署"和"龙"同祭:"男人用三饼红牛的酥油作供品,女人拿三升纯净的麦面作祭物祭献居纳山上的'署'王,洒莫居纳山上的'鲁'王。"但这并不能取消二者在起源上的不同。一个浅显的比较是:在纳西族神话中,"署"是茹素的,⑤ 且最忌血腥、粪便等污秽,⑥ 而汉族的"龙"、印度的"纳伽"均无此特征。

此外,学界还提出了另一个有关"署"身份的重要问题:与龙或纳伽不同,署其实并不是"水神",而是整个自然之神,并且首先是"山神"。如前所述,署的重要外形特征来源于蛇和蛙,蛙天然地生活在水中,而蛇在雨天或山洪暴发的时候经常出没(从今天自然科学的角度解释,可能是蛇的巢穴被水淹没或逃避巢穴崩塌所致),因此署、蛇蛙、水三者之间,就建立起了某种想象的联系,"署"因此被认为是司水之神。这一揣测应该有理。但是,从纳西族人生活的主要区域——丽江地区来看,丽江地处横断山脉地区,大研坝子环山而建,四围山峦终年雨量充沛,山

① 洛克. 论纳西人的"那伽"崇拜仪式 [C] // 杨福泉,白庚胜. 国际东巴文化研究集萃. 昆明:云南人民出版社,1993:63.

② 李霖灿. 麽些经典译注九种 [M]. 台湾中华丛书编审委员会,1978:191.

③ 杨福泉. 东巴教通论 [M]. 北京:中华书局,2012:483.

④ 杨福泉. 东巴教通论 [M]. 北京:中华书局,2012:501.

⑤ 方国瑜,和志武. 纳西族象形文字谱 [M]. 昆明:云南人民出版社,1981:356.

⑥ 李霖灿. 麽些研究论文集 [C]. 台北"国立"故宫博物院,1984:385.

图导-10　山林是丽江古城水源的无私供给者-1

图导-11　山林是丽江古城水源的无私供给者-2

图导-12　山林是丽江古城水源的无私供给者-3

间林莽苍苍。在丽江的自然景观当中,"城郭"与"山林"相辉相映的形象尤为显著。此外,丽江地区的中心大研古城的主要水源来自玉龙雪山融水,而在大研之外的地区,纳西族人的用水要么来源于山泉溪流,要么来自于穿行山谷之中的江河水,因此在纳西人心目中,水应该是高山林莽的附属品。①(图导-10、图导-11、图导-12)其实,正如上文提到:洛克认为纳西族的"署"即"世日",意思是"蛇精灵",也指"山神"(东巴文写作"　");②也就是说,洛克也赞成署首先是山神。而在美国学者孟彻理的论文中,"署"被直接用"山神"代称了。③同样,李霖灿也注意到,署其实并不仅仅司水泽,而且司山川、树木、岩崖、鸟兽,④所以"署"虽然是山林之神,而其实是整个大自然的神灵。

①　杨正文. 最后的原始崇拜——白地东巴文化 [M]. 昆明:云南人民出版社, 1999:72.

②　洛克. 论纳西人的"那伽"崇拜仪式 [C] // 杨福泉,白庚胜. 国际东巴文化研究集萃. 昆明:云南人民出版社, 1993:63.

③　孟彻理. 纳西宗教综论 [C] // 杨福泉,白庚胜. 国际东巴文化研究集萃. 昆明:云南人民出版社, 1993:103.

④　李霖灿. 麽些研究论文集 [C]. 台北:台北"国立"故宫博物院, 1984:131.

实际上，在纳西族古老的神话世界和民间记忆里，同时也在纳西族人的生活观念里，人就生活在莽莽山野（横断山脉）四面大山的环抱之下。所以，大自然，也就是人的领地之外的所有区域，对横断山脉深处的纳西族人来说，其实就是山林。

白庚胜先生有一个很有意思的推论："署"是水神，也是大自然之神，它的原型是蛇（当然还有蛙，但是白庚胜不承认纳西族人把蛙当作图腾，所以他甚至认为纳西族的"青蛙五行"中的神蛙"含失罢美"不是蛙，而是一只大乌龟，[①] 此说不确，后有详述）；但是对于身处高原山地，水泽并不如大川大泽之畔那么丰富的纳西族人来说，"水"不大可能上升为整个大自然的象征。由此得出他的结论：之所以会出现水神"署"充当整个大自然之神的情况，一定说明"署"崇拜来源于域外神话。[②]

但是，令人不可解的是：倘真如白庚胜先生所言，那么为什么域外神话在"植入"纳西族本土神话和民间文学之后，没有同纳西族人的生活经验相协调，而出现其本土化的诠释或变体，而是"顽固"地保留了"原型"？进一步问：既然这种"原型"根本不适应或不符合纳西先民的日常生活符号，也不能回应和加强纳西族先民对他们自己的日常生活的集体认同，那么它凭什么有这样顽强的生命力，能够在纳西族人的精神世界里落地生根而且长期驻留？

实际上，我们完全可以沿着与白庚胜先生相反的方向，作出如下解释："署"本来就是纳西族民间文学中的本土的山林之神，而在纳西族人的生活世界和观念世界里，"人"是生活在大山环抱之中的，人居之外的整个大自然无非就是莽莽苍苍的深山林莽，所以不仅水泽而且树木、岩崖、鸟兽、鱼虫，都是山林的附属品。因此最适合充当整个"大自然之神"的当然就是山神，而不是水神。从这个角度，也可以解释：作为山神的"署"，是一种彻头彻尾的本土神祇，它即便可能曾经受到过汉族的"龙"、印度的"纳伽"形象的启发或影响，但是在其起源上，它一定是纳西族先民精神世界的独立创造，因此它才会与域外神灵有着这样多的不同。而这些不同，而又与纳西族本身的文化独特性和观念独特性，紧密联系在一起。

也正是从"署"的这种文化独特性出发，我们看到纳西族人对"山林"的特殊重视。

首先，"农耕"与"伐猎"这两种相互交织而又根本不同的生产方式，在人的直观上的对应关系，产生了"家居"与"山林"、进而人格化或具体化地产生出了"人"与"署"的对立关系。这两者的关系在纳西族人的观念世界和神话世界里被

---

① 白庚胜. 东巴文化中的巴格图龟蛙辨释 [J]. 云南民族学院学报（哲学社会科学版），1995（4）：73—91.

② 白庚胜. 东巴神话研究 [M]. 北京：社会科学文献出版社，1999：353.

图导-13 猎神的简易塑像，记录着砍伐之外纳西人与山林的另一种关系：狩猎

进一步空间化，就形成了"人的世界"与"署的世界"的分野。但是，这种分野又不是绝对森严的，因为"署"无处不在，意味着纳西先民意识到：即使是人居的空间，也有其自然物资的基础（当然其直观的印象大概是"蛇"和"蛙"可以爬进人们的屋子或田园，成为人类生活领域中的不速之客）；而人则需要不断地进入深山林莽之中，去获取各种大自然的物产，以补充耕种产物的不足，这就导致了人与神、家居与自然在空间上的界限又是模糊和可以跨越的（图导-13）。

其次，人与自然的这种特殊关系，在哲学化了的纳西族地方性知识的五行空间观中，获得了进一步的抽象的表现形式。即：一方面，在"青蛙五行"空间观中，"木"占据了一个独立的位置，而且是一向十分尊贵的"东方"。由此可以推测，这一安排当然可能受到汉族五行观念的影响，但也反映出纳西族先民对"木"（木当然来自于"山林"）的重视。另一方面，也是更加直观和重要的方面，即在"卵生五行"空间观中，"人"的南方绿色世界和"署"的北方黄色世界处于功能上的对称地位，正如"董神"的东方白色世界与"术鬼"的西方黑色世界处于"价值"上的对称地位一样。可以认为，纳西族民间传统观念的"世俗情趣"，也就是人类世界与神明世界的交织杂糅，也反映在这种对称关系当中。

再次，这种人与"署"、家居与山野的交织杂糅关系，十分符合丽江纳西民族世世代代的实际生活情境。一是丽江大研古镇为四面环山而建，城郭与山林比邻而居、守望相顾。这种泾渭分明的人文自然处境，在登上文笔山或土司府映江楼高处之时，鸟瞰丽江坝子，会显得尤为生动。二是丽江城内水渠环绕，藻荇交横，人文建制与自然生机随处交揉，所以丽江人形容自己庭院时，常常透露出一缕山野结庐之气。例如，丽江老人杨增林的家门口，常年悬挂他自己撰写的一副对联："户对青山增秀色，门临玉水涣人文"，可见一斑。三是在 1996 年之前，丽江大研镇、宁蒗、华坪、永胜、鹤庆（鹤庆县属大理白族自治州）等各个地方的民居多为整体木质结构，山区的木质结构民居称为井干式木楞房。而丽江的木质结构民居则在纳西民居的基础上，整合了汉、藏、白族的建筑风格，有"三房一照壁、四合五天井"的俗称，是云南地区有典型意义的少数民族木结构住宅（图导-14）。以木结构民宅为建筑主体的丽江大研古城于1997年被列入"世界文化遗产"名录。所以纳西族人在古建筑上对山林气息的追求和运用，是深深渗透在其日常生活起居之中的。人的居家住宅与山林之间的关系之深由此可见。

图导-14　纳西族传统的井干式木楞房建筑

最后，纳西族人对"山林"的特殊看重，又与其他一些民族传统对自然的恐惧和畏怵不同：他们并不在自然神面前刻意贬低人类自身的位置，并不把自然神抬高到祸福由之、天命莫测的主宰形象，也并不在位格上自我贬损为自然神明的价值附庸。与此同时，与西方近代以来的主体性哲学又不同，纳西族人也没有假设"人"是万物的目的，没有把大自然视为任意宰割、为我所用的"对象世界"，更没有宣扬人对自然的无节制攫取的所谓"正当性"。

相反，纳西族人把"大自然"或山林人格化为自身的兄弟，具有与自己大致平等的地位（人是兄长，署是弟弟，所以人的地位似乎还略略高于自然），是一个能够与"我们"利益权衡、达成谅解、相安相得的"他者"。人类与"署"南北比邻，各有所短：人的问题是贪婪，署的毛病是小气。所以，当人类攫取自然物产的时候，人与署之间就会形成对抗；而这种对抗又是兄弟间的龃龉，是可以调和、可以化解的。在这个调和的过程中，我们能够看到一种"兄弟之约"的高明的自然观

念。这种观念,与西方思想领域所固有的"人神之约",有着某种富于启发意义的对照关系。

五、本书的框架

在宏观上,本书分为上下两篇:前者借助弗洛伊德的性心理学和象征人类学成就,试图破译纳西族古老的史诗文学中暗含的父子之间、兄弟之间争夺性爱权力的种种记忆,由此解读纳西先民关于灵魂归返之地"北方"这一空间观念的集体情感以及在此空间观念基础上形成的对自身欲望加以合理节制的地方性知识;后者则着重描述"科学"作为一种西方民族的地方性知识,在特殊机缘下成为了现代化的普世性知识,由此带来对世界上各种地方性知识——包括纳西族本土的地方性知识——的袭入,同时又无法再造社会的知识信念,因此造成当地人的社会信念失灵以及由此带来的种种社会动荡和心灵失序。

所以,本书上篇三章主要描述纳西族古老的民间神话和民间文学中所暗含的山林观念与性爱、财富、偿债、生死之间的隐喻关系,由此论说纳西族"山林"观念中隐含的地方性知识;下篇三章则主要探讨科学本身作为一种西方人的地方性知识,对纳西族地方性知识的袭入,导致一种不平等的文化相遇,造成丽江地区"山林"和"精神生活"的同时毁坏。可以认为,上篇是关于"山林"的地方性知识观念的构建史或"山林"象征体系的获得史,下篇是科技文明入侵过程中关于"山林"的地方性知识解构和象征体系衰落的历史。具体如下。

第一章:在举证"木"与"石"为纳西先民思想中关于"性爱"的象征意项的基础上,论述"木"的放大就是"林","石"的放大就是"山",所以"山林"观念与"性"有莫大的联系。在此基础上,验证纳西族神话中的"居那什罗神山""含英巴达神树"与父亲在儿子们眼中的神奇的生育力量之间的暗示关系,并由此推测并验证弗洛伊德关于早期先民"杀父"记忆在东巴长诗《董埃术埃》中的曲折、隐晦的表达,即米利董主和米利术主实际上是父亲的"赋予我们生命"和"强迫我们禁欲"两种形象的分化,实则为同一个人。由董若阿路的死,断定这一情节与《图腾与禁忌》中人类早期图腾情感的发生过程丝丝入扣。并且得出后面各章论述的一个至关重要的基础:儿子们杀害父亲所带来的道德上的负罪感,成为了兄弟之间今后为性爱权力的分配而再起冲突时,能够最终克制并阻止事态升级的关键。也就是说,父子之争为兄弟之争提供了必不可少的心理秩序背景。

第二章：从山林之神"署"的形象中，分析其"性"的含义："署"的形象为蛙头、人身、蛇尾的三元组合，而蛙和蛇分别与女阴、男根相对应，因此山林之中充斥着"性"或"生育"的暗示。同时，需要说明的是蛇与"死亡"或"灵魂"之间的关系，这一点对后面各章节的作用也是不可忽略的。而在农业社会，"性"和"生育"是财富的来源，所以司掌性爱和财富的是同一个神祇"仁"。人类与署族爆发冲突，尽管存在 5 个与财富有关的版本和 1 个与性爱有关的版本，但其实质都是相同的，即隐喻着兄弟之间的相互猜忌。这一部分所要解决的是弗洛伊德所简略提到的：在父亲死后，兄弟之间因为"性"的相互猜忌而几乎陷入第二次大规模冲突。但是，为什么人类与山林之神"署"之间会被赋予"同父异母的兄弟"关系的想象？这一点需要第三章来回答。

第三章：根据弗洛伊德的理论，分享食物的观念与兄弟情感相关，而人与山林（署）之间确实存在分享关系。这也印证了杀父记忆在纳西先民的潜意识中的确存在。除了"同父"之外，"异母"则表明：依据纳西族古老的"斯日""衣杜"等母系婚姻形态，"异母"之说显然意味着这个兄弟不应占据过多的财富和性爱权力，从中折射出男性家庭成员之间，特别是兄弟之间的"性垄断猜忌"。但是，兄弟之间的冲突之所以得到了克制，就是因为他们对"父亲"的共同记忆，要求兄弟之间维持刚刚修复的心灵秩序。由此可推知："修曲神鸟"暗指死去父亲的灵魂。因此，纳西先民隆重的"署古"仪式，作为"人"向兄弟"署"的施药，本质上就是对"因性而发生的兄弟间冲突"所导致的受损的心灵秩序的修复。这一仪式中的"药"，其主要成分即酥油，暗示着"性"和"死亡"，两者都与"偿债"观念有关，可知纳西古人把生命视为一种临时的赊欠，终究要偿还。这一思想又与他们祖先的南迁之路有关，认为人死之后灵魂要北归，而"北方"恰恰是"署"所居住的"山林"，因此兄弟之间的借贷与偿还，直接与性爱和生死有关，所以任何矛盾都并非不可化解。促成这一化解的，则是象征父亲的居那什罗神山。

第四章：这是本书在理论上的一个关键环节。有西方学者指出，科学不是一种普世性知识，而是一种西方民族所独有的地方性知识。[1] 西方形而上学与近代自然科学的关系已经被学界所证明，由此得出科学和其他任何知识一样，本身不能提供知识的信念。也就是说，西方有关科学知识的确定性是要通过形而上学观念而得到

---

[1]　Robertson, David P, Hull R Bruce. *Public Ecology: An Environmental Science and Policy for Global Society*[J]. Environ-mental Science & Policy, 2003, 6（5）：399—410.

33

担保的，这在早期科学家如伽利略、牛顿等那里体现得更加明显。"科学元勘"派的 SSK 学者们更加明确地证明了科学"外史"的存在，即社会日常生活对科学知识的创生具有不可抵消的影响。由此提出科学知识的"民族性"问题，即科学知识与其他所有知识一样，是某一民族日常生活的产物。也就是说，科学有其特定的文化边界，其知识也理应在这个文化边界之内的人们之间有限共享。这就提出了科学或科技知识对其他地方性知识的袭入问题，由此提出科学可能带来当地人的社会信念失灵问题。

第五章：这一章主要借助西方思想大师哈贝马斯的观点，来澄清"文化相遇"的相关理论。某一文化处境下的人们，与他们所日用而不知的生活常识之所以相安无事，就是因为这些常识处于"反思"之外。也就是说，最基础的、最背景性的知识是"无意识"的。例如，本书上编各章中提到的纳西东巴文化中蕴含的丽江当地人的种种记忆就是如此。但是，哈贝马斯指出，当一种"异质性"的文化或知识，与当地人相遇时，就有可能促成地方性知识的再生产，从而强迫知识秩序的重建。无意识的背景知识就有可能朝向有意识层面挺近，这样的结果可能是人们对自己生活的有效反思，但前提是两种文化、两种知识之间应该是"平等"的。问题是，这个前提在纳西族古老的地方性知识面对科技知识的袭入时，却是不存在的。所以，近 60 年丽江"山林"的砍伐历史，也就是丽江人的心灵秩序史，正是在这种理论的特例或盲区中，才显得尤其值得研究。

第六章：20 世纪 50 年代仍然存在的"老民会""居瓜"（管山员）"吉瓜"（管水员）等机构或职司，把纳西人的心灵秩序外化为生活秩序，从而把丽江当地的"局然"（一村有秩序的集体伐木）频率维持在 $X=(M/10)/F$ 的公式之下（公式推导过程详见本书第六章第一节），也就是大约 50 年一个轮种轮伐周期。对于当地老人来说，出现了一个十分有趣的论断：以往的人都是"有知识"的，现在的人都是"没知识"的。这实际暗示了地方性知识断层的情况。这一过程在 20 世纪 50—60 年代体现为国家"三线建设"的过程中，尤其以黑白水林业局、金沙江木材水运局等三线建设企业的出现为标志，造成了一种没有平等前提的文化相遇；继而在 80 年代的"包家提留"和"两山三定"历史中，古老的心灵秩序的资源被消耗殆尽，社会信念进一步失灵。而此种砍伐的结果，恰恰应验了纳西族神话中的大洪水预言。从此，人与自然的空间边界前所未有地清晰，"林郭相望"的局面已然形成。

结语：尽管有社会责任感和文化传承感的政界要人、企业家和学者在努力恢复地方性知识的有效性，无奈经济的杠杆已经撬动了人心中的欲望，匣门一开，积重难返。在此过程中，一系列混乱而与历史不符的民间集体记忆，开始在讲述者的脑海中被建构起来。这些错讹的记忆，反映出纳西民族地方性知识与科技知识之间的权力分野，也折射出当地人试图在记忆与价值之间实现勉强统一的种种努力。这一点，在地方性知识的持有者，也就是"东巴"们身上，体现得尤为明显：作为一种不再具有"活态"的知识的持有者，他们对传统观念一去不复返的达观态度中，流露出难以言宣的无奈。本地人与外地人的交互和对流，也致使"丽江人"概念的模糊。终于，随着"山林"观念及其背后的象征系统的衰落，"谁是丽江人？"成了一个现实的问题。

上篇
兄弟之约

第一章
"树"与"性"：纳西族"山林" 观念再认识

在纳西族的传统观念里，"山林"或"木石"等观念有着强烈的"性"的含义或象征指向。这一点已经为很多学者所注意。但是，这些与"性"有关的种种象征，表明了纳西族先民对待欲望的态度如何？纳西族古老的民间神话或民间史诗文学中关于"山林"与人类之间作为"同父异母兄弟"的著名隐喻，曲折地表明了纳西先民怎样的文化记忆？这些问题，都有可能在弗洛伊德象征人类学的谱系下，获得抽丝剥茧的解读。

一、楔子

在世界上的很多文明体系和民族文化谱系当中，大多存在着"正义"与"邪恶"、"光明"与"黑暗"、"善良"与"凶狞"、"生命"与"死亡"等两两对照，这体现了各民族、各文明先民的朦胧的辩证法意识。这种意识还具有劝善诫恶的功能，从中产生出一种社会自发修复的能力。例如，"从善者得善报，从恶者得恶报"的观念。[①]

这种正面和反面两种对立力量同时存在的观念之所以如此普遍，笔者倾向于同意弗洛伊德的意见：原始族群的神明观念的最早形式是图腾崇拜，[②]而按照弗洛伊德的解释，图腾是部落中的男孩子对"父亲对女人的垄断"和"强迫自己禁欲"的曲

---

① 《耶斯纳》第30章第17节。

② 弗洛伊德. 图腾与禁忌［M］. 北京：中央编译出版社，2005：155.

折记忆的变异体，以至于西方传统文化的赎罪观念，也归结为"人违背了父亲禁止其接触女人的旨令"；① 而图腾物被比拟地理解为是本宗族的先祖，也就是抽象化的"父亲"。相应的，对"恶神"的仇视，实际上同样起源于对父亲的惧怕等痛苦记忆或者来自于对被征服的部落之图腾的忌惮。也就是说，恶神要么是父亲形象的另一面，要么是被征服民族的图腾（父亲）。正是由于这种一般性的儿子对父亲的崇敬与畏惧形式的普遍存在，所以在不同民族、不同文化背景中，会孕育出极为相似的善神与恶神、正义与邪恶、福报与祸报的对立辩证关系。

弗洛伊德讲述了这样一个故事结构：在很多民族、部落中，都存在着相同的习俗，即用图腾动物来向神献祭。全体血亲成员（他们有可能在祭祀过程中扮演这个被献祭的动物或模仿它的某些特征）在这个献祭动物被处死的时候都要纷纷表示哀痛，但是随后，他们又立即全体兴高采烈地享受这个献祭动物——可能是熊、骆驼、巨龟或者秃鹰，但大多数为鸟类② ——的血肉，而这个共同吃肉、喝血的过程被认为有效地凝聚了本族成员与神之间的联系，同时也加强了他们相互之间的集体感和盟友关系——这令人想起中国古代的歃血为盟（汉民族的歃血为盟，一方面往往与参与结盟者共同致力于推翻某个权威人物有关，例如起义者用歃血为盟的方式表明自己打到旧政权的决心；另一方面，歃血为盟也体现出强烈的原始祭祀的色彩，似乎表明二者之间存在着某种心理上或结构上的关联性）③ 。这种矛盾的表现曾经令弗洛伊德百思不得其解。④ 也就是说：屠杀神圣的图腾动物，这本来是被认为触犯神明而被严格"禁忌"的，这也是整个部落或民族维系共同价值的生活基础；但是，恰恰是在某一特定节庆过程中，成员们共同地对这个"禁忌"的打破和破坏，不仅没有削弱反而强化了部落与神明之间的联系性和部落成员之间的认同感。

对此，弗洛伊德给出了一个惊人的结论：这个图腾，或者说这个被献祭的动物，实际上是该部落先民记忆中的父亲的替代品。一个暴虐而强大的父亲，独占了部落里的全部或大部分女性，而出于嫉妒或防止乱伦，他又对他的几个已经成年、但力量还有限的年轻儿子们进行强迫禁欲。有一天，这些儿子在性欲的驱动下，终于联合起来，谋杀了父亲并分食了他的血肉，儿子们相信这样就可以获得父亲的一部分能

① 弗洛伊德. 图腾与禁忌［M］. 北京：中央编译出版社，2005：165.

② 弗洛伊德. 图腾与禁忌［M］. 北京：中央编译出版社，2005：150.

③ 由此似乎也可核实前文之观点：强行区分"原始民族文化"和"高阶文化"的方式，是不可取的；所谓"高阶文化形式"，也许无非是关于这个文化或文明之起源的记忆转述变得更为变异、晦涩而已，甚至连"更为抽象"也说不上。

④ 弗洛伊德. 图腾与禁忌［M］. 北京：中央编译出版社，2005：151.

力。可以想象，这个可怕的经验对于所有儿子来说都是一种创伤记忆。于是，他们开始神化自己死去的父亲，想象他死后已经托生为某种动物，也就是后来他们部族的图腾。从中，儿子们依据他们的奇异的心理经验而制定了部族的律令：一方面，忌杀这种"神圣"的图腾动物，以求得父亲对自己罪业的原谅，或希望建立起一种像父亲保护儿子那样的神明保护族人的关系；另一方面，又在祭祀神明（这个神明也是父亲形象的延伸）时回味屠杀父亲并食其血肉的记忆。因此，在大量的传统神话故事中，有关神明的情节，往往隐藏着一个"祸起女色"的情节。例如，西方文化中的夏娃；中国上古历史或神话传说中关于舜的继母，以及亡国祸水如妹喜、妲己之流，都是父亲（或上升为君主）在女色方面的贪得不慎而导致儿子罹祸，则不胜数；相反，丑女往往与美德联系在一起，例如黄帝的妻子嫫母、齐王之妻钟离春、诸葛亮之妻黄月英，等等。在这一点上，刘向道出了一个男权社会的女性审美悖论："夫有美物足以移人，苟非德义，则必为祸。"① 这个悖论在叙事上的潜在动机则是：男人能够抗拒女色的诱惑，则是美德；这个隐含的基调凝聚成外表鄙陋而内心高尚的女人形象。此外，纳西族史诗《黑白战争》中关于美色引发神鬼冲突的相关记述也有相似的结构。后有详述。

故事的这一部分往往能够引起学者的注意。但是，人们经常忽视弗洛伊德的叙事中还有另一个一带而过的环节：在杀死父亲之后，几个同谋的兄弟之间发生了第二场争斗。②

本章将从第一场战争，也就是《黑白战争》中，引出纳西族民间记忆（特别是民间文学）中有关"山林"，特别是"神树"和"神石"在"性爱"和"繁衍"方面的象征意义。这些方面作为纳西族先民的地方性知识的核心部分与后来袭入的"科学"知识之间的关系，将在本书第六章得到解释；并在下一章，详细论证第二场战争，也就是"署人之战"在弗洛伊德性心理学和象征人类学的意义上的隐而不彰的含义。笔者认为，这些有可能是纳西族古老的地方性知识的基石。

二、"含英巴达神树"与"银白的日月"：
《黑白战争》的性爱、繁衍内涵

纳西族古老的长篇史诗《董埃术埃》记载了一场神与鬼之间的战争：黑白战争，也就是董神所在的白银世界与术鬼所在的黑玉世界之间的战争。据说，在上古时代，

① 刘向：《列女传·晋羊叔姬》。

② 弗洛伊德. 图腾与禁忌 [M]. 北京：中央编译出版社，2005：155.

在上方出了佳音，在下边出了佳气，佳音与佳气结合发生变化，出现了一滴白露，白露再发生变化，出现了一个白蛋，白蛋再发生变化，出现了五行［这里出现的又是东巴民间神话中蛙生五行"木、火、土、铁（即汉族五行中的"金"或"金属"）、水"，即 ser mi zhee suq jjiq，显得有些奇怪］，五行再作变化，出现了白风、黑风、红风、绿风、黄风五种风，五种作变化，有了白云、黑云、绿云、黄云、红云五种云；五种云作变化，出现了白蛋、绿蛋、黑蛋、黄蛋、红蛋五个蛋。白蛋作变化，出现了"盘"的白天和白地，白太阳、白月亮、白星辰、白山川、白木与白石，白水和白水沟，出现了千万白犏牛、白牦牛、白牛、白马、白山羊、白绵羊……（图1-1）由此育化出董神世界和人类世界的共同祖先：米利董主（写作 𝕏，纳西语意为"董"神，汉译为"阳神"）。

图 1-1　丽江东巴文化以白色为高雅

　　一天，米利董主到海边洗浴，看到自己孤零零的倒影，顿时感到无限寂寞，于是用自己的眼泪调和金银，造出了自己的妻子、女神注祖金姆［（一说注祖金姆是米利董主吐唾而成。[①] 这里的"注祖金姆"应该就是"色神"（𝕏），也就是"阴神"。[②] 按照郭沫若的解释，这两个文字分别是男女生殖器的意思。[③] 详细考辨可见杨福泉先生相关研究。[④] 一说董神与他的妻子实际上是兄妹，所以他们的婚姻曾经引发秽气；[⑤] 另一说是董神恰恰是禁止兄妹乱伦的立法者和首倡者，曾经发起洪水以惩戒乱伦者——这与汉族的伏羲和女娲既是兄妹乱伦又共同禁止兄妹乱伦的故事极为相似］。在这里，东巴经书婉转地描写了米利董主与妻子之间的性行为与生育繁衍之间的关系：米利董主作法生出白色的泡沫，将这些泡沫放入妻子的银杯，于是生出九个"华之子"和九个"华之女"。杨福泉先生指出："白色泡沫"实指男性精液，而银杯则暗指女性的生殖器，而所谓华子、华女之"华"（写作 ⟋⟍⟋，huaq），

① 白庚胜. 东巴神话研究（增订本）[M]. 昆明：云南大学出版社，2012：122.

② 杨福泉. 略论东巴教的本土神祇谱系 [J]. 思想战线，2009（1）：16—22.

③ 郭沫若. 中国古代社会研究·周易时代的社会生活 [M]. 北京：中国华侨出版社，2008：69.

④ 杨福泉. 纳西族木石崇拜文化论 [J]. 思想战线，1989（3）：49—55.

⑤ 参见东巴经《迎东格神》。

在东巴文中意指"生育繁衍的精灵"。[①]（有学者认为，这个象形文字之所以与生育繁衍有关，是因为它很像银河，[②] 意味着子嗣像银河里的繁星一样众多。而在今天看来，它似乎和显微镜下的男性精子十分相似。）也就是说，在纳西族人的印象或纳西民间文学作品里，"米利董主"的真实形象就是生育繁衍了庞大后嗣的先祖，也就是先民记忆中的"父亲"。这一点当可无疑。

与米利董主相似，术鬼世界的米利术主，也是一个"生育繁衍"者、一个父亲的形象。只不过他是术鬼部族的父亲。他和妻子格饶纳姆也生育了九个儿子和九个女儿，建起九个黑石头的村寨，开辟九块黑石头的土地（纳西族的神话中经常出现九子建九寨、九女辟九地的结构）。他们的领地里有着黑色的天和地、黑色的日和月（一说根本没有日月）、黑色的山和水、黑色的树和石、黑色的牛和马。在这个黑色的世界里，有着九道防线、九个碉堡、三十六个城门，以加强对董神世界的军事防备。[③] 此外，两个世界交界的地方还有黑白两色的梅花开放以及黑石和白石堆砌，作为两个世界的分界。

关于董神与术鬼之间爆发战争的起因，主要存在两种解释（为什么会有两种解释？后文将说明，这两种解释其实有可能是同一个含义）：一种认为，由于术鬼们艳羡董神世界里银白色的太阳和月亮，想要窃为己有，而董神为了捍卫自己的太阳和月亮，而被迫与术鬼开战。[④]（一种比较委婉、和平的说法是：术主的儿子安生米温来到董神的世界，与董主的儿子董若阿路认识以后，突然请求董若阿路去术地做太阳、月亮和星星[⑤]）另一种解释更加著名，也更加"权威"：据说，在米利达吉神海上，米利董主向悬崖和白土中吐唾，于是从三滴白露中长出了一株神树"含英巴达"（haiq yi bba ddaq zzerq），[⑥] 董神想要培植它，术鬼想要砍伐它，因此爆发战争。[⑦]

这里也反映出生育繁衍的强烈暗示。"露水"或"雨露"在很多民族文化中都有男女欢爱的含义（汉族古代把男女一夜情叫做"露水夫妻"），而神树"含英巴

① 和士成释读，和力民翻译，和发源校译. 襀垛鬼大仪式·烧天香 [M] // 纳西东巴古籍译注全集（第22卷）. 昆明：云南人民出版社，1999：338.

② 杨福泉. 略论东巴教的本土神祇谱系 [J]. 思想战线，2009（1）：16—22.

③ 白庚胜. 东巴神话研究（增订本）[M]. 昆明：云南大学出版社，2012：219.

④ 陈烈. 英雄史诗《黑白战争》主题思想的形成 [J]. 民族文学研究，1998（2）：75—79.

⑤ 和正才讲述，李即善翻译. 懂述战争 [M]. 丽江县文化馆，1963年石印本：14.

⑥ 典故来源于《"含英包达子"树的来历》.

⑦ 和士诚解读，和力民翻译. 董术战争 [M] // 纳西东巴古籍译注（第三卷）. 昆明：云南民族出版社，1989.

达"又来自上面的佳音和下面的佳气"相互交合"而产生的三滴白露，而神树的名称中又有"本巴"（bee bba bbei）即交合之意。^① 所以，纳西族文学中写道：曾经有九十个男青年和七十个女青年在"含英巴达"神树的"金花银花和宝石果子"之下集体纵情欢爱，并用各种各样的办法阻止各种恶兽（黑鹰、野蜂、恶虎等等）对神树的侵犯，同时又欢迎"千千万万"的鸟兽前来嬉戏。^② 在这里，"含英巴达"神树的"性"的含义（笔者读来，众多男女青年在树下集体欢爱的情景丝毫没有淫乱、污秽的意思，而是旺盛生命能力的一场盛大典礼，并且充满了仪式感和神圣感。这一点类似司马迁所说："夫妻寝室，人之大伦也。礼之用，唯婚姻为兢兢。夫乐调而四时和，阴阳之变，万物之统也。"^③ 在纳西族先民的观念里，"性"的能力似乎也具有"万物之统"的重大意义）与"千千万万的鸟兽一起到来"的这种万物繁茂、生生不息的隆重生命场景，二者是相映成趣的。另外，据说，"含英巴达"神树生长于居那世罗神山上，但是，很显然董神的东方白银世界不应该包括居那世罗神山所在的中央世界。这一点如何解释？其实，居那世罗神山在纳西象形文中写作"🏔"，其中，它的底座部分"⛰"表示神山为人工修建，而这个修建者正是董神部族的"父亲"米利董主；而神山的上半部分"🔱"则是男性性器的意思。^④ 所以，纳西族传统观念中，之所以要把神树生长的地方安排在居那世罗神山上，就隐晦地透露了族人对部族之"父"米利董主的生养繁育之大功的纪念或感激之意。而神树来自米利董主的"吐唾"而成的"白露"，也暗示着父亲的生命"雨露"（其实可能不是唾液，而是父亲的精液。"吐唾"只是对交媾行为的一种婉约的转换，只要看一看纳西族古老文学中的很多远古事物，包括卵生五行、居那世罗神山、"含英巴达"神树甚至他的妻子色神等，都来自米利董主的吐唾，就不难想象）生衍繁育之大德。而且在东巴文字中，有一个表示米利董主的字"⚒"，就是男性生殖器的形象。这一点与汉族的祖先之"祖"字的"且"旁具有相同的含义，即"男根"。^⑤ 这样，故事的意思就变得更加明显：显然，在纳西族的民间神话世界里，"性"与"生命"的观念是紧密相连的，所以"含英巴达"神树不单是"生命之树"，当然也是"性爱之树"。

据说，这株神树初时非常孱弱，只有头发丝那么粗。这棵树长不大，就导致了

---

① 杨福泉. 东巴教通论 [M]. 北京：中华书局，2012：154.

② 纳西东巴古籍译注（第一卷）[M]. 昆明：云南民族出版社，1989：19.

③ （汉）司马迁：《史记·外戚世家》。

④ 白庚胜. 东巴神话研究（增订本）[M]. 昆明：云南大学出版社，2012：384.

⑤ 郭沫若. 甲骨文研究 [M]. 北京：人民出版社，1952：53.

米利董主的儿女们也长不大。[①] 为了捍卫神树的成长，天上地下的很多神明，如绿龙、白狮、神鸟甚至丁巴什罗祖师，都亲自上阵，为神树护法，打退了各种恶神恶兽的破坏阴谋，终于使神树长成，而米利董主的儿女们也都顺利长大。因此，纳西族孩子的成年礼（13岁）都要在神树下举行，[②] 可见，纳西东巴文化中神树的生长与儿女的长大、父母的性爱与子嗣的繁衍之间的关系。——可是，一个不被注意的问题是：父亲种下的性爱和繁衍之树与子女们一同成长，暗示了孩子们从父亲那里继承了"性"的需要。这一点，对于理解后面将要提到的儿子被女色所诱惑的情节，是不可缺少的。

这株树长大之后，就能够压制术鬼世界的死亡树"次西达孜"。这当然招致了米利术主的不满。于是，两个世界爆发战争，这就是著名的"董埃术埃"，意思是"董"族与"术"族之间的战争（"埃"是战争的意思），也就是"黑白战争"。《黑白战争》被认为是纳西族民间文学作品中最完整、最重要的史诗故事之一，全诗有四千多行。据说，在这场争斗中，米利术主的最能干、最受器重的儿子安生米温，被米利董主的最能干、最受器重的儿子董若阿路所杀（前文中提到，安生米温曾经邀请董若阿路去术地充当日月）。但是，董神家族在第一场战役中还是战败，董若阿路被迫潜入海底，躲避敌人。米利术主为了给儿子报仇，于是派出他最美丽的女儿格饶次姆，在海边一次次地洗澡，袒露身体，引诱海底的董若阿路。（前去引诱董若阿路的是格饶次姆，而不是格饶纳姆。白庚胜先生对这一段故事的描述中，母女俩的名字出现了讹误。[③] 前者是米利术主的女儿，后者却是米利术主的妻子，格饶次姆等9兄弟、9姐妹的母亲。有一些后继学者延绍此误，因此不得不予以纠正）终于，血气方刚的董若阿路经不住女色的诱惑，在"性"的强大驱动下，他不顾敌人追杀的巨大危险，浮上岸来与格饶次姆结成情侣。在他们结合的地方，天是绿松石做的，地是黄金做的，树上开满银色的花朵，鸡犬相闻，华丽祥和。他们还生了一双儿女，男的叫哈不罗他，女的叫哈不罗莎。看起来这一切都显得十分美满、和谐，但是巨大的悲剧随之而来：根据父亲的命令，格饶次姆把情人董若阿路引诱到黑白交界的地方，术鬼们早已埋伏在那里袭击了董若阿路，并将他捉到术鬼世界。在那里，董若阿路饱受折磨，最终被杀害。米利术主和他的子孙们吃了董若阿路的肉，喝了董若阿路的血，啃光了董若阿路的骨头，

---

① 杨福泉. 论东巴教中的生命树与死亡树 [J]. 云南学术探索，1996（3）：40—44.

② 同①。

③ 白庚胜. 东巴神话研究（增订本）[M]. 北京：云南大学出版社，2012：153—154.

并用他的头颅献祭。① 董若阿路死后，灵魂变成一只鹿，且为"呆鬼之鹿"。②所谓"呆鬼"是一种无头恶鬼，是被丁巴什罗祖师镇压的对象，可见董若阿路的下场十分悲惨。

至此，让我们提出一个大胆的猜测：前文提到，关于引发"黑白战争"的原因，有两种不同的说法，一种是说术族为了砍倒董族的生命神树"含英巴达"；另一种是说术族为了偷窃董族的银白色的太阳和月亮。两个说法看似是矛盾的。但是，当董若阿路在鬼域受刑的时候，引诱他的那个术族女儿格饶次姆，不知是出于真的爱上了他还是因为对他的惨死抱有愧疚，在她的族人要用董若阿路的头颅献祭之前，格饶次姆令人意外地向刽子手求情，她说：董若阿路的"脸像太阳月亮一样好看，不要让鲜血污染他的脸。"③ 这就不能不引人联想：既然米利董主在居那世罗神山（正如前文分析，神山是"父亲的性器"的隐约象征）上栽种"含英巴达"神树的原因，就是为了让他的九子九女茁壮成长，其中就包括这个最出色的儿子董若阿路；那么，米利术主想要砍倒神树，就暗示了他的真意是要戕害米利董主的子嗣，断绝董族的生育繁衍。所以最后，米利术主终于砍下了董若阿路的头颅，其实他所砍的就是董族的性爱与生命之树"含英巴达"，这是他发动战争的目的；然后，又借他的女儿之口说这个头颅"像银白的日月一样好看"，使米利术主"砍神树"和"偷日月"这两个动机在不知不觉中合二为一。白庚胜先生也曾明确提到，在纳西族先民的观念中，"神树"与"太阳"之间具有密切联系，④ 虽然他并未指出这种联系与"性"观念有何关系。也就是说，"神树"、"日月"和"董若阿路的头颅"三者本来就是一回事："日月"正是阴阳交媾和父母交合生育的象征："闪闪的太阳是天神的父亲，皓皓的月亮是天神的母亲。"⑤ 同时提到"日月"，就有婚姻的意思。⑥ 由此可见"日月"是两性欢爱、繁育子女的隐约表达。因此，董族的儿子董若阿路的"头颅"被术鬼砍去，与"砍神树"和"偷日月"是同一个意思，都暗指性爱和繁衍能力的丧失。所以董若阿路的头颅，与"白露"、"白沫"等象征一样，在本质上都隐晦地指向父亲（米利董主）或整个董族的繁衍生育之途：性爱。

---

① 陈烈. 论纳西族英雄史诗《黑白战争》[J]. 民族文学研究，1988（6）：65—69.

② 杨福泉. 东巴教通论 [M]. 北京：中华书局，2012：168.

③ 和正才讲述，李即善翻译. 懂述战争 [M]. 丽江县文化馆，1963年石印本：21.

④ 白庚胜. 东巴神话研究（增订本）[M]. 昆明：云南大学出版社，2012：409.

⑤ 和芳，周耀华. 超度沙劳阿包 [M]. 丽江县文化馆石印本，1964：6.

⑥ 和发源. 东巴经书中的纳西族古代婚姻家庭 [J]. 云南社会科学，1986（5）：91—96.

三、董若阿路之死的三个隐喻：米利术主是谁？

诚如陈烈先生所指出，作为一篇史诗文学，《黑白战争》有着明显的远古部族战争的痕迹，是对人间战争记忆的幻化的再现，而并不是一场想象中的、无稽的神鬼之战。从这个意义上讲，这部作品也不是不可以称为"史诗"。[①] 但是它到底是以哪一场战争为原型？参战的双方都是些什么"人"？战争的动机和结果分别是什么？这些问题目前已殊不可考。也就是说，这场（也许包涵了许多场）人间战争的实际史实，早已湮灭在纳西先民对战争的记忆结构里了。所以，这个故事真正值得研究的不是其"情节"，而是其"隐喻"。而且凑巧的是：有关于这个故事的种种隐喻，都指向董若阿路和米利术主之间的真实关系问题和米利术主的真实身份问题。从表面的故事情节出发，米利术主应该是董若阿路的仇人和岳父，可是如果深入分析，我们将发现二人的关系当中，至少暗藏着三个可疑的隐喻。

关于第一个隐喻。米利董主和米利术主之间有着一神一鬼、一正一反的对立性，但是不可否认：二者相似的地方惊人的多，且几乎逐条对应。他们都是一个部族的繁育者和父亲，也是这个部族的首领；他们生育的儿女数量相同，都是九子九女，所以两个部族的力量也大体相当；从九子建寨、九女辟地的故事上，则可以估测出他们的领地也大体相当；他们各自有一棵神树（或鬼树），而且这棵树也对应地保佑着各自部族的子嗣繁衍；甚至他们在战争中都失去了一个最心爱的儿子。唯一不同因而有些奇怪的是：在纳西族神话故事中，关于米利董主的身份生平，都有详细而明确的交代；而米利术主却像是突然冒出来的一样来历不明。

对此，之前有一些学者，致力于论证米利董主是纳西族先民某部落的领袖（这一点好像没有什么争议），而米利术主则可能是其他某一个曾经与纳西族发生过争战的民族的祖先，或者猜测他可能是纳西族内部某个分支（例如叛变者或内讧者）的领袖。这些猜测性的论述不仅没有得出什么可靠的结论，反而引起了很多的争议，彼此又都没有什么过硬的史学证据，都停留在假设的水平上。其实，如果我们放弃这种没有了结的争论，而是从弗洛伊德性心理学的角度出发，也许可以假设：米利董主和米利术主，只不过是纳西先民记忆中的同一个父亲形象的两面而已。

一方面，父亲是生命的给予者，是繁衍生育的功德者，是整个部族生息繁荣的源头。所以，父亲的性的力量被神圣化，化生成"树"的形象。但是另一方面，父

---

① 陈烈. 英雄史诗《黑白战争》主题思想的形成 [J]. 民族文学研究，1998（2）：75—79.

亲又扮演着强迫儿子禁欲的角色，防止部族内部通婚无论是出于防止乱伦（米利董主正是"禁止乱伦"的首倡者）还是出于对性的独占欲望，结果都是导致父亲成为了儿子的性欲得以满足的一个障碍。于是，父亲对部族内的"性权利"的垄断以及他对儿子的强迫禁欲，要么导致儿子形成"父亲要砍倒生命之树"（遏制性爱和繁衍）的印象，要么导致儿子的性欲寻找别的渠道来宣泄（一般是乱伦，不然就是与外族女子等其他"非法"伴侣发生性关系）。所以，父亲一方面是生命树的培植者，一方面又是生命树的砍伐者。他拥有神奇的性力量和生育能力，给予众人以生命的一面，凝结成米利董主的慈爱的父亲形象；而他垄断了性的权利，禁止儿子宣泄性欲的一面，则凝结成米利术主的形象。因此，当血气方刚的董若阿路经不住外族女子格饶次姆的诱惑最终与她结下孽缘的时候，这个不正常地宣泄性欲的结果，恰恰是父亲"逼出来的"。也就是说，"格饶次姆"这个引起孽缘的女子，在这里获得了一个高度象征化的符号意义：她正是父亲强迫儿子禁欲的结果，或者说，她所代表的孽缘恰恰是父亲"造成"的，而这等于说，她是"父亲"（强迫儿子禁欲的那个人、儿子正常宣泄性欲的障碍）的"女儿"（后果）。从这个意义上理解，米利术主实际上就是董若阿路的不愿承认的那个令人厌恨的"父亲"形象。

关于第二个隐喻。董若阿路的死十分悲惨：米利术主率领全族术鬼，一起吃了他的肉，喝了他的血，啃光了他的骨头，还用他的头颅祭祀神灵。当然，在远古时代，不排除部落之间就是用这种残忍的方式对付敌方的俘虏，特别是董若阿路还是米利术主的杀子仇人。但是，如果联想到弗洛伊德的图腾叙事，我们又不得不从另外一个角度提出一系列怀疑，即：为什么董若阿路被杀害的过程，与本章一开始所提到的弗洛伊德关于儿子杀害父亲的过程竟然如此的相似？例如，为什么处死董若阿路的过程要与祭祀的行为牵连在一起？为什么整个术鬼部族要一起吃董若阿路的肉、喝董若阿路的血、啃董若阿路的骨头？如果是一个简单的复仇行为，为什么会伴随着如此强烈的仪式性和庄严感？——这些问题看起来都很难回答，除非我们做出一个令人惊诧的设想：在这个残忍血腥的献祭仪式上，所谓的董若阿路，其实是米利术主的父亲。

理解这一点的关键是：董若阿路的头颅到底象征着什么？正如前文提到，关于术鬼世界发动黑白战争的动机，现存有两种解释：一种是要砍倒董族的神树"含英巴达"，另一种是为了占有董神世界的银白色的太阳和月亮。而无论是神树，还是日月，都有一个共同的、集中的象征，那就是父母的（特别是父亲的）性爱、生育之能力。而董若阿路是创世造物之神米利董主的儿子，也就是"父亲"的性的力量的一个卓越成果。所以，米利术主和他的族人砍下董若阿路的头颅，与术族砍伐"含

英巴达"神树或者与他们盗走"银白色的日月"是具有相同含义的，即：窃取父亲的性力量（和弗洛伊德故事中"吃父亲的肉"是出于相同的意图），反过来说，也就是窃取"父亲的神奇的繁衍力量"。在这里，在对父亲的性权利既崇敬又嫉妒的儿子眼中，"父亲"和"性爱繁衍能力"二者之间有一个隐含的、下意识的等同关系。这就是为什么格饶次姆说董若阿路的头颅"像日月一样好看"的隐喻，也是在另一个版本中，米利术主的儿子安生米温之所以会请求董神的儿子董若阿路到鬼域去充当"日月"的原因。我们在前面已经指出：在纳西族先民的观念里，太阳是天神的父亲，月亮是天神的母亲，所以所谓的"日月"，就是"父母"，主要是"父亲"。术鬼部族砍下董若阿路的"像日月一样"的头颅，就是隐喻地暗示他们杀害了自己的父亲。

瞿明安先生的研究佐证了这一判断。他指出，在很多民族先民的观念中，"头颅"往往象征着"男性生殖器"，代表男性的性能力（头发象征精液，因此男女结婚就是"结发夫妻"，和尚剃光头则象征"禁欲"）。[①] 从象征人类学的观点来看，这是人的两个身体部位之间相互象征的一个罕见特例。

必须强调的是：在这个情节里，不能仅仅把董若阿路（或者含英巴达神树，以及"山林"）理解为是米利董主的"儿子"，而且要理解为是这位"父亲"的神圣的性力量、是"父亲"的生育繁衍之权力的一个抽象的比喻和象征。所以，米利术主砍下的就不仅是董若阿路这个"具体的人"的头颅，而是提供了一个重要的暗示：这个部族的先民，曾经有过杀害他们具有巨大的繁育力量的"父亲"的可怕记忆。正因为如此，所以术鬼屠杀董若阿路的场面，包括集体吃他的肉、喝他的血、啃光他的骨头……才会与弗洛伊德所描述的儿子们残杀父亲或者族人分食图腾动物之血肉的过程如此丝丝入扣、毫厘不差。至于用董若阿路的头颅献祭这个情节，则更加暗示了"杀害有着神奇的性力量的父亲"这一事件，在儿子们的（具体到这个故事中就是术鬼）精神世界中的仪式化和图腾化，也反过来印证了前面推论的正确性。

现在，如果我们回过头来看董若阿路杀死米利术主的儿子安生米温这一事件，就有可能得出这样的推想：所谓的杀死安生米温，无非是暗示着作为"父亲"的董若阿路，强迫作为"儿子"的米利术主禁欲，从而剥夺了这个儿子的性爱和繁育后代（安生米温）之权利。所以"米利术主向杀子仇人复仇"的情节，其隐秘的本质乃是弗洛伊德所揭示的"儿子因为性和生育的欲望难宣而杀死了那个强迫他禁欲的

---

① 瞿明安，等. 身体部位的象征人类学研究［J］. 世界民族，2009（1）：33—42.

父亲"这个真相。

其实，在纳西族的远古记忆里，"杀父"行为不仅确有明证，而且"杀父"与性爱之间的关系也昭然若揭。在《多萨欧吐哲作》故事中，有一个年轻人叫增恒尼者。有一次他在"山林"中打猎，不料捕杀到了一只吃过蛇的公獐子，还有一头吃过蛙的公麂子。他认为这是不祥的兆头，并且认为这都是父亲惹的祸，所以回家立即杀死了他的父亲素巴共鲁。① 在这个故事中，出现了"蛇"和"蛙"这两个具有强烈"性"含义的典型动物（在纳西族先民的观念里，蛇尾是男根的象征，蛙嘴是女阴的讳指。这一点在本章第四部分和后面章节都会有详细解释。蛙与蛇在"性"方面的暗示，是本书所有论述的关键性前提之一），所以"蛇"和"蛙"被吃，就暗示着增恒尼者的"性权利"被剥夺，即被强迫禁欲。故事还特别强调吃了蛇和蛙的是两个"公"的动物，实则也是暗指"父亲"。所以他在"山林"中猎杀这两个雄性动物，竟然会联想到是自己父亲的罪过，于是回家杀死父亲，原因都在于"性"。这是纳西先民"因性杀父"记忆的一个显白的暗示。

关于第三个隐喻。上述两个隐喻造成了一个矛盾：在第一个隐喻当中，米利术主是董若阿路的父亲；而在第二个隐喻中，董若阿路却变成了米利术主的父亲。那么这两个相反的推测，哪一个是对的？哪一个是错的？

对这个矛盾的解决，涉及一个被称为"选择性集体记忆"的观念社会学问题：对记忆的选择过程当然也伴随着对"无用"记忆的遗忘以及对记忆片段的重新拼接。涂尔干学派的著名社会学家哈布瓦赫，在其《论集体记忆》中，提到社会构建其集体记忆的一个奇特机制：为了构建起族群内部成员们在集体记忆上的共识，往往就需要塑造出一个全民族的共同的苦难历史，哪怕这个历史模糊、荒诞、甚至子虚乌有。例如，古雅典人所捏造的巨人族的凶残入侵或者旧神集团对人间的残酷统治，等等（中国汉民族上古时代的"大禹治水"、"炎黄与蚩尤之战"、"武王伐纣"等神化历史，无论其具体内容如何，无疑都起到了塑造民族共同记忆的作用）。而这个过程本身就需要族人对实际历史的集体遗忘，例如新兴的知识系统对传统的知识系统在记忆方面的大面积否定和修改。② 与之相配合的是康纳顿关于社会记忆的存在方式与获得方式相分离的学说，③ 也就是说：无论是人们的非正式的日常生活实践，还是具有正式性的集体纪念仪式，都是在"操演"人们的已经"存在"着的社会记忆，

---

① 和牛恒释读. 多萨欧吐哲作 [M] // 和志武. 纳西东巴经选译. 昆明：云南人民出版社，1994：45.

② 哈布瓦赫. 论集体记忆 [M]. 上海：上海人民出版社，2002：149.

③ 康纳顿. 社会如何记忆 [M]. 上海：上海人民出版社，2000：125.

但是一般来说人们无法去反思自己"获得"这个社会记忆的过程。而这意味着：我们的记忆有可能在不知不觉中被筛选和修剪，然后又经过重新拼接，从而形成一个与实际"历史"无关的集体认同。

由此反观董若阿路和米利术主的故事：在第一个隐喻中，当董若阿路作为遭到压抑的、不得不通过非法的途径来宣泄性欲的儿子时，他的性欲望被具象化为一个危险但又诱人的女人"格饶次姆"。她是父亲的敌人之女，暗示了做儿子的知道父亲希望他禁欲（从这个意义上讲，"格饶次姆"就不光是一个异族女子，而且象征着一切被禁止的性爱关系）；但是，董若阿路是伴随着米利董主所栽种的生育和性爱之树"含英巴达"一起长大的男孩，也就是说，他的性欲和繁衍需要，直接拜父亲所赐。所以，似乎可以这样解读：格饶次姆，这个女人的出现以及她所象征的儿子无处宣泄的性欲，其实正是"父亲"造成的。也就是说，她不仅是米利术主所生的女儿，而且是米利董主造成的"后果"（米利术主和米利董主，都是她的"父亲"）。于是，在这里，米利董主的形象发生了分裂：从他那神奇而伟大的、赋予子女生命的性力量（表现为他培植了生命和性爱之树"含英巴达"）的父亲形象中，分裂出一个阻挠儿子宣泄性欲（表现为他试图砍倒"含英巴达"神树）的并且暗示着"性"可能是"犯戒"和"危险"（从诱人的鬼族女子格饶次姆身上可见一斑）的一个变体：米利术主。由此判断，米利术主这个角色，是从米利董主身上投影出来的；从一开始，"米利术主"就是替伟大的"父亲"形象承担其令人厌恨的一面（禁欲指令）的一个想象中的傀儡。或者说，米利术主就是米利董主。

而在第二个隐喻中，儿子已经砍下了父亲的头颅，并吃下了后者的血肉。也就是说，儿子亲手夺取了父亲所具有的那种创造生命的性力量，所以父亲断掉的"头颅"被比喻为"被偷走的太阳和月亮"。但是，为什么残杀"父亲"的行为最后会由米利术主来完成？这一点十分令人费解。除了米利术主想要砍倒生命之树"含英巴达"和偷走象征父母生育能力的"银色日月"之外，没有任何旁证指向董若阿路代表着米利术主的父亲。在这里，我们只能借助弗洛伊德讲述的关于"谋杀父亲与图腾餐"的一个十分有趣的案例：在雅典，当布福尼亚节（Buphonia，也就是宰牛节）到来的时候，人们要宰杀一头牛来献祭，然后吃肉狂欢；但是，他们随后立即为牛的"不幸被杀"而举行一次审判，审判的结果是这次谋杀的责任应该由屠刀来负担，所以判决如下：把屠刀抛入海中，象征着这把"犯了罪的屠刀"遭到了惩罚。[①] 在这个案例里，参与图腾杀戮（其隐蔽的含义是谋杀父亲）的人们需要在"潜意识"

---

① 弗洛伊德. 图腾与禁忌 [M]. 北京：中央编译出版社，2005：148.

中找到并惩治一个替他们承担杀父之罪的傀儡，以解脱内心的负疚。正是基于这样的心理需要，人们用具有广泛权威性的仪式活动，修改自己对"牛被杀害"的记忆，尽管这个修改记忆的过程（也就是康纳顿所说的新的社会记忆的获得过程）在旁观者看来是滑稽、露馅儿、自欺欺人的。所以，一个合理的猜测是：杀害并吞食父亲的可怕记忆，需要按照社会公认的价值加以修改和重建，其中的关键是：无论看起来多么荒诞和掩耳盗铃，但是杀父食肉的罪名必须由一个"大坏蛋"承担下来，而米利术主无疑是一个上佳人选，如同希腊宰牛节上的那把"犯了罪的屠刀"。而且，在这个故事的讲述结构被确定下来并经过反复"操演"之后，所有罪责由一个虚构的傀儡米利术主一力担当，父亲恢复了父亲的伟大，儿子恢复了儿子的清白，故事修复了人伦上的圆满，所以故事背后的种种真相，逐渐被人淡忘。① 显然，在米利术主充当"横暴的父亲"形象时，他想要砍倒神树；当他充当"忤逆的儿子"时，他要偷走日月；实际上，二者都是"性"的隐喻，却经过了不露声色的记忆重组和拼接。

也就是说，在一个看似情节完整的《黑白战争》故事里面，在董若阿路和米利术主的身上，凑合了多个关于"父子"和"性爱"的痛苦记忆，导致他们的形象蕴含着多个相互矛盾的隐喻。

所以，如果我们的推测能够成立，那么所谓的"黑色世界"，也就是那个没有太阳和月亮的鬼域，其实如同希腊人在宰牛节之后埋葬屠刀的大海一样，是共谋杀父的人们驱逐自身负罪感的一个想象的"诿罪之地"；而米利术主，则从始至终就是一个塑造出来、只为承担一切罪责的傀儡。在他身上，无论是强迫儿子禁欲的父亲形象，还是谋杀父亲并啖其肉、饮其血的儿子形象，都是用来推卸罪人内心真实记忆的"诿过"道具。也就是说，他就是希腊宰牛节上的那把屠刀。换言之，无论《黑白战争》的描写多么逼真生动，无论它借鉴和吸收了多少人间战争的真实场景，它都不是对任何一场真实战争本身的复述。如同前文所引，哈布瓦赫指出古希腊之所以要编织"巨人入侵"的战争经历，就是为了构造民族成员的共同记忆；同样，纳西族的古老英雄史诗"黑白战争"的意义，也在于用一个臆想中的全民敌人，来凝聚广大族员对族群生活常识的集体认同：黑色的术鬼世界其实只不过是人心深处咆哮不已的潜意识，是人类远祖时代血腥记忆的艺术外化，是隐藏在每个人心底的暗无天日的鬼域，是生活在文明陶冶之下的我们羞于启齿、试图加以回避的内心深处的"黑暗领域"。

---

① 弗洛伊德. 图腾与禁忌［M］. 北京：中央编译出版社，2005：154.

正是从这个意义上讲，米利术主的变幻无常、相互冲突的身份，就获得了一种可能的诠释：他的真面目，就是我们每个人所不愿面对的那个兽性而抗拒约束的潜意识，在这个鬼蜮的内心深处，我们既有可能是一个"横暴的父亲"，也不排除充当一个"忤逆的儿子"。而文明的力量则恰恰在于克制我们内心的术鬼，从而反过来把那些想要挣脱社会秩序束缚的隐约欲望，集中成一个术鬼的形象。通过对这场战争的"记忆建构"，纳西先民所要实现的，是对他们的外在日常生活秩序和内在心灵道德秩序的修复。

四、兄弟之间对性与生育繁衍的争夺：山林之神

"署"初论

以上论述，是在弗洛伊德性爱与文明理论框架内，充分寻找东巴经中残存记忆痕迹的基础上完成的一个推论。这个论述试图重新解释米利董主、米利术主、董若阿路、格饶次姆、安生米温等文学人物形象身上暗示出来的纳西族先民的性意识含义，而此前纳西族文学和神话学研究实未涉足此视野。

更为重要的是，沿着这一论述，我们可以进一步推论：纳西族古老的神话世界和文学世界中的另一场"世界"级动员的战争，也就是南方绿松石世界与北方黄金世界之间的"署人战争"，也具有强烈的"性"的含义。

其一，如前文所述，"署"是由蛙、人、蛇三种形象，分别取头、身、尾三个部分组合拼接而成，写作"𐄂"。而人与蛇、蛙等山野虫豸之间的关系，具有"性"的强烈含义。这些暗示又与"山林"有着密不可分的关联。

在本书的"导论"部分，已经提到：在纳西族人的观念里，蛙和蛇都是山林中的生灵。它们的生育繁衍能力极强，而且蛇身如男子生殖器，蛙嘴如女子生殖器，[①]其中"生育繁衍"的含义可见一斑。除此之外，在纳西族史诗文学的神话世界里，世间万物的生育繁衍，在很多时候都与青蛙有密切关系。在著名的"蛙生五行"观念里，世间万物都是由米利达吉神海里的金色大青蛙"含失罢美"尸解而来，神、人、鬼乃至万事万物概莫能外。这个故事与汉族神话中的盘古死而尸解化生万物[②]

---

① 习煜华. 东巴文里的"署"所体现的生殖崇拜含义 [J]. 云南民族学院学报（哲学社会科学版），1997(1)：55—57.

② 王晖. 盘古考源 [J]. 历史研究，2002(2)：3—19.

的故事结构十分相似。此外，根据台湾的纳西学前辈李霖灿先生的研究，[①]"蛙"在生殖繁衍方面的象征意义之鲜明，已经达到了普遍一般的程度。例如，在纳西族的象形文字里，"天"写作"⌒ ⌒"，标音文字写作"mee"（音同汉语"美"）；"地"写作"▭▭"，标音文字写作"ddiuq"（音同汉语"堆"）。天与地交泰媾好，如同阴阳两气混通变化，或如男女婚配交合，即董神（也就是"阳神"）和色神（也就是"阴神"）在"布置万物"。所以，根据李国文先生的研究，东巴象形文字"🔾"，读作"mee neiq diuq bee ba bei"（音译"美能堆奔把别"），意即"天地交合而发生化育"。其中，在"天"（美）和"地"（堆）中间表示"生衍化育"的那个"🐸"，就是纳西象形文字的"青蛙"（读"把"，ba）。[②]此外，还有另一个表示天地交合如男女欢媾的象形字"🔾"，则是写在天地之间，一男一女横卧，男子卧上，女子卧下，而万物萌生。其意略同。

在说明了"蛙""蛇"与阴阳交合或男女生衍繁育之间关系后，需要解释在东巴经中蛙和蛇的来历。在创世神话中，蛙和蛇不是"原生物种"。也就是说，与"居那什罗"神山、"米利达吉"神海、白露、白蛋、风、佳声、佳气、日月、白海螺、"含英巴达"神树、"正争含鲁美"神石，甚至与犏牛、牦牛、山羊、绵羊、骏马（传说它们多为白色）等这些古羌人最熟悉的动物相比，[③]"蛙"和"蛇"的出现要"晚"很多（木丽春先生把"蛙"和"蛇"归入原生图腾，[④]这一观点值得商榷：一是蛙和蛇是否算作图腾，二是他所谓的"原生"的含义是否妥当）。根据纳西族关于"创世纪"的神话文学《崇搬图》的记述，历史上曾经发生过两次大洪水。第一次大洪水到来之时，一对兄妹斯巴贡布和斯巴吉姆，奔上居那世罗神山的山顶，侥幸逃脱灾难，然后行兄妹乱伦之婚，从此形成人类"兄妹相奸"的恶俗，他们生下来一个肉团，被米利董主砍碎后抛入"米利达吉"神海，从海中孕育出人类最早的祖先恨时恨仁。[⑤]恨时恨仁的第十世后人崇仁利恩五兄弟与吉命六姐妹发生乱伦，又招致了第二次大洪水。[⑥]在这次大洪水之后，唯一幸存下来的是人类的远祖崇仁利恩，

① 李霖灿. 纳西族象形标音文字字典［M］. 昆明：云南民族出版社，2001：245.

② 李国文. 纳西族象形文字东巴经中关于人类自然产生的朴素观［J］. 社会科学战线，1984（3）：48—55.

③ 和正才讲述，李即善翻译. 懂述战争［M］. 丽江县文化馆，1963年石印本：13.

④ 木丽春. 论纳西族的原生和次生图腾［J］. 云南师范大学哲学社会科学学报，1991（4）：34—40.

⑤ 白庚胜. 东巴神话研究（增订本）［M］. 昆明：云南大学出版社，2012：124.

⑥ 和芳讲述，周汝诚翻译. 崇搬图［M］. 丽江县文化馆，1963年石印本：6.

图1-2 崇仁利恩与竖眼天女的孩子"蛇"
与"蛙"栖息于山林之中

他为了重新繁衍人类族群后嗣，需要找到一个性伴侣。但是他没有听从天神子劳阿普"🔲"（这个神头顶上有一个纳西象形文的"天"字）的劝告（一说对崇仁利恩加以告诫的不是子劳阿普，而是米利董主。[①] 此为末节，不必深究），在一个悬崖的山洞之中见到一对姐妹时，他没有迎娶其中横眼的贤淑天女，而是被竖眼的美丽天女所诱惑，与之交合并生下了一个怪胎。[②] 崇仁利恩将这个怪胎砍碎并弃之山林（图1-2），于是这些碎块就变化成松树、栎树、猴子、熊、野猪、鸡，还有蛙和蛇。

在这个故事中，有两点需要解释：其一，从现代人的审美出发，可能很难想象一个长着"竖眼"的女性会比正常的横眼女性更诱人。其实，如果展开联想，我们也许可以得出这样的推测：所谓"竖眼"，实为野兽的眼睛，即瞳仁竖立，这样的女人代表着男女之间像禽兽一样原始野性的爱欲渴望；而所谓"横眼"，则是正常女性的眼睛，即瞳仁横平，这样的女人代表的是男女之间按照世俗婚娶礼法而定的、日常平淡、没有激情的结合，是两性之间毫无刺激的"例行公事"一般的婚姻。所以，纯粹的、禽兽般的性爱，为天理法度所不容，因此生下的后代不是禽兽，就是虫豸（甚至还生下来树木）；而无趣的、没有"性"的原始吸引力的"包办婚姻"（天神或米利董主的指派），又为男女青年所不屑。也就是说，崇仁利恩此时拒绝了一场寡淡无味的婚姻，又经历了一场野性无果的性爱，二者都不是他应该有的人生归宿。

其二，在这个故事中，"蛇"与"蛙"第一次露面。它们是作为人类的先祖崇仁利恩与竖眼天女之间发生"孽缘"之恶果而诞生的，它们之所以被弃之山林，也曲折地变现出"孽子不容于社会伦常"的意思（在本书第三章，我们将解读其中的第二层含义，那就是生与死的辩证）。但是，这毕竟透露了纳西先民的一个强烈的

---

① 白庚胜. 东巴神话研究（增订本）[M]. 昆明：云南大学出版社，2012：125.

② 和芳，周耀华. 崇摆图[M]. 丽江县文化馆石印本，1964：15.

观念：蛙和蛇，与人类有着共同的祖先（父亲）。所以，作为蛙和蛇之形象的结合，"署"与人的同父异母关系也得到了旁证。纳西族神话中的另一个故事认为：人类的远祖克都精斯和"署"族的远祖克都木斯，是同父异母的亲兄弟。[①] 这个说法，与崇仁利恩生下"蛙""蛇"等物之后又放弃与竖眼天女的婚姻，转而与衬红裹白咪再结连理繁衍出人类的故事，二者是相近似的。

其二，崇仁利恩在拒绝了无味的婚姻、经历了无果的性爱之后（其实在更早的时候，在他的兄弟姐妹身上，还否定了另一种婚俗，即兄妹婚或姐弟婚："姐弟不兴搭一座毡棚同居"[②]，这一点会在后文中专题讨论），作为一个男人，他开始成熟。所以此后，他的婚姻和性爱开始走向一个自由而复自信的方向，那就是勇敢地追求天神之女衬红裹白咪。白庚胜先生认为，在纳西民间文学的故事里，崇仁利恩与衬红裹白咪之间的关系是首次可以被称为成熟"爱情"的东西。[③]

在结束与竖眼天女的纠葛之后，崇仁利恩在黑白世界的交界处，[④] 遇见了天神子劳阿普的女儿衬红裹白咪。他们一见钟情，两相爱悦，决定厮守终生。于是，衬红裹白咪不顾自己已经被父亲天神子劳阿普许配给舅舅家表兄可罗可西，并放弃自己高贵的身份，与崇仁利恩一起，克服天神和天舅（也就是可罗可西之父、衬红裹白咪的舅舅蒙若可西可罗，写作"🦗"）设下的种种阻挠，最后双双沿着居那世罗神山重返人间，终成眷属（杨福泉教授指出，这个故事的结构来源于古羌人关于牧羊青年斗安珠和天神之女木姐珠之间克服天神岳父的种种刁难，最终结成眷属、重返人间的故事。[⑤] 纳西族是古羌人的一个支系，其神话也有结构上的相似性）。在纳西族的传统中，有一种类似汉族"父母之命、媒妁之言"的包办婚姻制度，曾经制造过无数的婚姻悲剧，称为"阿古（或阿巨）增美干"，就是"舅父之子有权优先迎娶姑母之女"的意思。[⑥] 按照杨福泉教授的解释，这一点根源于纳西族传统社会母家权利极大、舅父有权过问甥女婚姻的习俗。但是，衬红裹白咪对这种婚姻形式的反抗，简直令人想起"五四"时期新文艺女性那种为爱情义无反顾地拆毁自己身上旧伦理之枷锁的动人气概，也令人不得不叹慰纳西先民能够在千百年前就塑造出这样一个鲜活、动人的女性形象！

---

① 参见：李静生. 纳西族东巴教中的祭猇龙仪式及其社会功能 [J]. 思想战线，1990（3）：59—64.
② 东巴经中有名为《俄英都奴杀水怪》的神话。
③ 白庚胜. 东巴神话研究（增订本）[M]. 昆明：云南大学出版社，2012：155.
④ 白庚胜. 东巴神话研究（增订本）[M]. 昆明：云南大学出版社，2012：125.
⑤ 杨福泉. 纳西族祭天仪式的功能和特点 [J]. 云南社会科学，2009（4）：15—19.
⑥ 杨福泉. 东巴教通论 [M]. 北京：中华书局，2012：126.

但是，显然，在当时的思想背景下，这样的婚姻即使在古代文学的作者那里，也不可能完全获得承认，至少要付出更多的代价。一方面，如前所述，衬红裹白咪与崇仁利恩相遇的地方，是黑白世界的交界处，而这个地方也恰恰是董若阿路与格饶次姆那一次悲惨婚姻的溯源地。实际上，两场婚姻之所以发生在同一个地方，暗示了这二者在纳西族先民观念中的同一个性质：它们都是非法的、有悖伦常的结合，或者说，都是"孽缘"（类似的情况，后面还会提到）。正因为如此，所以另一方面，崇仁利恩与衬红裹白咪之间的婚姻，就如同遭到了诅咒一样，反反复复地出现各种各样的磨难。一开始是两人婚后无子，他们只好请白蝙蝠到天上找寻答案，发现原来是天神在惩罚他们，于是两人只好通过祭天来消除天谴。所以从此以后，纳西族人就开始自称为"纳西莫比若"（Naqxi meebiuq sso），意为"纳西是祭天的人"（图1-3）；又有"纳西莫比丁"（Naqxi mee biuq ddeeq）之说，其意为"纳西重祭天"。

图1-3　丽江人自称"祭天的民族"，天空引起了他们多少神奇的想象

祭天之后，他们顺利生下了三子三女（其中，这三个儿子分别是藏族、纳西族、白族的祖先。认为相邻而居的民族之祖先互为兄弟，这是古羌人的文化观念特征[1]），但是，这些孩子全都不会说话，于是他们又只好请白蝙蝠再次到天上寻找答案，发现原来是天舅一家失去儿媳，怒气难消，降下灾祸；于是，两人只好在祭天仪式中加入祭祀"天舅"的环节，即拜神木、立神石等，才终于换来了六个孩子开口能言。[2] 这就是纳西学研究者断言"祭天的最终目的是求取人的生殖力"[3] 的原因。按照崇仁利恩对天舅一家的承诺，他应该在自己的女儿中间择一许配给天舅家族，以偿还他夺人妻室之债，但是实际上，在祭天仪式中，作为祭品的"女儿"被"猪"所代替。[4] 可是，他们婚

---

① 王明珂. 历史事实、历史记忆与历史心性 [J]. 历史研究，2001（5）：136—147.

② 和芳，周耀华. 崇摆图 [M]. 丽江县文化馆石印本，1964：24.

③ 习煜华. 纳西文化中的路径崇拜——以祭天和丧葬仪式为例 [J]. 云南民族大学学报（哲学社会科学版），2008（5）：42—44.

④ 奥皮茨等. 纳西、摩梭民族志——亲属制、仪式、象形文字 [M]. 昆明：云南大学出版社，2010：173.

姻的磨难还没有结束，崇仁利恩后来在狩猎过程中被猛鬼"鲁美猛厄"所蛊惑，丧失了自己的独立意志，因而与猛鬼交媾，生下三个鬼男、三个鬼女，这似乎是在对应崇仁利恩和衬红褒白咪在"合法"的状态下也生了三子三女；而在寻找崇仁利恩的过程中，衬红褒白咪又被长臂猿猴所诱奸（在纳西族古老的观念里，猴子和"署"一样，也是人类的同父异母兄弟，这一点与本书第二章即将提到的兄弟之间的"性猜忌"心理有关，即人与"署"之间的关系也是如此），生下了孽子都鲁；[①] 纳西族支系摩梭人（纳人）也有创世神话传说，其中说，因为人间男子曹德鲁若（崇仁利恩的异读）选中了摩梭人的始祖母、天神之女柴红吉吉美（衬红褒白咪的异读），而没有选中她的大姐，嫉妒的大姐作法让曹德鲁若在野外昏迷，然后又派一只公猴去迷惑她，与她结偶，生出了二男二女。这二男二女又相互婚配，繁衍出摩梭人的后裔。[②] 后来，由于天神（岳父）的介入，猛鬼、公猴和孽子均被杀，人祖和人母的婚姻才得以保全和恢复。

在这一段故事中，有一个细节，即衬红褒白咪被长臂猴所诱奸，也是发生在黑白世界的交界处，[③] 实则证实了前文的猜测：董神家族之子董若阿路与术鬼家族之女格饶次姆、人类的祖先崇仁利恩与天神的女儿衬红褒白咪以及下凡之后成为人类女祖的衬红褒白咪与作为畜类的长臂猴，他们之间的交合都是"不伦之恋"，因此他们发生孽缘的地方都被设置在"黑白交界之处"。联系上一节：黑色世界的实质是人内心深处咆哮难平的欲望或潜意识层面，而白色世界则是文明教化之下的日常生活。所以"黑白世界交界处"的恋情，都是危险、悖逆却又无比诱人的，恐怖严峻的天谴和甜蜜撩人的欲望交织一处，难分难解。"性"的甜蜜诱惑，致使人们（包括董若阿路这个"神"）为自己的行为付出代价。换句话说，他们的结局（董若阿路被砍头、衬红褒白咪被逐出天界并无法生育、猛鬼和公猿被杀、崇仁利恩被迫祭天）都是他们自己选择为"性"而付出的代价。这一点让人不禁联想起西方主体性哲学的"意志自治"观念：每一个人都有权选择从善或为恶，由此所带来的任何一种后果，是人的"自由意志"主动选择的结局，也应由他／她自己承担。[④] 同样，纳西族古老的民间观念也认为，祖先崇仁利恩对天神和天舅家族的亏欠，要通过祭祀的方式，由一代又一代纳西人来予以偿还，这也是祭天仪式的含义。而在这个仪式中，"树

---

① 杨福泉. 纳西族祭天仪式的功能和特点 [J]. 云南社会科学，2009（4）：15—19.

② 杨福泉. 纳西族人猴婚配神话刍议 [J]. 民间文学论坛，1984（3）：35.

③ 杨福泉. 东巴教通论 [M]. 北京：中华书局，2012：61.

④ 奥古斯丁. 论自由意志，第 1 卷第 14 章第 30 节、第 16 章第 34 节. 载于：奥古斯丁. 独语录 [M]. 上海：上海社会科学院出版社，1997：567.

图 1-4　建盖中的纳西民居：一半是木头，一半是石头 -1

图 1-5　建盖中的纳西民居：一半是木头，一半是石头 -2

图 1-6　建盖中的纳西民居：一半是木头，一半是石头 -3

木"（包括"石头"）与"婚姻—性爱伦理"之间的关系开始浮出水面，"山林"进一步从具象走向抽象。

其三，在纳西东巴文字中，有一个专门表示生育之精灵的字符："华"（或译为"伙"，写作"🪶"或"🖋"），象征子孙繁多，如同银河中的星星。所以前一个纳西象形文字的意思就是子孙之多，意味"肩扛银河的木，怀揣银河的石。"[①] 在这里，可以看出"树木"和"石头"与人类生息繁衍之间的强烈象征关系（图1-4、图1-5、图1-6）。在纳西族的大多数祭祀、仪式或象征体系中，石头是男性的象征，米利董主就既是"阳神"，又是"石神"；树木是女性的象征，董神的妻子色神就既是"阴神"，又是"木神"。[②]（李静生先生认为色神或翻译为"沈神"，是后来为了给董神配偶而加进去的，因为在东巴经中没有象征色神的"神石"，[③] 此论不当）但偶尔也可见用树木来象征男性或男性生殖器的

---

① 杨福泉. 纳西族木石崇拜文化论 [J]. 思想战线，1989（3）：49—55.

② 同①。

③ 李静生. 纳西族东巴文化研究三题 [J]. 思想战线，1993（5）：56—59.

情况，如纳西族婚礼中用橡木象征男根以及"高巴"（写作"🦵"）[1] 等。而前文已经提到的：米利董主是董神家族和人类的共同始祖，他亲手组织建造了居那世罗神山并在神山之上栽种了含英巴达神树，于是董族的九个"华之子"（其中就包括前文所提到的《董埃术埃》主人公之一董若阿路）和九个"华之女"就能够健康成长。而根据周源先生对玉龙雪山脚下"北岳庙"的研究，纳西族关于"神石"或"白石"的崇拜源于玉龙雪山崇拜，玉龙雪山在纳西语中叫做"乌鲁"，意思就是"银色的石头"；也就是说，"白山"（雪山）就是"白石"。[2]（杨福泉先生指出：白石崇拜是整个羌人的共同传统。[3] 学界应和此观点的还有钱安靖等前辈[4]）如果此说成立，那么如前所述：居那世罗神山象征父亲（米利董主）的男根（或他的神奇伟大的生育能力），而山顶上的含英巴达神树则象征女性的性和繁衍能力，则纳西族民间观念中最重要的两个象征"神山"和"神树"，即"山林"观念，实则为生育崇拜的两个符号。且石头在纳西族甚至周边民族中间多有男性生殖器的象征，此已有定论。[5]

据说，象征玉龙雪山的这块白石，就是纳西族的民族保护神"三多"。至今，"三多节"仍然是纳西族最隆重的节日（图1-7）。"雪山"与"白石"的联系，可能源于古羌人的古老史诗《羌戈大战》。据其记录：羌人的祖先追逐丰美水草，来到了岷江与渝江交汇的河谷地带。可是一个名叫"戈基"的部落却想霸占这片土地，双方发生了争战，结果羌人溃败而退，戈基人步步紧逼。就在危急之时，羌人的女祖、天女"木姐珠"扔下三块白石，化作三座雪山，挡住了敌人。[6]

图1-7　定居昆明的丽江人，每年都要庆祝"三多节"。地点一般是在西华园公园

① 杨福泉. 纳西族木石崇拜文化论 [J]. 思想战线，1989（3）：49—55.

② 周源. 试论纳西族白石崇拜 [J]. 云南师范大学学报，2001（5）：80—83.

③ 同①。

④ 钱安靖. 试论以白石崇拜为表征的羌文化 [J]. 宗教学研究，1988（4）：57—60.

⑤ 同①。

⑥ 罗世泽等搜集整理. 木姐珠与斗安珠·羌戈大战 [M]. 成都：四川民族出版社，1983：12.

而三多神恰恰与董神和他的妻子色神有着密不可分的关系："石由东色（这里的'东色'，即纳西族的东神与色神——东神即董神，引者注）养，白石亿年岁，东色身托石，东色声传石，东色魂附石，东色事传石，白石永佑人。"[①] 可见"石头"或"白石"与夫妻性爱、阴阳生衍之间的隐约关系。

宣科先生曾经提出纳西族圣地中甸三坝（今香格里拉县三坝乡）白地的"灵泉"象征着人体中流出的"白色神液"，[②] 其实隐讳地指代男性精液。从中透露出这

图1-8　汉、藏、白等多种民居风格集于一身

样的信息："白色"（如白石、白风、白露、白蛋等）与生育之间存在着直接的、不言而喻的关系。此外，崇仁利恩在大洪水到来的时候，是藏身于一个牦牛皮革囊中（有学者认为，神话故事中的牦牛皮革囊，象征女性的子宫，从中哺育出人类的始祖崇仁利恩。元朝时，忽必烈大军渡金沙江，正是借鉴此法，利用皮囊渡水，即大观楼长联中的"元跨革囊"），用九条铁链固定在柏树、杉树和岩石（后文将提到：在纳西族地方性知识的传统观念里，石头代表父亲，杉树代表母亲，柏树代表舅舅）上，才得以逃生，[③] 之后又繁衍出整个人类（藏族、纳西族和白族三个民族，图1-8）。

所以，人类生息繁衍与树木、石头的关系，由此可见一斑。另有一说：丽江纳西族的两大姓之一的"木"姓，作为丽江纳西族的世袭贵族，传说就是乘坐着金沙江上的一株"大香木"漂流而来，该族由此姓"木"（一说此木在水中炸开，从木头缝中生出了木氏的祖先，被一对无儿无女的老夫妇收养[④]）。并且据推测，这段大香木就是柏树的树干；同时，木氏土司来源于"尤"氏族，而据白庚胜先生考证，"尤"就是"叶"，也就是柏树的树叶，因此丽江本地人称木氏土司为"木老爷"（当

① 转引自：周源. 试论纳西族白石崇拜 [J]. 云南师范大学学报，2001（5）：80—83.

② 宣科. 活的音乐化石——纳西族多声民歌"热美蹉"的原始状态 [J]. 音乐学习与研究，1986（4）：45—48.

③ 林向萧.《东巴经》与纳西族古代文化 [J]. 思想战线，1981（3）：62—66.

④ 杨福泉. 纳西族木石崇拜文化论 [J]. 思想战线，1989（3）：49—55.

为"木老尤"或"木老叶")。① 至于后世，纳西婚俗中关于要在象征生命之神"素"（写作"🜲"）的竹篓子里面放上橡木（表示男性生殖器）和杜松木（象征女性身体）以及纳西生育习俗中的"树保"仪式等等，则不胜数。②

所以，本书的主题，也就是纳西民间文学和神话观念中的"山林"，本质上是"木石"的放大；而"木石"，则明显具有"性"的讳指或具有强烈的"性"的含义（图1-9）。

在解释了树木、石头与生育繁衍之间关系之后，值得特别注意的，还是纳西族古老的祭天和祭署仪式。如前所述，崇仁利恩和衬红裹白咪结婚之后，却不能生

图1-9　旅游胜地：玉柱擎天

养。对于肩负重新繁衍人类族群的人祖和人母来说，这显然是十分尴尬的。于是，他们请白蝙蝠上天求解，才知道原来是因为崇仁利恩与衬红裹白咪违抗父命，私自定亲，导致了天谴。他们只好通过祭天的方式向天神子劳阿普（"🜲"）赔礼，这才生下三子三女。可是，这些孩子都不会说话，于是他们又请白蝙蝠去打听，才得知天神虽然原谅了他们，但是却被衬红裹白咪悔婚的天舅蒙若可西可罗和可罗可西一家报复。于是，他们只好在祭天仪式中加入祭祀天舅的环节。这两个祭祀仪式，又处处体现着"性爱"和"繁衍"的含义。这里重点梳理一下祭天仪式的"性爱"和"繁衍"含义，后面的重点将放在祭署仪式（"署古"）上。

杨杰宏博士在最近的一项研究中得出了一个挑战以往学说的结论。他认为：纳西族的古代自称"麽些"，其意并非如方国瑜等前辈所说的"牧人"，而是"祭天之人"或"祭天族"。③ 无论此说是否可靠，纳西族自认为是"祭天的人"，把祭天仪式放在本民族精神生活的首位，毕竟是基本的事实。据记载："元旦（此实非汉族民俗之元旦，而大致为农历正月之中——引者注）斋戒，祀白神或谒庙香（实

① 白庚胜. 纳西族祭天民俗中的神树考释 [J]. 云南民族学院学报（哲学社会科学版），1997（2）：32—35.

② 杨福泉. 纳西族木石崇拜文化论 [J]. 思想战线，1989（3）：49—55.

③ 杨杰宏. "麽些"考释 [J]. 中央民族大学学报（哲学社会科学版），2013（3）：69—77.

则无庙宇，本书下章将有详述——引者注）。次日以后，村族党择洁地为坛，植松柏栗各一（此处或有讹误，松应该有两棵，象征崇仁利恩和衬红裹白咪；另外应有一棵杉树，象征地神——引者注），陈豕供祭米，请东巴祝嘏，名祭祖。"[1] 又有记："摩些蛮，不事神佛。惟每岁正月五日，具猪羊酒饭，极其严洁，登山祭天，以祈丰禳灾。"[2]

很多研究纳西族民间祭天仪式的学者，几乎都会提到纳西族人用两株"栗树"代表天神子劳阿普和地神衬恒阿孜、用"柏树"代表天舅。还有一部分学者会提到用"松树"代表人祖崇仁利恩和衬红裹白咪的说法。[3] 老一代东巴还提到古时候有母亲去世后将之葬在松树下的习俗。[4] 但是，实际上，代表天神的不是栗树，而应该是一株"栎树"（oak）。这两种植物同属壳斗科，且能够相互嫁接，但二者相近却并不相同。代表地神的则既不是栗树、也不是栎树，而应该是一株杉树。[5] 可能是因为后世纳西人经常把天神与地神并列混同，所以才经常在一场祭天仪式上出现两株栎树的情况。此外，根据白庚胜先生的研究，丽江纳西族人世居横断山脉六江流域，这里的地势高峻低洼相互错落，海拔参差之间竟超过5千米，因此植物的生长也呈现立体分布态势，对比极为明显。所以在纳西先民的观念中，高山之巅、伟岸长青的高寒山区植物，如柏树、栎树、杉树等，都是常年葱茏、寿岁绵永、高洁凛冽，显然是天上神界的东西，称为"神树"或"白树"；河谷洼地之畔恶浊、阴晦、速发速长的植物，如柳树、青刺、竹子、杜鹃等，则是性喜阴湿，秽热烟瘴，蔓生蔓死，无疑是地下鬼界之物，称为"鬼树"或"黑树"（含英巴达神树就是以柏、杉、栎等树形为原型设想出来的，但也包括杜鹃树等鬼树的元素）。而海拔处在山区与河谷之间的平原人居地区所生长的植物，则间于两者，具有人间意义，例如松树。[6] 这样，纳西先民就按照地势的高低，区分出了神界、人间、鬼域的植物。纳西族史诗文学《拉仲盘沙劳务》就曾有"白树栽在上面……黑树栽在下面"的说法。[7] 这就决定了：在祭天仪式中，高寒之地

---

① 《丽江府志稿·卷一·地理志风俗》。

② 《云南志·卷五·丽江风俗》。

③ 白庚胜. 纳西族祭天民俗中的神树考释 [J]. 云南民族学院学报（哲学社会科学版），1997（2）：32—35.

④ 和士诚讲述、白庚胜整理："三个东巴的口述自传"，转引自：白庚胜. 东巴神话研究（增订本）[M]. 昆明：云南大学出版社，2012：112.

⑤ 杨福泉. 纳西族祭天仪式的功能和特点 [J]. 云南社会科学，2009（4）：15—19.

⑥ 同③。

⑦ 白庚胜. 东巴神话研究（增订本）[M]. 昆明：云南大学出版社，2012：394.

的三种大树（图1-10），栎树象征天神子劳阿普，杉树象征天神之妻、地神衬恒阿孜，柏树则象征天舅蒙若可西可罗（部分学者认为还包括天舅之子、衬红裹白咪从前的未婚夫可罗可西），三个人都是上界神祇；而松树则象征人祖和人母崇仁利恩与衬红裹白咪，这是植物之间的天然等级。

所以，尽管说，对应于纳西民族来源时代的四个祖先氏族，纳西族人的祭天仪式也分为"扑笃"（Pvl dvq）、"姑徐"（Gv hiuq）、"姑闪"（Gv shaiq）、"姑展"（Gv zzaiq）等四个派别[1][这里的"派别"一词有"祭祀群体"的意思，纳西语言称为"美本化"（mee biuq hual），是以实行外婚制的父系氏族成员为边界组织

图1-10 生在高处的大树

而成，成为"崇窝"（读"coq o"），意思是"源于同一根骨头的人"，也就是以父系血缘为纽带的亲人。[2] 当然，即使在很多年前，这样的划分也已经发生了更加复杂的再分化、再融合，其边界已经模糊不辨[3]]，但是这些派别大体上都有遵循着一些基本的共识原则：第一，祭祀要由主祭者"蒙卟须孙"（Mee biuq xiu sui，"蒙卟"即"美本"，在纳西语中就是"祭天"之意）、主祭助手"真止"（Zzei zheeq）、祭祀"除秽东巴"（Chel shul do bbaq）三人共同完成。[4] 第二，祭祀的现场布置应该如下：在祭坛的中央摆放一株柏树，象征天舅蒙若可西可罗；在柏树的左侧摆放一株栎树，右侧摆放一株杉树，分别象征天神子劳阿普和他的妻子地神衬恒阿孜；在更外侧两边各摆放一株松树，分别象征人祖崇仁利恩和人母衬红裹白咪（最后这个环节往往被省略，或者用两支栎树的树枝略加表示）。据杨福泉先生考证，在极少数地方，例如丽江玉龙县（黄山乡），在祭坛的右方末位还要再摆放一株栎树，表示

---

① 孟彻理. 论祭天仪式的时间安排和参与人员［C］// 国际东巴文化研究集萃. 昆明：云南人民出版社，1993：116.

② 杨福泉. 纳西族祭天仪式的功能和特点［J］. 云南社会科学，2009（4）：15—19.

③ 李霖灿. 麽些研究论文集［C］. 台北"国立"故宫博物院，1984：222.

④ 同①。

雷神"吉"（jii）和电神"奔"（bbee）。他们是天神和地神的守护神。[①] 这里所谓的各种"树"，往往只是一根树枝。令我们这些汉族人感到奇怪的是，纳西人把天舅（舅舅）的位置过分地突出到了凌驾于天、地（父、母）之上的地步。按照白庚胜的解释，这是因为纳西贵族"木土司"家族尚"柏树"，又或是传统纳西母系地位尊崇，舅舅的权威影射到祭天观念当中。[②] 此说可供参考。也许是因为与中原文化及儒家礼教相悖太甚，所以在元朝时，祭天仪式中的"柏树"不再象征天舅，而是象征中原的皇帝，纳西语称为"卡"（kaq）。这样，仪式的秩序就变成了让皇帝取代舅舅，居于父母之上。[③] 这样当然更符合汉族的"三纲五常"伦理秩序，但显然与纳西族祭天仪式的本意相违背，是中原统治者对纳西族地方性知识的又一次文化干涉。第三，祭祀的程序和颂唱内容也是严格规定的。祭天活动是根据父系血统来划定参与者的，称为"崇窝"，源于父系亲族"窝阔"（okoq）；与之对应，母系家族称为"那阔"（nal koq）。前者的意思是"骨族"，后者的意思是"肉族"。之所以这样区分，是因为崇仁利恩是地上的人，衬红裹白咪则是天上的神；而在 1723 年"改土归流"之前，纳西人死后火葬，肉体化为青烟散入天空，骨头变成尘土归于大地。这又与"父母生育孩子、赐予孩子骨肉"之观念联系起来。

不可忽略的是，纳西族人祭天的原因，还有另外一个说法：崇仁利恩在娶到了衬红裹白咪，成功从天界返回人间之后，曾得意地向天神子劳阿普表明自己的身份：我是"开天九兄弟"的后裔（写作"𪾢"，其中上方部分为"天"，下方右边是"九"，下方左边是"人"）。[④] 按照这个意思，那么他"祭天"就不是在祭祀岳父，而是在纪念和炫耀自己"开天辟地"的祖先的功绩。

可见，在纳西族古老地方性知识的系统中，"山"即"石"的放大，"林"即"木"的加乘。而在"山林"或"木石"的背后，关于"性"和"繁衍"的隐讳的意味是极为强烈的，甚至可以说，是第一位的。那么，掌管人居世界（所谓的南方绿松石世界）的人类，与掌管自然世界（所谓的北方黄金世界）的署类，作为同父异母的亲兄弟，为什么还要爆发一场战争？这一场战争难道仅仅如此前学者所说的那样，是一场资源或物产的争夺战？它的背后有没有更加深刻、隐晦而且与"性"有

① 和志武，杨福泉. 中国原始宗教资料丛编·纳西族卷［M］. 上海：上海人民出版社，1993：41.

② 白庚胜. 纳西族祭天民俗中的神树考释［J］. 云南民族学院学报（哲学社会科学版），1997（2）：32—35.

③ 杨福泉. 东巴教通论［M］. 北京：中华书局，2012：138.

④ 杨杰宏. "麽些"考释［J］. 中央民族大学学报（哲学社会科学版），2013（3）：69—77.

关的含义？为了解决这些问题，我们又需要回到本章的一开始：在弗洛伊德关于几个兄弟杀父食肉的叙事结构中，有一个一带而过的环节：参与同谋的几个兄弟，在杀父之后，立即陷入了第二场争斗。

从这个角度解读"署人战争"，有可能对以往的研究提供一种"反解"：不是纳西族先民的"保护山林"的观念凝固为他们的神话结构；相反，是兄弟之间"性权利"的某种平衡、妥协与和解，折射出了纳西族神话中"人"与"署"的相互忍让与互留余地，进而延伸出"保护山林"的观念和实践。笔者认为，这其中包含着纳西族古老而深刻的哲学观念，是该民族地方性知识的枢纽和基石。

在这个叙事结构中，纳西族民间故事中的"空间"问题以及这个"空间"观念的必不可少的模糊性，开始浮出水面。

接下来的两章，将对这些问题进行多维度的回答。

|第|二|章|
人与山林之神"署"为同父异母兄弟观念的再认识

一、山林之神"署"的两个原形:"蛇"与"蛙"……………o

在纳西族的文学和民间记忆里,崇仁里恩是"开天九兄弟"的后代(写作
"𗣺"),同时也是人类的始祖。值得注意的是,在民间故事里,在他之前,人
类的形象还经历了从鸟兽到人形的漫长的"进化"历程,这一点也许会令近代
以来的生物学家如达尔文、赫胥黎、斯宾塞等惊叹不已,并引为远古知音。

根据《崇搬图》的描述,孕育人类的一枚蛋卵由天而生,由地孵化,温热而生"白气",白气凝结出六滴白色的露珠,[①]
(如前所述,"白色的露珠"晦指男性精液。一说为第一次大洪水之后幸存的一对亲
兄妹斯巴贡布和斯巴吉姆乱伦生下一个肉球,被米利董主砍碎后抛入米利达吉神海
而生[②]),其中一滴露珠落入了米利达吉神海,从中生出了人类第一代始祖"恨时
恨仁"、第二代始祖"恨仁拉仁"、第三代始祖"拉仁美仁"、第四代始祖"美仁
楚楚"、第五代始祖"楚楚楚鱼"、第六代始祖"楚鱼楚局"、第七代始祖"楚局
局仁"、第八代始祖"局仁精仁"、第九代始祖"精仁崇仁"、第十代始祖"崇仁利

---

① 李国文. 纳西族象形文字东巴经中关于人类自然产生的朴素观 [J]. 社会科学战线, 1984 (3):
48—55.

② 白庚胜. 东巴神话研究(增订本)[M]. 昆明:云南大学出版社, 2012;245.

恩"。① 这个故事，在《崇搬图》中有明确的记录。② 他们体现着纳西民族"父子连名"的习俗，即：用父亲名字的后半段作为儿子名字的前半段。根据杨福泉教授的考证，"父子连名"是藏缅高原上众多古老民族的共同习俗。③ 据说，这十代父子中，前七代（到"楚局局仁"为止）均非"人"的形象。④ 例如，第一代"恨时恨仁"至第三代"拉仁美仁"，在东巴象形文字中都是这样的形象："🦎"，就是面目简单（大概还没有五官），肋生双翼，看起来像一个原始生物。直到崇仁利恩的上一代，也就是第九代始祖"精仁崇仁"，才"进化"出复杂的面孔，写作"🐾"，但还是野兽的面目，肋生双翼，⑤ 这与近代进化论"人由兽类进化而来"的观点相近。在这里，杨福泉教授认为，崇仁利恩已经"进化"出了人的形象，不再是野兽模样，而且不再肋生双翼。⑥ 但是，在东巴象形文字中，"崇仁利恩"一字，依然有写作"🐾"，⑦ 从其形象来看仍然是兽首、双翼，而并非完全是一个"人"的样子。何以会出现这样的分歧？是否仅仅是以假借字、长翅的"仁精灵"（sseiq）来标"仁"之音？因与本书主旨无关，此处只好存疑，留待有心人探究。

　　这里有一个问题，是目前笔者所见文献中均未提及的：在人类的这十代远祖的名字中，经常出现一个"仁"字（标音文字读作"sseiq"）。在纳西族古老的民间故事里，"仁"写作"🦋"，是主司生育繁衍的神明，同时也是主司富裕或财富的神明（这一点与"署"又有关，留待后述）。⑧ 丽江纳西族妇女生育孩子就要祭祀"仁"，它也是肋生双翼，五官不清，就像人类的前几代远祖。所以，在纳西族人的观念世界里，"生育繁衍的能力"与人类祖先之间，显然是有深刻关系的。而"精"（zi）和"崇"（cog）则用来表示"人类"，⑨ 所以"恨时恨仁""恨仁拉仁""拉仁美仁""美

---

① 李霖灿：《麽些象形文字字典》。诸代人类先祖的名字译文，参考了：李国文. 纳西族象形文字东巴经中关于人类自然产生的朴素观［J］. 社会科学战线，1984（3）：48—55.

② 根据纳西族东巴经中的创世纪神话故事《崇搬图》，可以发现这并非人类真正最早的起源，而是在第一次大洪水之后的人类再生。

③ 杨福泉. 东巴教通论［M］. 北京：中华书局，2012：96.

④ 白庚胜. 东巴神话研究（增订本）［M］. 昆明：云南大学出版社，2012：248.

⑤ 参考：李国文. 纳西族象形文字东巴经中关于人类自然产生的朴素观［J］. 社会科学战线，1984（3）：48—55.

⑥ 杨福泉. 略论纳西族的生态伦理观［J］. 云南民族大学学报（哲学社会科学版），2008（1）：38—42.

⑦ 同⑤。

⑧ 杨福泉. 东巴教通论［M］. 北京：中华书局，2012：292.

⑨ 同⑥。

仁楚楚"……直到第七代"楚局局仁",他们的名字中间,虽然体现了"仁",也就是生育繁衍的意思;但一直都没有出现"精"或"崇"——也就是汉语"人类"——的特征;直到最后三代祖先,也就是"局仁精仁""精仁崇仁"和"崇仁利恩"这些名字,才既有"仁"(生育)的意思,也有"精"或"崇"(人类)的意思,再直接不过地表明了"人类"的"生育繁衍""人的子孙繁衍不息"的意思。所以"性"或"繁衍"崇拜的意识,在纳西族古老的创世神话文学中,特别是在人类起源的神话中,得到了极为强烈的暗示;同时,人类是"生物界繁衍进化而来"的朦胧猜想,也体现在十代远祖的名字承袭关系之中。

图 2-1 静谧庄严的大自然,给人以无限的
神灵想象

从另一个侧面讲,纳西族这种朴素的"生物进化论"或"人类进化论"思想,消除了人与其它生物之间不可逾越的生理障碍。这又使人们在神话世界里,可以纵其想象,为人和各种自然生灵之间建构起各种各样的奇妙关系(图 2-1)。通过上面的论述,不难发现,对纳西先民来说,人与动物之间有着血缘上的联系,或有着共同的祖先,人与动物的分离经历了一个逐渐演化的过程,或者说二者之间的界限不是绝对的,这一点当无疑问。所以,正如在上一章所提到,纳西族人认为,衬红裹白咪与长臂公猴交媾而生育人类的孩子,崇仁利恩与明显不属于人类的"竖眼天女"交媾,并产下各种鸟兽、虫豸甚至树木;至于"署"是与人同父异母的亲兄弟(据说猴子也一样),分居于南北两个世界,也就是可以理解的了。这也体现了纳西族先民关于人与其他生物之间有血缘关系的假想。

关于人与"署"的共同祖先,仅见纳西族古典文学作品《"署"的来历》:据说在远古时候,有两个先祖:克都精思和克都木思,他们为同父异母的两兄弟,他们两个后来分别成为了人和署的祖先。至于这两个兄弟与人类的十位远祖之间是什么关系,则没有交代。

这是纳西族民间文学的一个叙事特点,即每一个故事在讲述之初,都喜欢从上古时代起笔,但是各个故事关于"上古时代"的叙述,有时又是相互不统一的。这也反映出纳西族的神话形成过程的历时性和再创作性。但是,这些相互抵牾的讲述背后,往往透露着相同或近似,有时甚至是相互诠释的叙事结构,这是研究者可以探查纳西民族集体心理或集体记忆的一个极为有利的切入点。例如,在关于 "人与署为同父异母之兄弟" 的问题上,《崇般图》故事(纳西族的创世纪神话)就提供了另一个暗示:由于崇仁利恩受到竖眼天女的 "性" 的诱惑而与之结合,因而未娶横眼天女,这就违背了创物神米利董主(一说是天神子劳阿普)的劝告,结果引来恶报,[①] 生下栎树、松树、猴子、熊、野猪、鸡、蛇、蛙等后代,崇仁利恩不得不把这些后代弃之山林,[②] 然后,又与衬红裹白咪私订终身,从而繁衍出人类,而衬红裹白咪从天上带下来各种谷物的种子,于是农桑兴焉,人类开始居于村落。从此以后,鸟兽、木石、虫豸所居的 "山林",与人类所居的 "村寨"(白庚胜先生称之为 "人类社会",[③] 当然也无不可,但现代学术术语的色彩太重),就形成了分野。[④]而 "署" 是蛙头、人身、蛇尾的生物,实则是这三种生灵,尤其是蛙和蛇的剪切和组合。可见,在这个故事里,人与署的 "同父" 可以理解为就是崇仁利恩,而 "异母" 则是竖眼天女与衬红裹白咪。这个故事还是维持了人与署为 "同父异母兄弟" 的结构。

那么,为什么突出蛙和蛇?除了前文所讲的蛙和蛇生育繁衍能力极强、象征生生不息(蛇尾如男子生殖器,[⑤] 蛙嘴如女子生殖器[⑥])之外,纳西族东巴文字中的 "后裔" 一词写作 "🐾",即从蛋中孵出一个尾巴,[⑦] 蛙蛇皆如此。除此之外,还可深入分析。

首先,从蛇的方面讲:蛇被认为与衬红裹白咪之间具有不可忽视的关系。曹德鲁若(也就是崇仁利恩,永宁纳西族摩梭人的发音与丽江古城等地区略有区别)向天神子劳阿普求亲,天神夫妇就把三个女儿变化成一只老虎、一只豹子和一条蛇,

---

① 白庚胜. 东巴神话研究(增订本)[M]. 昆明:云南大学出版社,2012:241.

② 杨福泉. 纳西族的古典神话与古代家庭 [J]. 思想战线,1982(4):70—76.

③ 白庚胜. 纳西族空间观念之色彩表象 [J]. 西北民族研究,2003(1):163—171.此说法在白庚胜先生的其他著作中也经常见到。

④ 同②。

⑤ 习煜华. 东巴文里的 "署" 所体现的生殖崇拜含义 [J]. 云南民族学院学报(哲学社会科学版),1997(1):55—57.

⑥ 杨福泉. 东巴教所反映的生殖崇拜文化 [C] // 郭大烈,杨世光. 东巴文化论. 昆明:云南人民出版社,1991:77—81.

⑦ 和志武. 从象形文东巴经看纳西族社会历史发展的几个问题 [J]. 中央民族学院学报,1980(2):47—68.

让崇仁利恩选择，其意是想让他知难而退。哪知他选择了蛇，也就是天神的三女儿衬红裹白咪①（至于为什么在神话故事中会反复出现男主人公与"三女儿"终成眷属，例如灰姑娘是家中的三女儿、希腊神话中帕里斯选择第三个女神甚至李尔王与他的三公主，等等，其中颇有深意，弗洛伊德给出了精彩的解答，即"三"与"性"和"死亡"有深刻的关系。见下一章第二节②）。此外，相传，从大香木中炸裂开来而诞生的木土司之祖先，据说也曾娶一条花蛇所变化的美丽姑娘为妻。③ 可见在纳西先民的神话世界里，"蛇"不仅可以暗指男性生殖器，而且往往被想象成美丽的女性，而且往往这个女性还承担着族人之"母亲"的角色。那么，蛇既然是母亲，也就是生命的给予者，但同时也就是人在死亡之后的生命归路的引导者。这里似乎有一个"来去同途"的意思，这与纳西族"神路图"中死者灵魂沿着古羌移民南迁之路北返而回归祖先之地的想法有相似的结构。④ 所以，据杨福泉教授研究：在清雍正元年（1723）之前，纳西族人尚未改土归流的时候，死者都实行火葬，而火葬场所，在纳西语中称为"日恩牟子鲁"（riq ee mee zeeq lv），其中"日"即"蛇"的意思，"恩"大概是指"皮"，"牟子鲁"意为"地方"；整句话的意思就是"蛇蜕皮之地"。⑤ 在纳西先民看来，蛇蜕皮显然象征着生命的复苏和重生（令人想到母亲的作用），所以生命的诞生与终结，在蛇身上衔接在了一起。纳西族人相信人死后灵魂会变成蛇，所以在东巴经中，有着蛇的身体的"署"经常把人的灵魂偷走，使人生病或痛苦，也可见"蛇"与"灵魂"之间的紧密关系。另外，人的死亡在纳西语中称为"日木里斯"（riq mul lee see），其中"日"还是"蛇"的意思，"木"是"老"或"死"的意思，而"里斯"则指"箭"。⑥ 这里，"箭"又有着生殖繁衍的隐喻：一则，纳西族人相信，夫妻婚后不能生育，是"秽鬼"阻住了他们的生殖之路，⑦ 必须请东巴来用"箭"驱杀秽鬼，才能重开生育之路，即"𰀀"，读作"爪恩尼绕日"（zhuaq' ee neeq raq ri），意思是男人精路通畅；⑧ 二则，"箭"又讳指

---

① 杨福泉. 东巴教通论［M］. 北京：中华书局，2012：221.

② 弗洛伊德. 论文学与艺术［M］. 北京：国际文化出版公司，2001：184—187.

③ 四川省纳西族社会历史调查［M］. 成都：四川省社会科学院出版社，1987：127.

④ 杨福泉. 从《神路图》看藏文化对纳西族东巴教的影响［J］. 云南社会科学，2001（5）：34—39.

⑤ 杨福泉. 东巴教通论［M］. 北京：中华书局，2012：222.

⑥ 杨福泉. 纳西族的"生命三段论"［J］. 云南民族大学学报（哲学社会科学版），2006（5）：102—107.

⑦ 和芳，周耀华. 崇忍利恩解秽经［M］. 丽江县文化馆石印本，1964：3.

⑧ 方国瑜，和志武. 纳西族象形文字谱［M］. 昆明：云南人民出版社，1981：245.

男根，为生殖繁衍的根本。^①所以，在传统纳西族死者的超度仪式上，要在一个木升中插着一支箭，箭头向下，箭尾系绿、黄、白、黑、花等五色布条或丝缘。值得注意的是，在纳西族的古老丧俗中，只有改土归流之前的"箭"和改土归流之后的"棺椁"能够系上象征五行的五色布条，象征生命从五行中来，回归五行中去。特别是："日木里斯"这个字，写作一条蛇和一段松枝。^②如前所述，蛇象征死者的灵魂，而松木则象征死者的肉身。也就是说，人死亡之后，灵魂以蛇的形象归返于祖先，而肉体则以树木的形态回归自然或五行（所以古代纳西人曾经把母亲的尸体埋葬于松树之下）。

其次，从蛙的方面讲：本书前面已经详细介绍了纳西民间观念"蛙生五行"的神话，这里需要补充的是：不惟纳西族，在中国很多古老民族的创世神话中，"蛙"都扮演着极其重要的角色。例如，杨堃认为：汉民族"女娲"实为"女蛙"，^③而汉民族出土的很多古代器皿上也有明显的蛙纹，有一些蛙纹后部还有一个圆圈，表示女阴。^④特别值得一提的是，"蛙"在东巴文中写作"⊗"，读"巴"（ba），而在纳西族的象形文字里，有一个关于生育繁衍的著名说法，叫做"美能堆本巴别"（读作"mee neiq diuq bee ba bei"），东巴象形文写作"⊗"，大致意思是"天地交合，育化万物"；其中，"⌒⌒"符号表示的是"天"，读作"mee"（音同汉语"美"）；"▭▭▭"表示"地"，读作"ddiuq"（音同汉语"堆"）。天与地交媾，阴阳两气混通变化，或如男女婚配交合，所以表述为董神（也就是"阳神"）和色神（也就是"阴神"）在"布置万物"。^⑤其中，在"天"（美）和"地"（堆）中间表示"生衍化育"的那个"巴"，也就是"⊗"，正是纳西象形文字的"青蛙"。^⑥据严汝娴教授的研究，直到1980年代，木里县屋脚村的纳西族人家，还供奉"巴丁拉木"女神，以求兴旺，其中的"巴丁"也是"蛙"。^⑦至于神人箭射神蛙而尸解出世间万物的故事，不仅见于纳西族，也见于土族，^⑧而土族世居于青海，且与古代蒙古族和

①　杨福泉. 略论纳西族东巴教中的箭［J］. 民族研究，1996（4）：54—61.

②　杨福泉. 纳西族的"生命三段论"［J］. 云南民族大学学报（哲学社会科学版），2006（5）：102—107.

③　杨堃. 女娲考［J］. 民间文学论坛，1986（6）：44—49.

④　鄂崇荣. 试论中国少数民族中的蛙崇拜［J］. 青海社会科学，2004（5）：139—145.

⑤　此故事来自于纳西族神话故事《创世纪》。

⑥　李国文. 纳西族象形文字东巴经中关于人类自然产生的朴素观［J］. 社会科学战线，1984（3）：48—55.

⑦　严汝娴，宋兆麟. 永宁纳西族的母系制［M］. 昆明：云南人民出版社，1983：199.

⑧　同④。

羌族关系尤其密切；纳西族的祖先则正是从古代甘青高原上躲避秦王朝虐政而南迁的古羌人，二者关于神人射杀青蛙而尸解生万物的神话如此相似，是否因为它们都脱胎于古代青海高原上的羌人神话故事和祖先记忆？由此也可推测白庚胜先生关于金色神蛙含失罢美"并非神蛙而是神龟"的论断之不确。[①] 还有，鄂崇荣先生提出了一个很有意思的观点，值得参考：先民之所以把"蛙"作为生殖崇拜的对象，还可能因为蛙腹膨大，如同孕妇的腹部，所以象征生育繁衍的能力。[②] 但是另一方面，蛙也可象征男子。另有纳西民间神话描述，一个蛙神变化为男子，迎娶了人间的美丽姑娘，姑娘暗地里烧掉了蛙神的蛙皮，从此以后蛙神只好作为人类男子，与妻子永远生活在一起。[③] 此故事另见木丽春的相关研究。[④] 这个故事似乎与西方"青蛙王子"的童话相类似。此外，纳西族还有关于"蛙"是人类舅舅的传说。[⑤]

从上述两个故事中，我们发现：在"署"的形体上体现出来的"蛇""蛙"生殖崇拜，是复杂交织的。虽然蛙嘴形如女阴，蛙纹身后的圆圈也象征女阴为生殖之器官，但蛙也时常幻化成男子形象（有如西方童话之"青蛙王子"，且二者都与男女性爱之事有着密切联系）；无独有偶，蛇尾虽形如男根，且蛇所象征的死者灵魂理应回归父系祖先的家园，但是蛇又经常指向美丽善良的族系女性远祖（母亲形象），如衬红裹白咪。因此，不能如一些学者那样，简单断定"蛙"就是女阴生殖崇拜，"蛇"就是男根生殖崇拜。[⑥] 这里似乎更多地体现着男女互为弥补、阴阳相互依存的意思（"署"既生蛙头，又生蛇尾，大概也是这个意思），即生育的前提是阴阳相得，甚至承认阴阳相互转化，这一观念在汉族的周易八卦中实所多见。这也再次提醒：纳西族先民的很多重要概念之间的边界是模糊的。

但是无论如何，"署"为纳西民族本土的蛇蛙生殖崇拜之文化创造，当为不争的事实。至于"署"与汉族之龙、印度之"纳迦"的关系，本书前文已经充分论证，不再赘述。只因对"署"在纳西族民间神话故事中的身份有争议，故有上论。但是，这些仅仅是纳西族史诗对"署"的表述，至于其深层次的分析，那就是："署"为什

---

① 白庚胜. 东巴文化中的巴格图龟蛙辨释 [J]. 云南民族学院学报（哲学社会科学版），1995（4）：73—91.

② 鄂崇荣. 试论中国少数民族中的蛙崇拜 [J]. 青海社会科学，2004（5）：139—145.

③ 和锡典等. 青蛙伙子 [J]. 玉龙山，1982（1）：56—59.

④ 木丽春. 纳西族的图腾服饰——羊皮 [J]. 民族文化，1984（3）：76—79.

⑤ 木丽春. 论纳西族的原生和次生图腾 [J]. 云南师范大学哲学社会科学学报，1991（4）：34—40.

⑥ 习煜华. 东巴文里的"署"所体现的生殖崇拜含义 [J]. 云南民族学院学报（哲学社会科学版），1997（1）：55—57.

么会是以兄弟面目出现在人类面前？这与"性"意识有什么关系？

这两个关键性的问题，将在本章第二节、特别是在第三节的最后给予回答。

二、"署"：财富与性爱的隐喻——"山林"即物产与繁育之地

值得特别注意的是，纳西先民从牧业转向农业的过程中，"性爱繁衍"与"财富"之间建立起了不可磨灭的关联性。

在古羌人的神话世界里，有青年牧人斗安珠向天神求亲，经过重重考验而成功迎娶天神的三女儿木姐珠的故事。这个故事的结构与纳西族崇仁利恩迎娶衬红褒白咪的故事如出一辙。[1] 更有意思的是，两个故事包含了一个几乎完全相同的细节，即天神的三女儿、人类的始母，从天上把各种谷物的种子偷下人间，并教会人们通过耕种来获取衣食。这显然是一个古老民族从牧业社会向农业社会转型的集体记忆的曲折表达。那么为什么要由女性先祖（无论"木姐珠"还是"衬红褒白咪"）来偷盗"种子"？因为种子是"性"的象征，也是繁衍生产的希望所在。所以"种子"与"女性"带给族群的意义是相同或相通的，那就是"繁衍的希望和期待"。甚至可以说，女性对于族群来说，就是一粒"种子"。例如，在很多纳西族神话故事中，都在开篇处提到佳音和佳气交合而生"白露"，纳西语读作"汁排"（rher perq），实为讳指男性精液，此物被纳西先民称为"天之种子"，它能使人间的植物繁茂、庄稼旺盛；[2] 而从天而降的衬红褒白咪，对于她的丈夫、肩负重建人类族群之重任的崇仁利恩来说，正是在大洪水之后重新繁育整个族群的希望，所以衬红褒白咪就是"天上来的种子"。因此，在纳西族的神话故事中，由衬红褒白咪偷取种子来繁育大地、生衍万物，实在是再恰当不过的了。

显然，在这个时代，农耕社会中的人们已经形成了这样一个朦胧的观念："财富"与"性爱繁育"之间建立起了密不可分的联系，因为农业"耕种"的本质，就是一个生育繁衍的过程，也是族群获得财富的过程。甚至小说家阿来在其名著《尘埃落定》中曾言道：藏族古时有男女青年在春耕季节于田埂阡陌间欢合，以求谷物

---

① 杨福泉. 东巴教通论 [M]. 北京：中华书局，2012：117.

② James Hastngs. *Encyclopedia of Religion and Ethics, Volume IV*[M]. Edinburgh: T. & T. Clark, New York: Charles Scribner's Sons, 1959: 698.

生长旺盛的旧俗。[①] 小说家言，其确待考。但纳西族与藏族文化亲缘极近，农业生产与男女性爱之间应该有某种观念上的关联性。作为一个旁证，如本章一开始所提到，在纳西族东巴象形文字中有一个神灵叫做"仁"，写为"🐝"，读作"sseiq"，也就是人类十代远祖的名字中出现频率最高的字，如"恨时恨仁""恨仁拉仁""拉仁美仁""美仁楚楚""局仁精仁""精仁崇仁"，直至"崇仁利恩"，都含有"仁"（sseiq）字，等等。它既是主司生育繁衍的神灵，同时又是财富之神。[②]"性爱生育"与"财富"之间因此画上了等号——这是一个十分重要的推论，后面的论述将以它为基础。

但是，还存在着一个比人类生活领域更富有活力、生育繁衍能力更加旺盛的地方，那就是山林。山林之神"署"是"蛙"和"蛇"的结合体，而蛙和蛇都是生育力量的象征；此外，"山林"即是"木石"的放大，而纳西族先民认为，"木"和"石"皆具有强烈的"性"的意义。前已明述。所以，山林中的动物和植物，都能够以人类、牲畜或田陌难以企及的速度繁殖生衍，因而在人类看来，这种旺盛无比的生育能力也就意味着不可匹敌的巨大财富。正是因为这个原因，纳西族古老文学中，有这样一个故事：衬红裹白咪跟随丈夫崇仁利恩从天界下凡的时候，富神"仁"一直跟随在她身旁。衬红裹白咪不知道这个精灵是主司生育和富庶的，所以用裙子把它给赶跑了。从此以后，"仁"就躲到了"署"的领地，并给"署"带来了无比的兴旺和富裕。[③] 所以，纳西族有一个古老的谚语，叫做：皇帝虽然富，不如青山福。在这里，大概恰好出现了一个牧业社会向农耕社会过渡的转折点，正如和志武先生所研究，在此之前，牛才是纳西族人财富的标志。牛是古羌人最重要的、与生活最密切的动物，羌人的祖先炎帝，据传说就是"牛首人身"。[④] 据和先生考证：纳西东巴象形文字有一个字写作"🐂"，读"mu"或"le"的时候作"牛"解，读"o"的时候作"财产"解，属于异音异义字，但其含义显然相连。例如，古时纳西族人"分家"，读作"o bbiu"，直译意思就是"分牛"。[⑤]（杨杰宏博士认为，在这里有必要区分牛"🐂"与牦牛"🐃"，[⑥] 牦牛不可作"财产"解）。但是随着农耕文明的出现，"麦子"或"谷物"开

---

① 阿来. 尘埃落定［M］. 北京：人民文学出版社，1998. 参见其第二章·"心房上的花"。

② 杨福泉. 东巴教通论［M］. 北京：中华书局，2012：292.

③ 同②。

④《太平御览（卷七十八）·帝王世纪》。

⑤ 和志武. 从象形文东巴经看纳西族社会历史发展的几个问题［J］. 中央民族学院学报，1980（2）：47—68.

⑥ 杨杰宏. "麽些"考释［J］. 中央民族大学学报（哲学社会科学版），2013（3）：69—77.

始成为一种新的财产形式，因此纳西族人的"财产"一字也随之变成了"牛"和"麦子"的结合体，即"🐂🌾"，即牛"🐂"的头上顶着一棵麦子"🌾"（恰如在纳西语中，"福气"是羊头上顶着一块绿松石"💎"，即"🐑💎"）。[1] 这一字，正反映了财富从牧业之"牛"向农业之"谷"转变的中间形态（图2-2）。

图 2-2　丽江人家，农耕与牧业的痕迹杂然并存

"性""生育"与"财富"之间的隐喻，以及"人"与"署"之间对生育和财富控制权的不平衡，也直接决定了人与署之间的最基本的关系，那就是"借贷"与"偿还"。

由于衬红裹白咪无意中赶走了财富和生育之神"仁"（这个举动之所以要由女人来完成，其意大体也是因为继续把女人视为生育之工具的固有观念），所以人不得不向兄弟"署"举行"求仁"仪式，希望迎回"仁"。[2] 该仪式称为"仁昧"。由于古时生产力低下，纳西族先民时常感到物力不足，生活维艰。劳动生产不足以满足生活之需的时候，不得不向村寨四围的苍苍林莽借贷一些生活物资，即砍伐和狩猎（图2-3）。于是，东巴经《苏通苏贝》（意思是"董的来历"）就这样记述道："崇仁利恩分到建寨的地方不足，又可以到山上在分一点，是受'董'神的支配。分到的肥田不足，又可以去分点山地，分到的家畜不足，又可分些野兽，是

图 2-3　猎神

---

① 和志武. 从象形文东巴经看纳西族社会历史发展的几个问题 [J]. 中央民族学院学报，1980（2）：47—68.

② 杨福泉. 东巴教通论 [M]. 北京：中华书局，2012：292.

受'董'神的支配。"① 这里借董神的名义，当然是为了给人类使用林莽间各种资源的行为赋予合法性。但是，"山上"的土地和鸟兽，全都是兄弟"署"的私产，因此崇仁利恩的行为是一种挪借，而不是当然合理的据有。所以，人必须向山林偿债——这一点与现代伦理及其背后的近代西方主体性哲学大异其趣。

其实，偿债的观念在纳西族民间观念中，还有着其他很多表现。例如，崇仁利恩娶得衬红裹白咪之后，因为违反了"舅父之子迎娶姑母之女"的传统法度而要向天神子劳阿普和地神衬恒阿孜偿债，其方式就是向栎树和杉树祭祀；又因为占有了天舅蒙若可西可罗的儿媳，所以不仅要用柏树祭祀，而且要在祭祀时献上一个女儿，以偿还天舅家的女人（在实际的祭天仪式上，这个女儿用猪肉代替，且女人不得接近祭天仪式，表示：你看，确实没有女人可以用来偿还天舅家② ）。在这里，纳西先民的"偿债"思想显然与"性权利"有关，"性"的需要是其债务关系的主要内容。

而在处理"人"与"署"的关系上，偿债行为和偿债观念尤为普遍。如前所述，纳西族人主要生活在滇西北高原丽江地区，这里地处横断山脉深处，人居之地四围环山（图2-4、图2-5）。因此对古代纳西族人来说，人类控制范围之外的"野外"之地，也就是大自然，其实就是林莽或山林。

因此，大自然之神灵其实也就是山林之神"署"。它掌管着一切不由人类掌管的世间之物，包括树木、岩石、泉溪、川泽、鸟兽、虫豸。所以，人类但凡攫取这些东西为自己所用，都要向"署"偿债。连米利董主猎获了山中的红麂子、黑野

图2-4　林莽与城郭对峙

图2-5　人类的建筑在山林的深处偶尔一瞥

---

① 纳西族史诗《苏通苏贝》（翻译为汉语就是《"董"的起源》）[C] // 和志武. 纳西东巴经典选译. 昆明：云南人民出版社，1994：78.

② 奥皮茨等. 纳西、摩梭民族志——亲属制、仪式、象形文字 [M]. 昆明：云南大学出版社，2010：173.

驴，也要偿债，不能例外。[①] 其中，如果是较小的攫取行为，如砍伐了自家种植的果树或劈裂了石头、踩踏草地、用脏手触摸水源等，则举行小的偿债仪式，称为"子趣软"（zzerq ciul ru-aq），意思是"偿还树木的债"（"树"是"林"的基本单位，而"署"则是山林之神）；如果是伐毁野生大树（图2-6）、烧毁山林或者猎杀了大型野兽，则需要举行较大的偿债仪式，称为"朱软"（rzu ruaq），甚至要专门举行祭祀署神的"署古"（svq ggvq）这样的隆重仪式。[②] 笔者曾于2012年在丽江古城区的水源地黑龙潭（今为丽江玉水公园），亲眼看到一次丽江本地人与外地游客发生的冲突：当时

图2-6 古老的树木在山林中卓然而立

与笔者同行的是一位性格柔婉端庄的纳西族青年女性，但是在黑龙潭，看到有两名外地游客用脚蹬踏一株大树时，这位女子突然愤怒并出言指责。其实，那株大树粗达一抱有余，两个外地游客落脚的地方是这棵树的树干，这样的蹬踏行为对这样的大树其实不会造成任何损伤，在汉族地区恐怕也无人会对此等"寻常事"加以指责。

对丽江纳西族人来说，如果在损害自然之后不向"署"偿债，则有可能遭到署的报复，其报复的方式是摄去人的灵魂，或者发动各种自然灾害。[①]就前者而言，是针对行为不检的个人采取的报复手段。例如，纳西族古典文学记录：远古时期有一个叫董若阿夸的人，他在高山岩谷之间猎杀了一头长着绿色鬃毛的野牛，这是一头大型而漂亮的野兽（一说此物为署的女王署美纳布的坐骑[③]）。就在他宰杀野牛的时候，一阵黑风卷走了他的帽子，帽子落入了黑杉树林中。这样就摄去了他的灵魂。从此以后，他白天骨头痛，晚上肌肉痛，直到有一天，他的家人请来东巴，举行仪式向山神

---

① 和云章口述，和力民翻译. 驮达给金布马超度吊死鬼（上卷）[M]. 昆明：云南省社会科学院东巴文化研究室1983年油印本：43.

② 杨福泉. 略论东巴教的"还树债"及其口诵经 [J]. 思想战线，2013（5）：67—71.

③ 和正才讲述，赵净修翻译. 修曲署埃 [M]. 丽江县文化馆，1963年石印本：7.

告罪并赔偿，他才得以捡回帽子，病也愈可。^① 此外，还有一个梅生突尺的故事：梅生突尺猎杀了一只白鹿，他砍来云杉树枝把鹿盖住。从此以后，他白天骨痛，夜里肉疼。东巴（东巴是纳西族民间祭祀仪式的主持者，也是纳西东巴文化地方性知识的掌握者，大约相当于汉文化中的神巫）怀疑他的灵魂被高山湖中的"署"抓去了。于是，他决定向"署"请罪。他来到湖畔吹起笛子，湖中的一条青蛇被优美的笛声吸引，钻出水面倾听。这时，有一只黑老鹰突然来抓青蛇。梅生尺见状立即撵走了黑鹰。这条青蛇于是变成一个美丽的姑娘，来到梅生突尺身边。梅生突尺对她说想找回被"署"摄去的灵魂。于是，姑娘就领他到湖中"署"的家。他看到一个男人躺在火塘边呻吟，一个男人躺在床中间呻吟，一个男人则被一个土罐扣在下面呻吟。那个美丽的姑娘告诉梅生突尺，这三个男人都是他的魂，一个因杀了白鹿而生病，一个因砍了树枝而生病，一个因打了黑老鹰而生病。这个姑娘随即帮助他放了这3个作为梅生突尺灵魂化身的人。梅生突尺回到家后赶紧请东巴举行"署古"仪式，用金、银、绿松石、红玉髓等物祭祀署，这才恢复平安。^② 还有一个关于"家畜"被摄去的故事：米利亨主在高山上放牧，招致一个名叫司汝捏麻的署神的不满，于是作法把米利亨主的犏牛、牦牛摄去（笔者猜想这故事有可能脱胎于一场大规模的家畜病疫）。米利亨主于是以女儿为悬赏，声称谁能杀死司汝捏麻就招谁为婿。后来，虽然有勇士杀死了司汝捏麻，但米利亨主从此患上重病，只好请来东巴，举行署古，禳祈病愈。^③ 类似的还有蚩堆三子的故事。^④ 这三个故事仅具典型性，类似的故事在纳西族文献中俯拾皆是。其中，在纳西族的观念里，"骨头"来自于父系，"肌肉"来自于母系，^⑤ 因此父族称为"窝阔"，母族称为"那阔"，分别是骨和肉的意思。^⑥ 这三个故事中都提到的骨头和肌肉的疼痛，显然与生育繁衍有关，所以这三个故事似乎暗示着，人类所欠下的债是一种与生衍繁育有关的债。至于反复提到的黑杉树，如前所述，"杉树"象征母亲（意味着生育和繁衍），至于"黑"则意示不祥，连起来就是"与生衍有关的不祥之事"。②就后者而言，则东巴经中经常提到"署"随意降下天灾，为祸人类

---

① 和开祥释经. 祭署·俺双金套姆和董若阿夸争斗志的故事［M］// 纳西东巴古籍译注全集（第7卷）. 昆明：云南人民出版社，1999：2.

② Rock J.F. *The Na-khi Naga Cult and Related Ceremonies*［M］. Plates Roma Is M. E. O. 1952: p.363.

③ 和芳，周耀华. 古生土称和亨命素受的故事［M］. 丽江县文化馆石印本，1964.

④ 和开祥释经. 祭署·蚩堆三子的故事［M］// 纳西东巴古籍译注全集（第7卷）. 昆明：云南人民出版社，1999：26.

⑤ 和志武. 从象形文东巴经看纳西族社会历史发展的几个问题［J］. 中央民族学院学报，1980（2）：47—68.

⑥ 杨福泉. 东巴教通论［M］. 北京：中华书局，2012：292.

的故事。① 此外，还有远古人类精恩古盘把烧红的铜矿扔入米利达吉神海，导致署的不满，从而发大水淹没村庄的故事。② 此不赘述。

那么，人类侵占山林自然之物而需偿债，怎么会与"性"或"繁衍"联系起来呢？

三、人与山林之神"署"爆发冲突的种种版本述论

是什么促成了纳西族先民对自然的如此苛刻的自我克制？或许是一场令人骨痛或肉痛的奇怪疾病，偶然地与某次焚烧山林的行为在想象的层面上联系了起来；或许是某个垂死的巨兽、颓倒的古树在先民的心中引起了哲学层次的共振；又或许是一次大规模的家畜瘟疫，导致"千千万万的白牦牛、千千万万的枣红马，偿还鹿和野牛，偿还熊和野猪，偿还麂子和獐子、野鸡和箐鸡、蛇和蛙"，③ 使人觉得自己以往从自然中攫取的所有财富，一夜之间都被大自然夺回——具体原因已不可考。因为，集体记忆被塑造的过程，也正是具体记忆被磨灭的过程。总之，山林（"署"）丰腴但是小气，人类贫穷却又贪婪。二者之间开始有了矛盾。

所以，据说在最初的时候，也就是人类与"署"尚未分家之时，双方的相处是融洽的；可是随着分家析产，两兄弟之间猜忌之心日盛，敌对态势越来越强烈。按照"署"的控诉，人类曾经在泉水边杀生剥皮，用畜类的鲜血污染水泽；用犁耙耕地，挖死了地下的花蛇和青蛙；至于被人类杀死的绿鬃野牛、黄猪、红虎、白胸熊、黄蜜蜂、鱼类、白鹇，还有河水中被淘走的金矿，则不计其数。④ 但是，人类也觉得十分委屈，因为他们认为"署"霸占了太多财富（山林的生育繁衍能力太强，原因正是财富之神"仁"被衬红裹白咪驱赶，跟随"署"而去），导致"山上所有的树木呀，都被龙王（署）家的猴子所占领；箐谷所有的溪泉呀，都被龙王（署）家的青蛙所占领。"⑤ 此外，署美纳布还"一顶帽子下建九个寨，一个马蹄印下辟七个村"（"九寨七村"是米利董主和米利术主的儿女们开辟村寨的数量），占尽了人类的

---

① 白庚胜. 东巴神话研究（增订本）[M]. 昆明：云南大学出版社，2012:286.

② 和正才讲述，赵净修翻译. 修曲署埃 [M]. 丽江县文化馆，1963 年石印本：13.

③ 和即贵口述. 祭署·把署与猛鬼分开 [M] // 纳西东巴古籍译注全集（第 6 卷）. 昆明：云南人民出版社，1999：355.

④ 和士成释读. 祭署·神鹏与署争斗的故事 [M] // 纳西东巴古籍译注全集（第 6 卷）. 昆明：云南人民出版社，1999：316.

⑤ 和志武. 纳西东巴经典选译 [C]. 昆明：云南人民出版社，1994：112.

地盘，还禁止人类放牧、狩猎、开荒、汲水、砍柴等正常的、生活必需的行为。[①]
相反，人类则已经尽力保护自然了：不曾毁坏山林，不曾践踏青草，不曾污染水源，
不曾折断树枝，不曾射杀红虎，不曾捕捉白鹇，不曾撬采大石，不曾砍伐大树，不
曾捅破水底（最后一句不知何意）。[②]

这里需要略作讨论。所谓的"最初尚未分家之时"，可能作两种理解：其一是在
真实历史中的更古老的时期，那时人们的生产活动的专门化程度更低，因此，在集
体记忆中，人与大自然的分离程度也相应更弱；其二是在观念世界里，可能纳西族
先民认为，与大自然的结合程度越高，或者说"村寨""庄园""集镇"这些与自然
相分离的生活方式越少，人与大自然的对立和对抗程度也就越低。

还有一点，纳西族先民对于自然的克制态度和自律态度是极其严格的。这些
近乎苛刻的保护自然准则，在民间观念中时有体现。[③] 在这方面，杨福泉、[④] 李静
生[⑤] 等学者，都有较为系统的阐述。但是，或许纳西先民意识到：无论人类如何克
制，人与自然的对立都辩证地存在（图 2-7）。

图 2-7 无论如何，村寨与山林之间的空间边界始终是不可避免的

一方面，人类近乎严苛
的自律，是建立在对自然大
举报复的畏惧心理之上的，
因此从集体心理和集体意识
的层面上讲，人对这个想象
出来的兄弟、这个掌握着大
自然丰足物产和肥美膏腴的
山林之神"署"，即使不怀
恨，也一定是怀有一种"异
己"感；[⑥] 而另一方面，在
诗歌文学的记录中，"署"对

① 和正才讲述，赵净修翻译. 修曲署埃 [M]. 丽江县文化馆，1963 年石印本：12.

② 和士成释经. 压呆鬼·开坛经 [M] // 纳西东巴古籍译注全集（第 45 卷）. 昆明：云南人民
出版社，1999：7.

③ 和开祥口述. 祭署·开坛经 [M] // 纳西东巴古籍译注全集（第 6 卷）. 昆明：云南人民出版社，
1999：6—9.

④ 杨福泉. 东巴教通论 [M]. 北京：中华书局，2012：506.

⑤ 李静生. 纳西人的署龙崇拜及环境意识 [M] // 赵世红，习煜华. 东巴文化研究所论文选集.
昆明：云南民族出版社，2003：251.

⑥ 李鹤生. 纳西族东巴教"署"崇拜性质新探 [J]. 学术论坛，2008（3）：68—71.

人类破坏大自然（砍伐树木、捕捉蛇蛙、劈采石料、猎杀鸟兽、淘金开矿、污染水源，等等）的种种控诉，当然是纳西族先人借"署"之口吻写出来的，所以纳西族人民对于自己破坏自然的行为，又是有反省的。这样，纳西族人或纳西民间神话，对于山林、对于大自然之神"署"，在感情上是矛盾、复杂的。作为纳西族人的白庚胜先生也如此看。① 这一点是理解后文的一个基础。

这种对抗关系终于招致了战争。与上一章所提到的《董埃术埃》相似，关于这场战争的"导火线"，也有不同的版本。第一个，也是流传最广的版本认为：是由于一个名叫精恩古盘的人类，因为开矿图财，不慎把烧红的铜块扔进米利达吉神海，破坏了署所安居的水源，顿时招致署美纳布的报复，洪水泛滥，战争爆发。② 人类无法抵挡署的进攻，只好派"堕本阿戛苴"骑着雄骡子上天界请丁巴什罗祖师干预。丁巴什罗于是派出修曲神鸟，趁署美纳布梳头的时候抓住了她的头，把她的身子围着居那什罗神山绕了三匝③（一说是围着居那什罗神山上的一株桑树绕了三匝④），而且威胁说现在还只用了 1/3 的力量。署美纳布只好妥协，从此允许人类"可以建九个寨"，署族只能建一个；人类可以辟九块地，署族只能辟一块；人类住的不够可以上高山，田陌不足可以拓荒地，家畜不够可以猎野兽，此外砍柴、汲水均不限。⑤ 作为补偿，人类也必须承认"署"对山峦林莽、岩崖水泽、鸟兽虫豸的管辖权，如果不得已攫取了，就需要还债。经此一战，"蛇尾也枯了，蛙嘴也干了。"⑥ 如前述："蛇尾"和"蛙嘴"分别象征男女性器，说明山林的繁育和富庶遭到了巨大破坏。人类还要向署施药，据说是用杜松枝蘸着水、酥油、糖、茶、姜末等混合而成的药水，来治疗修曲神鸟抓击"署"时落下的伤，还有绕山三匝时被压伤的"蛇"和"蛙"的伤。⑦ 这里暗示，整个"山林"都遭到了这场争斗的祸害。

第二个版本与第一个大体相似，只不过冲突的起因被改为："署"霸占了兄弟俩所共有的一顶祖先流传下来的宝石帽子，⑧ 导致战争爆发。最终这顶宝石帽子既

---

① 白庚胜. 东巴神话研究（增订本）[M]. 昆明：云南大学出版社，2012：288.

② 和正才讲述，赵净修翻译. 修曲署埃 [M]. 丽江县文化馆，1963 年石印本：17.

③ 和正才讲述，赵净修翻译. 修曲署埃 [M]. 丽江县文化馆，1963 年石印本：19.

④ 杨福泉. 东巴教通论 [M]. 北京：中华书局，2012：589.

⑤ 史诗《苏通苏贝》（翻译为汉语就是《"董"的起源》）[C] // 和志武. 纳西东巴经典选译. 昆明：云南人民出版社，1994：112.

⑥ 白庚胜. 东巴神话研究（增订本）[M]. 昆明：云南大学出版社，2012：286.

⑦ 杨福泉. 东巴教通论 [M]. 北京：中华书局，2012：434.

⑧ 纳西族神话故事《休曲苏埃》，参见：和志武. 纳西东巴经典选译 [C]. 昆明：云南人民出版社，1994：111.

没有归人也没有归署，而是献给了神鸟修曲。[①] 另外，给"署"的药是丁巴什罗祖师用黄金的箭射中玛米巴罗神山，从神山上流下三眼药泉，白牦牛和白犏牛饮下药泉后挤出药奶，再用这个药奶祭祀署神[②]（实则战胜署美纳布的修曲神鸟，就与"药"有密切的关系：传说"含英巴达"神树分泌药物，日夜浸入修曲神鸟的羽毛。[③] 后有详细分析）。"宝石帽子"是什么？这个问题将在下一章第一节的最后解答。

第三个版本是说一个名叫崩俄崇仁的人类，用马驮着很多狗肉翻山越岭前去贩卖，以求牟利。不想马匹失足摔倒，令他蒙受经济损失。他一怒之下，便在山林间杀死了马。结果，狗肉和马血散落飞溅（纳西人忌吃马肉和狗肉），污染了山野和水流，导致署族十分愤怒，于是联合人类的宿敌、天舅美汝可罗（也就是前文所提到的蒙若可西可罗，即被衬红裹白咪悔婚的那家人），向人类降下天灾：一时间黑风、恶雨、冰雹大作，毒鬼、仄鬼大举进攻，人与署的战争爆发。[④]

第四个版本则是在第一个版本的基础上，改为：人类的远祖之一、崇仁利恩第五世继承人高勒趣，跟随他的父亲俄高勒上山打猎，不仅猎杀了麂子、獐子、野猫、狐狸、野鸡、箐鸡等"署"的属物，而且设计杀死了署所豢养的巨大的黄鼻子公野猪，宰了九背的肥肉和十背的瘦肉，还弄得遍地的野猪血，污秽不堪。这一下惹恼了署，它把俄高勒囚禁起来，镣铐重重，倍加折磨。高勒趣为了救父，引发冲突[⑤]（但是这一事件似乎没有引起人与署的全面战争，只是由丁巴什罗出面调停后举行署古仪式加以补偿而已）。

第五个版本有一个奇特之处，是一个东巴卷入了人署之争（一说：这个东巴，就是丁巴什罗祖师本人）：一个名叫普称乌路的人类，在署美纳布的土地"黑山岩"（一说为"冒米巴拉山"）上开垦了一片耕田，结果，他的铧尖刺伤了署美纳布的心脏，他的犁头弄死了木石下的蛇蛙。另外，他还得罪了一名东巴（丁巴什罗大师？），这个东巴于是挑唆署美纳布作法报复，惊了马匹摔伤了普称乌路，又衔去了普称乌路的三根头发，以此摄去他的灵魂，令他白天骨头痛，晚上肌肉痛。[⑥] 但是，这一

---

① 杨福泉. 东巴教通论［M］. 北京：中华书局，2012：86.

② 和正才讲述，赵净修翻译. 修曲署埃［M］. 丽江县文化馆，1963 年石印本：33.

③ Rock J.F. *The Zhi-ma Funeral Ceremony of The Na-khi of Southwest China*［J］. Studia Instituti Anthropos, vol.ix. Vienna-Modling, 1955: 216.

④ 这个故事可见史诗文学《崩俄崇仁的故事》.

⑤ 和正才讲述，赵净修翻译. 高勒趣招魂［M］. 丽江县文化馆，1963 年石印本：6.

⑥ 和正才讲述，赵净修翻译. 普称乌路［M］. 丽江县文化馆，1963 年石印本：1—2.

次似乎也是一个局部冲突，只是丁巴什罗的卷入提升了冲突的规格。

第六个版本，也是很值得注意的一个：署中之王"牛苟堆畏"生了儿子牛生许罗，同时一双姐弟多者许玛命、多萨欧吐也出生了。他们长大后，弟弟多萨欧吐娶了姐姐多者许玛命为妻（纳西族古代神话中多有兄妹或姐弟相婚的传说，当为古纳西族婚俗。和发源、[①] 杨福泉、[②] 章立明、[③] 白庚胜[④] 等学者对此有专门研究）。婚后，多萨欧吐辞别妻子，去高山上放牧。署王之子牛生许罗则因追猎一只银角梅花鹿而翻过九座山、越过七条箐，偶然遇见了美丽的多者许玛命。两人一见钟情，遂回家同居。家中仆人悄悄把女主人与人私通的消息告诉了多萨欧吐，多萨欧吐一怒之下从高原上赶回家来。惶急中，多者许玛命让牛生许罗变化成一条小蛇，藏于匣子之内。多萨欧吐进门后，多者许玛命告诫丈夫不可打开匣子，然后就去厨房做饭。趁妻子不在，多萨欧吐打开匣子，将小蛇斩为三段。妻子发现后大惊失色，担心厄运将至。果然，很快署王牛苟堆畏就点起千千万万的土兵、石兵、毒鬼、仄鬼，开始攻打多萨欧吐的领地。多萨欧吐只好东躲西藏，最后请来丁巴什罗大师、米利董主、色神，一起出面调停，并用一千头白牦牛、一万头黑牦牛，而且还用白鹇鸟代替男人、用花雉鸡代替女人来献祭，才平息了牛苟堆畏的怒气。[⑤]

这六个版本，除援引东巴经译本外，分别参考了杨福泉、白庚胜、李静生、李国文等学者的研究成果。其中，李静生先生按照人与署的关系，将各个故事分为四类，即兄弟亲情、污染山林、砍伐树林、猎杀鸟兽。[⑥] 问题是：他把多萨欧吐杀死奸夫的故事归入"人类捕杀野生动物"一类，笔者以为显然不妥，因为这绝不是该故事的主题。在本书看来，这里所罗列的六个版本，仅分两类：前五个故事都是一类，即争夺财富；只有第六个故事却独成一类，即争夺性爱权。

在最后这个故事中，首先，很自然地出现了兄妹相婚的情况，又出现丈夫（同时也是弟弟）到高原上放牧的情节，因此可以推测：这个故事所反映的民族记忆，大体上形成于西羌先民从牧业转向农业的过渡时期（关于纳西族先民在早期有兄妹

① 和发源. 东巴经书中的纳西族古代婚姻家庭 [J]. 云南社会科学，1986（5）：91—96.

② 杨福泉. 纳西族的古典神话与古代家庭 [J]. 思想战线，1982（4）：70—76.

③ 章立明. 兄妹婚型洪水神话的误读与再解读 [J]. 中南民族大学学报（人文社会科学版），2004（2）：25—28.

④ 白庚胜. 东巴神话研究（增订本）[M]. 昆明：云南大学出版社，2012：244—249.

⑤ 和牛恒释读. 多萨欧吐哲作 [M] // 和志武. 纳西东巴经选译. 昆明：云南人民出版社，1994：140.

⑥ 李静生. 纳西族东巴教中的祭署龙仪式及其社会功能 [J]. 思想战线，1990（3）：59—64.

婚的习俗，见章立明教授的研究①）。因为，在定居滇西北和川西金沙江流域的横断山区之后，"山林"和山林中的典型动物"蛇"与"蛙"，才成为纳西祖先的重要图腾；在此之前，更为典型的应该是牧人和牛羊（图2-8）。这也解释了前一章所提出的问题：为什么纳西族的创世神话里，专门提到了白犏牛、白牦牛、白山羊等牧畜的问世，却没有言及"蛇"和"蛙"？

图2-8　对牦牛的亲近感，折射出丽江人曾经的游牧记忆

此外，为什么说"蛙生五行"晚于"卵生五行"？这个故事矛盾斗争的核心，正好发生在一个牧人和一条蛇之间；而且，是作为牧人的丈夫放牧期间，妻子在家与人偷情，则也曲折地反映出"游牧"与"定居"、牧业与农业之间的矛盾。结合前文所分析的"财富"与"性爱"的关系，这里游牧者与定居者对"女人"的争夺，也暗示着农业与牧业在生产财富方面的争斗。这很可能反映了生产方式在转变过程中引发的思想观念领域的矛盾（图2-9）。这一点对理解下一章十分重要。

图2-9　古老的纳西族人民，关于农耕与游牧的记忆交织在一起

其次，牛生许罗变化为一条蛇，而如前所述，"蛇"在纳西族先民的观念中形如男根，是"性与繁衍"的象征。因此，多萨欧吐将蛇斩为三段，反映了"人"与"署"之间对男性"性权利"的争夺（这也符合故事情节本身，即丈夫和奸夫之间的关系）。如果结合前面的

① 章立明. 兄妹婚型洪水神话的误读与再解读［J］. 中南民族大学学报（人文社会科学版），2004（2）：25—28.

分析,那么,美丽的女人多者许玛命选择了牛生许罗,似乎意味着性和生育的机会(女人)向"署"(奸夫)的一方倾斜,而"人"(丈夫)对此充满了醋意。这恰恰在结构上呼应了人类对"山林"中的丰腴物产的羡慕,对山林"孕育繁衍"众多膏腴的嫉妒,这也暗合了生育与财富之神灵"仁"从人这一边跑到"署"那一边的恼人局面;同时也反映了新兴的定居农耕生产能够比游牧生产带来更多财富的意思。

最后,也是尤为重要的一点:前五个故事和第六个故事,作为两大类,分别是"争夺财富"和"争夺性权利",二者之所以都可用来说明"人类"与"署族"之间的关系,就是因为二者在纳西族先民的隐秘观念里,其实是同一回事。"性"意味着生育和繁殖,而在农业社会,生物的繁衍生长是一切财富的唯一来源(当然,丽江地区有丰富的矿产,它似乎不依赖"性";但矿物来自"石头",而如前所述,"石头"恰恰象征男人的性器,在东巴文中也写作"△"[①])。这也可以解释,为什么"仁"既是财富之神,又是性爱生育之神。——署与人之间,对性爱繁衍之权利的争夺,隐约地等同于对财富的争夺。在这里,我们回应了上一章一开始的一个问题:在杀死父亲之后,兄弟之间将因为"性"而爆发一场新的冲突。同时,我们也回应了本章第一节最后部分的两个问题中的后一个:署与人之间对财富的争夺,充满了"性"的内容。但是,至此我们还是没有解决那两个问题中的前一个:为什么纳西先民会认为,与人类争夺性爱和财富的"署",会是自己的兄弟?

---

① 杨福泉. 纳西族木石崇拜文化论 [J]. 思想战线,1989(3):49—55.

|第|三|章|

兄弟想象与灵魂归途:"山林"观念中的兄弟之争

一、"同父"与"异母":从"性焦虑"视野解读人对"山林"的隐秘心理

认为"署"是人类的兄弟,这个想象是如何建立起来的?这个问题在目前可见的文献和研究中还从未出现过。而这个问题的答案,又需要在《董埃术埃》(也就是黑白战争)的语境背景下寻找。

以米利术主为首的全体术鬼,杀死董若阿路,一起吃了他的肉,喝了他的血,啃光了他的骨头,并用他那"像银白的日月一样"的头颅来献祭。这些情节在上一章已经被还原为先民兄弟们的杀父行为。在这里,弗洛伊德描述了一个重要的细节,那就是:这个杀父行为一定是兄弟们集体实施的;并且,在部族内,有一种用来象征已死的父亲的图腾动物,它在平时得到全族的尊重和保护,任何人都不能伤害它,但是在献祭的时候,人们又会"在莫大的悲痛中"集体杀死它并食其血肉。[①] 甚至这种"一起吃"的观念还隐约地延伸开来:至今,在很多民族中间,还保留着"只有一家人才能同桌用餐"的观念和习俗;至少,分享食物是一种极为亲密的行为,同桌用餐可以使人们建立起一种亲如兄弟的亲密感。[②](这就不难解释,在《天龙

---

① 弗洛伊德. 图腾与禁忌 [M]. 北京:中央编译出版社,2005:147.

② 弗洛伊德. 图腾与禁忌 [M]. 北京:中央编译出版社,2005:146.

八部》里，乔峰和段誉一起喝了顿酒，大家觉得很亲近，就立即结拜为兄弟；后来段誉和虚竹又喝了一顿酒，大家又觉得很亲近，于是再次结拜，还把不在场的乔峰也一起结拜进去了——也就是把实际上没有参与分享的同伴，想象地包含到"分享"过程中来。重要的是，读到这里，读者自己一点也不觉得突兀，因为我们潜在地认可这个"兄弟情感"建立过程的真实性：男人之间分享食物确实具有某种产生兄弟情感的作用。）也就是说，对参与杀父的兄弟们而言，"分享"是一种能够维持同盟关系的默认结构。而这种同盟关系又是建立在对"性权利"的共同渴望之上的：一起吃父亲的肉，就是为了"共同继承"（实际上是"分享"）父亲的性权利。这种在饮食血肉中建立起来的同盟关系，在后来的"歃血为盟"上体现得尤其明显（而且"歃血为盟"的目的，往往是要几个人密谋一起去推翻某个权威人物）。正是以这一点为基础，笔者提出：黑白战争的两个看似无关的动机，即"偷盗董神世界中的银色日月"和"砍倒含英巴达神树"，其实是一回事，因为二者都暗示着偷走父亲的"性"力量——请注意：这个行动仍然必须是由兄弟们集体完成，成果也由兄弟们一起"分享"。

　　所以，从"共同行动"到"分享"，在一开始，也许就是几个不如父亲强大的兄弟相互壮胆；可是到后来却演变为一种"相互担保"以洗脱道德罪责的心理结构。这就是所有术鬼一起分食董若阿路的血肉而不是一人独享的原因，也是兄弟之间的"分享"关系之所以牢不可破的原因。这一点值得我们特别注意。

　　但是，在夺得父亲的性权利之后，兄弟之间又陷入了一场新的冲突："虽然那些兄弟们合力消除了父亲的威胁，但他们彼此之间却又因女人而产生激烈争斗。每个人都希望像他父亲一样拥有女人。也就是在这种争斗中，新的社会结构面临了瓦解的命运，因为实际上，没有任何一个人能够像他父亲一般在此取得绝对的权力。"①这也许恰恰是为什么在"黑白战争"之后，还会出现一场"人署之争"的隐蔽原因：兄弟之间如何分享父亲遗留下来的性权利。

　　弗洛伊德对兄弟间的这场争斗仅仅一笔带过，其着墨之浅，远远不可与他对"杀父"故事的分析相提并论。可是，恰恰是这个几乎被弗洛伊德略去的心理经验结构，构成了"山林之神'署'变成人类的同父异母兄弟"这个奇怪的想象得以构建起来的关键。或者说，本书下面即将讨论的问题，既是以往纳西学的空白，也是弗洛伊德理论的盲区。

　　让我们试着还原这个被"修复"和重组，毋宁说重新粉饰过的"集体记忆"所

---

　　① 弗洛伊德. 图腾与禁忌［M］. 北京：中央编译出版社，2005：154—155.

抹杀的真相。这就要求我们在"实际曾经发生的兄弟冲突"与"纳西族集体记忆对兄弟冲突的隐晦转述"之间，寻找相互诠释的入口。

其一，"兄弟"想象的构建过程，深刻地根源于先民在杀父记忆中保留下来的"分享"结构。

根据弗洛伊德的解释，杀父食肉的行为之所以需要兄弟们"共同"完成，就是因为兄弟之间必须在道德上相互担保，以建立一种心理层面的脱罪或诿罪结构——无论这个脱罪或诿罪的表达是多么的掩耳盗铃。正如古希腊宰牛节、分食牛肉之后，人们要"集体判决"那把屠刀负有杀害图腾牛的罪孽，并把这把刀扔进大海"淹死"。所以，"分享"与"兄弟"之间，建立起了一种隐蔽、有时甚至是颠倒或"可逆"的关系：在"只有兄弟才能分享"和"分享之后就是兄弟"之间，其实并不存在逻辑的界限，而只存在一种心理体验上的"共构"。

那么，在纳西先民的神话符号与日常生活混淆交织的观念世界里，这个"共构"就可能发生如下衍化：一方面，兄弟之间的"分享"关系以及这个分享关系所建构出来的道德心理层面的"相互担保"结构，是建立在杀父预谋或杀父过程中的，一起分食父亲的肉体就意味着"共同继承"父亲的性权利，所以"分享—兄弟"结构仍然有效。另一方面，正如前文所言，农业生产日渐成为财富的主要来源，而农作物的获得过程，本质上就是一个"性"或"生育"的过程，因此"性爱"与"财富"二者在人的观念中逐渐结合为一体。所以，在人们的潜意识里，很容易把对财富的"分享"，与对"性权利"的"共同继承"联系起来；进而把"与我分享财富的人"，与"同我一起继承父亲性权利的兄弟"联系起来。这正是阿拉伯人"只有一家人能同桌用餐"的隐晦的底蕴。因此，上文提到的那个"共构"心理结构就体现为："分享"大自然膏腴的"人"和"署"，就是分享"性爱繁育"之权利的一双兄弟——也就是说，人与署之所以被想象为兄弟，是因为"人"与"山林"分享物产，在想象中转化成了分享"性与繁衍之权"。因此，尽管"山林"并没有自我意识和人格，而且"署"更是纯粹想象出来的，根本不可能与人类有"性爱"方面的"分享"或其他任何实际关系，但是人类（纳西先民）还是把它想象为参与了"性权同谋"的一个兄弟。

其二，"同父"但是"异母"，反映了纳西先民记忆中的兄弟之间相互的"性垄断猜忌"。

在纳西族民间记忆中，有关于人与"署"关系的直接论述："很古很古的时候，龙王（译法问题，"龙王"指的就是"署"——引者注）人祖两个呀，好父亲哟是一个，好母亲哟是两个，俗话叫同山不同海。"[1] 为什么会"同山不同海"？直观的表现，当然首先是人和"署"的外表截然不同，不太可能"同山又同海"。至于各种史诗文学对两者的共同祖先，则仅仅给出了名字，即"克都精斯"和"克都木斯"这两个同父异母的兄弟，其他别无交待。[2] 但是，"署"写作"𧉚"，融合了"蛙"和"蛇"的形象，这又让人想起蛙和蛇起源于崇仁利恩在第二次大洪水之后的那段孽缘，即蛙和蛇都是他与竖眼天女媾合所生，[3] 然后弃之山林。[4] 之后，崇仁利恩结束了这一段纯粹由性欲驱动的孽缘，转而与衬红裹白咪结合（身为纳西族人的白庚胜先生认为这才是真正的爱情，[5] 这正好代表了纳西族人对两段姻缘的好恶、向背），从而繁衍出了真正的人类种族。这也符合人与"署"（蛙蛇）为同父异母兄弟的印象。但是，如果沿着崇仁利恩而不是克都精斯的故事来理解，那么我们也许可以做这样的猜测：纳西族民间文学反映了一种对兄弟的"异己"[6] 之感，即认为这个"兄弟"是"非婚生子"，甚至是"孽种"（所以被父亲弃之山林）。在纳西族著名的殉情史诗《鲁般鲁饶》中，也曾讲述有一个名叫"开美集命"的女子，因被怀疑不贞洁，所以周围有闲言碎语说她"小蛇、小蛙怀在腹中"[7]。

这里需要对纳西婚俗做一个解释。在纳西族人的传统婚俗中，虽然有父系"崇窝"之说，"崇窝"是"源于同一根骨头的人"，[8] 同一个"崇窝"的人不能相互通婚，而要实行"外婚制"，即只能把外族女子娶进门，[9] 这似乎意味着纳西婚俗是"父系主义"的；但是，严汝娴、章立明等教授也指出，在更加完整地保留了纳西古代婚俗的永宁纳人，也就是今"摩梭人"那里，人们把古老的家庭结构叫做"尔"，意思是"一个根根上的血脉"；而"尔"的本意就是"母亲的家族"，所以这个"根根"应是母亲（女性祖先），只是后来才逐渐扩大地适用于父系亲人。[10] 在"尔"

① 东巴经《休曲苏埃》[C] // 和志武. 纳西东巴经典选译. 昆明：云南人民出版社，1994：111.

② 《署的来历》. 参见：李静生. 纳西族东巴教中的祭祀龙仪式及其社会功能 [J]. 思想战线，1990（3）：59—64.

③ 和芳，周耀华. 崇摆图 [M]. 丽江县文化馆石印本，1964：34.

④ 此故事在纳西东巴神话的《创世纪》中有广为流传.

⑤ 白庚胜. 东巴神话研究（增订本）[M]. 昆明：云南大学出版社，2012：155.

⑥ 李鹤生. 纳西族东巴教"署"崇拜性质新探 [J]. 学术论坛，2008（3）：68—71.

⑦ 杨士兴，和云彩讲述，和发源译. 鲁般鲁饶 [M]. 丽江东巴文化研究所，1982 年油印本：12.

⑧ 杨福泉. 纳西族祭天仪式的功能和特点 [J]. 云南社会科学，2009（4）：15—19.

⑨ 杨福泉. 东巴教通论 [M]. 北京：中华书局，2012：109.

⑩ 严汝娴. 家庭产生和发展的活化石——泸沽湖地区纳西族家庭形态研究 [J]. 中国社会科学，1982（3）：187—204.

图 3-1　丽江老年妇女身着民族服饰，头上却人人都戴一顶解放帽。母系社会的痕迹，一直延续至 1949 年之前

的下面又分析出更小的家庭叫"斯日"，[①] 意思也是"源于同一根骨头的人"，最原始的本意则是"同一祖母的后裔"。而且与"崇窝"外婚制正好相反，是同一"斯日"的人不婚，且同一姨表的不走婚。也就是母系外婚制。[②] 这就是说，古代纳西先民的婚俗其实是"母系主义"的（图 3-1）。实际上，杨福泉教授也曾明确指出，"父系主义"的婚俗是改土归流之后受汉族影响的结果。[③] 综上可见，"署"既然被说成是"异母"所生，也就是"异己"之人，那么在真正的、古老的纳西观念里，就在某种程度上应该属于"外人"（不是来自同一根骨头）。

而这又表达什么意思呢？根据严汝娴教授所做的十分细致的研究，即按照家庭结构出现的时间顺序，纳西族最早的独特的氏族家庭"衣杜"，[④] 以及紧随其后的母系家庭，都是在母系成员内部继承财产；这种情况直到后来的双系家庭和父系家庭，才有所改变。[⑤] 这就引出了问题的重点：主司"生育"和"财富"的神灵"仁"（🦌），是衬红裹白咪从天界带到人间的。而在纳西族的原生的古老传统中，母亲是家庭财产的支配者，家庭遗产也按母系传承；[⑥] 即使在父权崛起之后，出阁的新嫁女仍然有权把自己在父家生活时所积累的

① 严汝娴等. 纳西母系亲属制与易洛魁亲属制的比较研究——兼论亲属制度的起源问题 [J]. 民族研究，1980（2）：58—70.

② 章立明. 主客位文化视野中的纳人走访制 [J]. 中南民族学院学报（人文社会科学版），2001（4）：48—52.

③ 杨福泉. 东巴教通论 [M]. 北京：中华书局，2012：472.

④ 关于这个问题，严汝娴与夏之乾两位学者曾经有过争论。见：夏之乾. 关于纳西族的家庭类型问题 [J]. 中国社会科学，1983（2）：143—146.

⑤ 严汝娴. 家庭产生和发展的活化石——泸沽湖地区纳西族家庭形态研究 [J]. 中国社会科学，1982（3）：187—204.

⑥ 杨福泉. 纳西族的古典神话与古代家庭 [J]. 思想战线，1982（4）：70—76.

个人财产带走，以供日后夫家生活之用①（这个传统也是后来随着改土归流和汉文化入侵才改变的）。所以，在原生的纳西观念里，"仁"是衬红裹白咪的"个人陪嫁财产"，却到了"署"的手里，而"署"（蛙和蛇）的母亲并不是衬红裹白咪，而是竖眼天女。换句说话，"署"的"异母之子"身份，暗示了它不应该享有属于衬红裹白咪的"仁"。

如果现在联系我们前面的那个重要的推论，问题就会变得十分清楚："署"以它同父异母之兄弟的孽子身份，却僭越了族俗，占据了山林上膏腴肥美的物产，是名不正言不顺。而"性"与"繁衍"，是进入农业社会（从甘青高原南迁并定居横断山深处）之后的纳西族人财富的主要来源，所以"仁"不仅是"财富"之神，也是"生育"之神。因此，说"署"这个同父异母兄弟占有"财富"之不当，其实深层次的隐含意思是：人对这个兄弟的过多的"性权利"的愤懑。还有，东巴史诗记录：在黑白交界处，衬红裹白咪曾经被长臂公猿诱奸。而在东巴神话中，"猿猴"和"署"一样，也是人类的同父异母兄弟。

也就是说，实际上，在纳西史诗的文字背后，在纳西先民集体记忆中，无论那个招人嫉妒的"兄弟"到底是不是"孽种"或"非母系生子"（这一点根本不重要，且也无可考），认为这个兄弟"很不恰当地"占有了过多的、非分的"性权利"的心态，都会存在。或者反过来说，所谓的"异母所生"，只不过是对这个兄弟之"非分所得"的一种隐射的宣泄性（如果不是"污蔑性"）的表达而已。

这就是问题的症结所在："署"被想象为"同父"的兄弟，那是因为人类必须和它"分享"性爱和财富的权利；但是"署"又有一个"异母"的特殊身份，那是因为人类总是认为自己的兄弟"非分地"占有了太多，而这些它本不该染指。这就是"同父异母"想象的完整含义。

那么，兄弟间的这种"性垄断猜忌"的焦虑心态是如何产生的呢？

其三，兄弟间的"性焦虑"与"性垄断猜忌"分析。

衬红裹白咪与多者许玛命这两个女人，隐晦地讲述着纳西先民的同一个现实的心理经验，那就是一个兄弟对另一个兄弟在"性占有"方面的嫉妒和焦虑。在多者许玛命的故事里，为了争夺这个美丽女子的性爱，人与署爆发了大战，这是显而易见的。同样，在衬红裹白咪的故事里，已经与人祖崇仁利恩结为夫妻的女人，居然把象征着"生育"的神灵"仁"赶到了兄弟"署"的一边，这除了暗示对女人"红杏出墙"的担忧之外，还能暗示什么（况且衬红裹白咪是用"裙

---

① 杨福泉. 东巴教通论［M］. 北京：中华书局，2012：45.

子"，① 把生育精灵"仁"赶到署那边去的）？

在此，我们无意于考证某一桩具体的"叔嫂偷奸"的无聊艳史，这样做毫无意义；这里真正传达出来的信息是：与兄弟争夺性爱的权利或者感到兄弟对自己性爱权利构成威胁的焦虑态度，是一种具有结构上的必然性和普遍性的心理现象。这一点，在文学作品和伦理教化著作中多有体现。例如，《孟子》说：嫂溺，叔可援之以手。② 这是儒家圣人在强调叔嫂之防。另如西方诗人薄伽丘的名著《苔塞伊达》，也说的是两兄弟帕勒蒙和阿奇特为争夺一个名叫艾米莉亚的女人而决斗的故事。③ 至于莎士比亚《哈姆雷特》中父王对叔父占有自己女人（母亲）的嫉妒，转接到了王子的身上，所以只有王子一个人能够见到父王的鬼魂。④ 中国古典名著《水浒传》、《金瓶梅》中，对于嫂子潘金莲的诱惑，武松采取了明显的、强行的自我克制态度；至于后来扑杀西门庆，则可以理解为"天人"武松（金圣叹语）强行克制内心欲望的一种转化的表达。也就是说，西门庆成了武松心中一个希望与嫂子有染的自我，扑杀西门庆，实际上是武松内心的一场天人交战。⑤ 现代文学中很多最高水平的著作，对叔嫂之间关系的描述也充分反映了兄弟之间在"性"问题上的相互焦虑，这样的例子俯拾皆是：陈忠实的《白鹿原》中，共产党员鹿兆鹏和国民党员鹿兆海两兄弟，与美丽女孩百灵的三角纠葛，伴随着国共两党的关系恶化而演进，这不妨说是对他们兄弟感情趋于冷漠的一个浅白的暗示；⑥ 余华的《兄弟》则是围绕李光头和宋钢两兄弟对"我们刘镇"最美的女人林红的爱恋、相互自责、相互极力克服、最终不相往来甚至最后带着仇恨生死两隔而展开；⑦ 莫言的《生死疲劳》中，蓝解放对"重山"哥哥西门金龙的刻骨痛恨，最初就来自一个他暗恋的、却与金龙有私情的女人，也就是他后来的妻子黄互助，这也是他后来频频出轨的最初根源；⑧ 阿来的《尘埃落定》也精彩刻画了傻子二少爷为了美丽的妻子塔娜而与大少爷翻脸，并且在刺客杀死大少爷的时候，二少爷身上正穿着仇人父亲的衣服并冷眼旁观，也就是说，弟弟在心理上潜在地有杀死兄长的冲动和为此的负罪感。⑨ 也就是说，兄

---

① 杨福泉. 东巴教通论 [M]. 北京：中华书局，2012：293.

② 《孟子·离娄上》。

③ 薄伽丘. 薄伽丘精选集 [C]. 济南：山东文艺出版社，1999：123 及以次.

④ 莎士比亚. 哈姆雷特 [M]. 北京：人民文学出版社，2000：1 及以次.

⑤ 施耐庵. 水浒传 [M]. 北京：人民文学出版社，1997：46 及以次.

⑥ 陈忠实. 白鹿原 [M]. 北京：人民文学出版社，1993：78 及以次.

⑦ 余华. 兄弟 [M]. 北京：作家出版社，2008：241 及以次.

⑧ 莫言. 生死疲劳 [M]. 北京：作家出版社，2012：168 及以次.

⑨ 阿来. 尘埃落定 [M]. 北京：人民文学出版社，1998：121 及以次.

弟之间对同一个女性的竞合性爱慕，最容易通过文学这种曲折的方式表达出来。纳西族古老的长篇史诗也具有这一功能。

其实，弗洛伊德曾经描述一个小男孩没来由地害怕他父亲的大生殖器会危害到自己的小生殖器。[①] 这个容易被忽略的细节其实不仅限于父子关系，家庭成员中所有男性，包括兄弟之间，都很容易因为其他男性的性需要而感到威胁，从而引发焦虑。也就是说，无论叔嫂私通是否真有其事，那个焦虑的结构是始终存在的。那么，杀父之后，在"分享"同盟中，兄弟之间由于"性"而发生的冲突，也就是结构性的，是不可避免的。

这就是为什么崇仁利恩会觉得衬红裹白咪把生殖精灵"仁"撵到了"署"的领地，也可以解释象征性爱和生育的"树木""石头""蛇""蛙"等，一个不漏地全都在"署"所管辖的"山林"之中，而不在人类的村寨（图3-2）。这种为自己的性权利被侵犯而焦虑，导致了兄弟之间不可避免的嫉妒，哪怕"署"这个兄弟是人自己虚构出来的，但也负载了人们对自己兄弟的暗中无法宣白的隐秘焦虑（作为史诗作品，纳西族神话故事所折射的是日常生活中兄弟之间性猜忌的隐讳记忆）。

图3-2 丽江的山林

所以，即便没有发生叔嫂通奸，也从没有性权利分配不公平的问题，这种焦虑仍然会存在。这就是为什么人类觉得衬红裹白咪的生育之精灵"仁"跑到了"署"的一边，[②] 而"署"却同样认为象征着自己的"性力量"的"蛇尾也枯了，蛙嘴也干了"[③]。因为这种焦虑在男性家庭成员之间是"相互"的，而不是单向的。例如《雷雨》中周朴园与周萍之间的相互嫉妒，[④] 张艺谋的早期电影《菊豆》中杨金山与杨天

---

① 弗洛伊德. 图腾与禁忌 [M]. 北京：中央编译出版社，2005：140—141.

② 杨福泉. 东巴教通论 [M]. 北京：中华书局，2012：292.

③ 白庚胜. 东巴神话研究（增订本）[M]. 昆明：云南大学出版社，2012：286.

④ 曹禺. 雷雨 [M]. 北京：人民文学出版社，1994：1及以次.

青之间的彼此仇视，① 等等。换句话说，与其说问题出在某一个男性家人的"性垄断"上，不如说根源于所有男性家人共同的、相互的"性垄断猜忌"而引发的"性焦虑"——而这恰恰曾经是先民兄弟共谋杀父的动机。

其四，作为对上一点的呼应，一个特别值得注意的情节是：与杀父的选择不同，人与"署"争夺性爱权利的冲突，往往是非致命的。也就是说，双方都保持着某种程度的克制。

我们看到，在纳西族的神话记忆里，人和署发生冲突，在大多数情况下并没有达到要致对方死命的程度。这一点和另一场同等规模的世界级战争——黑白战争截然不同。一方面，从报复的角度讲，都是说"署"摄去了得罪它的人的灵魂，导致对方白天骨头痛，晚上肌肉痛。② 正如前面所说，"骨"象征父亲或"阳"，"肉"象征母亲或"阴"，二者是生育繁衍的根本。所以，骨头痛和肌肉痛，东巴经只含糊地统称为"生病"，③ 其意思也只是大概表明与"性"和"繁育"方面有关的某种报复行为。另一方面，从人类得罪"署"的原因看，最常见的起因是杀伤了山林水泽中的"蛇"或"蛙"，不然就是伐"木"或采"石"，而蛙、蛇、木、石全都是"性"的象征符号。也就是说，事情的起源还在于损坏了兄弟"署"的性权利。所以，人与署之间，无论是伤害还是报复，都是围绕"性权利"的分配，而非生死仇杀。笔者猜测，这种人与署之间的伤害与报复的方式，所反映的实际记忆中的兄弟之间的冲突，也许同样体现在"性爱"方面和"财产"方面。在财产方面，大概曾经有纳西先民中的兄弟，为了争夺一些农产品（也是生殖繁衍的产物）或耕田、屋舍而发生肢体冲突，在纳西史诗和民间记忆中，就蜕变为"令对方骨肉疼痛"；而在争夺女性方面，则大概是某个兄弟夺走了两人共同心爱的女人，而使对方"伤心欲绝"——这种解释与"摄去对方灵魂"的说法最为接近，而且在纳西族的观念里，灵魂表示为"蛇"，而蛇又经常表示女人，如衬红裹白咪就是一条蛇变化而来，木天王也曾迎娶花蛇所变的美丽姑娘为妻。④ 所以"摄去灵魂"有可能就是"夺走对方心爱的女人"，即抢夺性权利。

目前，可见纳西史诗故事中唯一一次人与署的"性命相拼"，就是上一章第六个

---

① 参看电影《菊豆》。

② 和开祥释经. 祭署・俺双金套姆和董若阿夸争斗志的故事［M］//纳西东巴古籍译注全集（第7卷）. 昆明：云南人民出版社，1999：2.

③ 和志武，杨福泉. 中国原始宗教资料丛编・纳西族卷［M］. 上海：上海人民出版社，1993：236.

④ 四川省纳西族社会历史调查［M］. 成都：四川省社会科学院出版社，1987：127.

故事中，为了美丽的妻子多者许玛命，丈夫多萨欧吐把变化为蛇的奸夫牛生许罗斩为三段。当然，不排除这个故事真实地反映了先民中有两兄弟曾经为了女人而相互仇杀。但是，这个故事也有疑点：首先，通过前文的叙述可知，"蛇"可能象征三种东西，一是男性的性器官，二是女人，三是"灵魂"。但蛇不能象征人的生命。（与汉族观念不同，在纳西族民间故事中，人丢失灵魂并不致命，因为人一般说有三个灵魂，甚至有传统观念认为男人有九个灵魂，女人有七个灵魂。[①]）那么，多萨欧吐把蛇斩为三段，其实有可能和"署摄去人的灵魂"一样，仅仅表示在"性"方面惩罚兄弟，比如夺回女人、抢劫其家畜粮米（这些也是"繁衍"的产物）、殴打他的身体致其"骨肉疼痛"，最坏的结果也许是损坏兄弟的男根，即阉割。其次，牛生许罗是一个"署"，而署是由蛙头、人身、蛇尾三部分组成的生灵，那么"把蛇斩为三段"，也许仅仅是对兄弟身体的一部分造成伤害。再次，牛生许罗的父亲、署王牛苟堆畏大举进攻多萨欧吐，后者招架不住，请出丁巴什罗、米利董主、色神等出面斡旋，并举行祭署仪式，平息了事态。但是，通过对比不难发现：在《修曲署埃》中，冲突的起因仅仅是一些财产、水泽污染等问题，而署美纳布已经被修曲神鸟制服，仍然倔强，不同意和解；而在这个故事中，牛苟堆畏风头正盛，并未被丁巴什罗等调停人制服，居然也就善罢甘休了。如果是儿子被杀这样的大仇，会如此容易了结吗？所以在这一点上，合理的猜测是：该故事作者的意思，有可能是牛生许罗仅仅遭到了伤害，但并未被杀死。最后，也是特别值得注意的是：正如前文所指出，这个故事不仅仅有"人"（丈夫）与"署"（奸夫）在性权利争夺方面的矛盾，而且同时集中了纳西先民历史上的游牧经济与农耕经济之间的争斗以及"兄妹血亲婚"与"族外婚"之间的礼俗矛盾。也就是说，二人之间的争斗是三重矛盾的合力结果。那么，即使上文分析缺乏证据，多萨欧吐与牛生许罗之间真的发生了一桩凶杀事件，其根源也不仅仅是兄弟间"性垄断猜忌"这样的单纯而偶然的个人之间的冲突，而更是两种生产方式和两种婚姻习俗的一般性、结构性的社会冲突。

其五，既然兄弟之间有着当年促发"杀父"时的性焦虑，即"性垄断猜忌"，那么，为什么没有再上演"杀兄弟"的悲剧？"杀父"与"杀兄弟"之间难以跨越的界限是什么？

虽然具有了和"杀父"一样的动机，即"性垄断猜忌"，但是，正如上面两点所讲，兄弟间的杀父同谋，是用"分享"关系来实现道德心理上的相互担保而构建起来的。因此，这个"分享"结构的意义绝不仅仅在于"财富"或"性爱"资源的

---

① 杨福泉. 纳西族的灵魂观［J］. 思想战线，1995（5）：48—53.

具体分配方式，更重要、更有意义的是在于它确保了兄弟之间一种"自欺欺人"的、但又确实彼此认同为真实有效的道德修复，从而诿脱内心的痛苦的负罪感。这一点比兄弟间杀父之后的"财富多寡"或"性权分配"要强烈得多、重要得多，因为它事关整个部族的社会秩序和人的心灵秩序，而且后者才是兄弟间最初的结盟动机。

正是因为对兄弟们而言，"分享"关系所确立的"相互担保道德免责"的心理结构，要比实际上的"财富与性爱之权利划分是否公平"的结果要重要得多。而如果兄弟之间再次因为"性垄断猜忌"而杀死对方，那么他们在同谋杀父时，通过"分享"关系所建立起来的相互担保的诿罪结构就将失效，将无人再来担保取消他的杀父罪过以及这个罪过所带来的折磨人的负罪感。正是这个心理上的相互依存关系，超过了"性垄断猜忌"所带来的仇恨，从而避免了亲族之间由争夺女人而爆发的冲突再次恶化为像"杀父"一样的血刃相见的可怕后果。

图 3-3　修曲神鸟，他调停了人与"署"之间的争斗

以上这五个推论，被弗洛伊德极为简单地甚至几乎是不负责任地浓缩为"经过许多波折之后，这些兄弟们和平地居住在一起"[1] 这短短 20 几个字。但是，即便弗洛伊德处理这个内涵丰富的问题时如此的粗糙草率，他毕竟还是在最后给出了一个符合民族记忆构建方式的故事结局：以相互克制的态度成功避免了冲突失控之后，兄弟们"同意放弃那些导致与父亲产生冲突的女人。"[2] 这个结局，令我们想起了在上一章六个故事版本中的第二个版本，在那里，我们留下了一个悬念：人与"署"的战争，起源于他们相互争夺一顶"祖先传下来的"、本该是"兄弟共有"的宝石帽子；而最后，人和署都放弃了它，并是把它转赠给了平息这场战争的修曲神鸟（图 3-3）。[3] 在这里，所谓"祖先传下

---

①　弗洛伊德. 图腾与禁忌［M］. 北京：中央编译出版社，2005：155.

②　同①。

③　东巴经《休曲苏埃》，参看：和志武. 纳西东巴经典选译［C］. 昆明：云南人民出版社，1994：118.

来的"，暗指它（宝石帽子，象征本族的某个美女、首领的宠妾）最早属于兄弟们的"父亲"，也正是它（她）挑起了父子间的仇杀；这恰恰解释了这顶帽子是"祖传"的并且"本该兄弟共有"之说，即杀父之后兄弟们建立起了"分享"性权利的结构；而最后，他们一起放弃了"宝石帽子"，这恰恰对应着弗洛伊德所说的：从此建立起了一种"部族内的乱伦禁忌"，即同族男子放弃对本族女子的性权利，也就是把宝石帽子（引起本族男子——包括父子和兄弟——之间相互"性焦虑"的本族女子）拱手他人，从而真正建立起早期纳西族人的合法的婚姻传统——"族外婚"。①

其六，也就是最后一个问题："修曲神鸟"是什么？很多学者，如白庚胜②、田松③、木丽春④等，大多疲于考证修曲神鸟就是印度神话中的金翅大鹏鸟"迦卢茶"（Garuda）。其中，田松还努力考证：在印度神话中"迦卢茶"与"纳伽"之间的世仇关系是如何结下的，希望以此说明修曲与署之间争斗的"根源"。此说无疑是受到了西方纳西学开拓者洛克的直接影响，后者把修曲神鸟直接代称为"迦卢茶"，把"署"直接代称为印度神话中的蛇神"纳伽"，甚至把居那什罗神山直接代称为印度神话中的"须弥山"。⑤

但是，值得注意的是，洛克对于这样的比附，始终没有提供过硬的证据来加以说明和论证。这些轻率的论说，被后来一些国内学者所沿袭，也仍然是用猜测和联想来代替考证。事实是：从洛克开始，至今所见的全部文献和研究，并不能直接而且无疑地证明修曲神鸟就是印度"迦卢茶"，而学术界则是一个又一个的猜测相互引用、相互担保而已。对这一观点保持警惕的是接受过历史学严格训练的杨福泉教授。他仅仅承认了迦卢茶与修曲神鸟是纳西族和藏族文化的相近形象，"来自同源文本"，即仅承认两个民间神话系统之间的源流关系；并强调，最先把二者等同起来的是洛克，并强调此说还"值得进一步深入探究"，⑥而并非有什么过硬的文献根据，这实际上表明了他自己对这一论断的存疑态度。实际上，我们在这里需要抛开这个讹讹相传的猜测，而从"性意识"的角度提出一个大胆的推论：所谓的修曲神鸟，就是

① 王承权. 从婚礼看永宁纳西人的一夫一妻婚 [J]. 民族研究，1980（4）：46—56.

② 白庚胜. 东巴神话研究（增订本）[M]. 昆明：云南大学出版社，2012：287.

③ 田松. 神灵世界的余韵——纳西族：一个古老民族的变迁 [M]. 上海：上海交通大学出版社，2008：73.

④ 木丽春. 纳西族东巴教祭祀文化的演变 [J]. 云南师范大学哲学社会科学学报，1993（4）：75—81.

⑤ 洛克. 论纳西人的"那伽"崇拜仪式 [C] // 国际东巴文化研究集萃. 昆明：云南人民出版社，1993：60.

⑥ 杨福泉. 东巴教通论 [M]. 北京：中华书局，2012：589.

纳西先民想象中的死去的父亲的灵魂。

首先是因为修曲神鸟充当着纳西族守护神的角色，而这在图腾记忆中一般是专门留给死去的父亲的特殊位置，这是现代象征人类学早已破译了的一个常识。其次，修曲神鸟居于居那什罗神山之巅，含英巴达神树之上，而根据纳西族的古老传说，居那什罗神山是人类的"父亲"米利董主所建造，含英巴达神树也是他所培植，并且神山和神树都有象征父亲伟大生殖力量的意义，这是儿子对死去的父亲的重要记忆。再次，"属于共同祖先"的宝石帽子（美丽的女人），怎么能轻易拱手外人，送给修曲神鸟？除非兄弟们认为这个女人本就属于这个人——死去的父亲。这正是一个不易察觉的暗示。最后，也是最重要的一点：弗洛伊德指出，在世界上的众多地区和不同民族当中，都有把父亲想象为"老鹰"或"秃鹫"等鸟类的共同心理现象。因为"鸟"往往被想象地等同于男性（特别是已经死去的父亲）的生殖器，进而象征性能力旺盛的男人，特别是父亲（或者父亲的灵魂）。[①] 同时，古人相信，死者的灵魂能够自由飞翔，这也与鸟的特征相似。古希腊神话中也经常提到，宙斯变化为一只天鹅或老鹰，来到人间与女人偷情、生子。与弗洛伊德的观点相似，郭沫若也认为"鸟"就是指男性生殖器，[②] 所以《诗经》中关于"天命玄鸟，降而生商"[③] 的描述，也是在暗示"玄鸟"具有"性"和"生育"的功能，因此断定玄鸟就是"父亲"。赵国华也曾指出：庙底沟出土的陶铸鸟头，就是男子阴茎的样子，由此可知古人观念中"鸟"与"男根"的相关性。见图3-4。[④]

图3-4 庙底沟出土的陶铸鸟头

东巴经中也有多萨欧吐在献祭仪式上用"白鹇鸟"来代替"男人"的故事。[⑤] 如果是这样，那么，所谓的"修曲神鸟制止了兄弟间的战争"，就变成了：正是因为"已经死去的父亲"的缘故，所以兄弟之间停止了争斗。而这恰恰符合我们前面的推测：兄弟们相互需要，形成"分享"关系，以便在杀父事件面前推卸内心的负罪之苦。正是这个奇特的心理经验，避免了族群内男性成员（兄弟）之间的冲突再次失控。由此，可推论"修曲神鸟"象征

---

① 弗洛伊德. 论文学与艺术 [M]. 北京：国际文化出版公司，2001：137.

② 郭沫若. 郭沫若全集·历史编（第一卷）[C]. 北京：人民出版社，1982：328.

③ 《诗经·商颂·玄鸟》.

④ 转引自：赵国华. 生殖崇拜文化略论 [J]. 中国社会科学，1988（1）：131—156.

⑤ 和牛恒释读. 多萨欧吐哲作 [M]// 和志武. 纳西东巴经选译. 昆明：云南人民出版社，1994：140.

着父亲的灵魂。

至此，我们沿着弗洛伊德所设下的"路标"，揭开了"董埃术埃"（黑白战争）与"修曲署埃"（人、神鸟与署之争）两场世界级大争端的谜底。从而合理地解释了：为什么董神世界和术鬼世界的对峙平衡一定会崩溃，结果是你死我活；而人类世界与署神世界的对峙平衡却能够修复和维系。或者说，为什么东方的董神和西方的术鬼之间，是"黑与白"这样的对立关系；而南方的人类和北方的署族之间却是"绿和黄"这样的没有是非善恶的共存结局。本质上，其原因是：在先民那里，与父亲的矛盾只有一个简单的结构，那就是族群内部男性成员之间不断叠加和激化的性焦虑，直至驱动了仇杀；而在杀父之后，兄弟之间的冲突却有两个相互牵制的结构，那就是：男性族人之间的"性焦虑"，以及由"分享"机制所建立起来的兄弟之间"互为道德担保"的心理上的相互依靠。这个复杂结构决定了冲突与克制、嫉妒与依赖是相伴的，并始终与"仇杀"这一底线保持距离。

正是最后一点，避免了父亲死后刚刚重建起来的社会秩序再度崩溃。因此，冲突之后的两兄弟面临着一个修复受损的社会结构的任务。这个工作，在纳西族先民的观念世界里，是由祭署仪式"署古"来完成的。

二、"署古"：山林与生死

值得注意的是，与"黑白战争"的单层故事结构不同，《修曲署埃》在象征人类学的意义上，覆盖了第二层含义，那就是哲学人类学的含义。在这第二层含义上，纳西先民思考了一个比本族远古记忆更为抽象的、同时也在故事中遮掩得更加晦涩的意义系统，那就是"死亡"对于生命的意义问题。这一点，十分隐约地涵盖在祭署仪式"署古"之中。

在得到修曲神鸟的帮助后，人在与署的争端中获得了胜利，署（具体为署的女王署美纳布，见图3-5）受到重创，同时，由于它的身体被修曲神鸟抓着绕居那什罗

图3-5　修曲神鸟降服署美纳布的浮雕

神山三匝①（一说仅仅是绕桑树三匝），导致神山上的蛙和蛇也受其害。所以，在争端平息后，丁巴什罗祖师亲自出面调停斡旋，署同意人类对"山林"进行砍柴、汲水、狩猎、放牧等正常的和必需的物资索求，而人类则同意用"署古"仪式向署祭祀，以"赔偿"署族。②

"署古"（sv gvq），是纳西族民间仅次于"祭天"之外的最隆重的仪式。在这方面，纳西学前辈已有十分详尽的描述。纳西族民间也有"署"变化成小伙子，来与人类女子偷欢并生下孩子的传说（似与纳西族古老的"阿注婚"习俗即女子与她的"阿注"伴侣暮合晨离，因此不知男方谁何的礼俗有关③），所以，民间偶尔也有把"署"称为"阿舅"的俚俗，并有"舅舅有天大"的说法。④此外，如前所述，纳西族自称"祭天的民族"，又有"纳西莫比丁"（Naqxi mee biuq ddeeq）之说，其意为"纳西重祭天"。⑤但是，在祭署的仪式当天，又有"今天'署'比'天'大"⑥的说法。这些都反映出纳西人对"署古"仪式的重视。

但是，需要特别指出的是，在纳西族先民的地方性知识里，人祭祀"署"并不体现为人对"署"或"山林自然"的崇拜或顶礼。相反，纳西族认为人是兄长，"署"是兄弟，所以在"署古"仪式上，人不能下跪，主司礼仪的东巴也不跳舞来取悦"署"神。⑦

祭署或"署古"仪式一般在纳西族历的"龙日"或"蛇日"举行（关于纳西族历法的相关论述，也与树木有关，据说是来自于"含英巴达"神树，相传神树"生十二个枝杈，每一枝上生十二片叶子，十二生肖由此产生。"这十二生肖又对应"精我五行"而由十二种动物来表示⑧）。"署古"仪式由村民轮流主持，每两家联合主持一次。⑨祭祀署神是以村为单位，每家每户都要捐献粮、糖、酒、奶、茶、米、面、酥油等物，以备祭祀之用，而并非由主持祭祀的家庭一力承担。特别值得注意

---

① 和正才讲述，赵净修翻译. 修曲署埃［M］. 丽江县文化馆，1963 年石印本：16.

② 同①。

③ 王承权. 从婚礼看永宁纳西人的一夫一妻婚［J］. 民族研究，1980（4）：46—56.

④ 木丽春. 论纳西族的原生和次生图腾［J］. 云南师范大学哲学社会科学学报，1991（4）：34—40.

⑤ 杨福泉. 东巴教通论［M］. 北京：中华书局，2012：537.

⑥ 和继全，和晓蓉. 传统节日的文化继承与多元民族宗教和谐功能——以香格里拉白地纳西族传统节日"二月八"为例［J］. 思想战线，2009（增刊）：4—8.

⑦ 同④。

⑧ 杨福泉. 论东巴教中的生命树与死亡树［J］. 云南学术探索，1996（3）：40—44.

⑨ 李静生. 纳西族东巴教中的祭孰龙仪式及其社会功能［J］. 思想战线，1990（3）：59—64.

的是，据说署最忌肮脏、血腥；且要茹素，所以祭祀场所"署古丹"要求特别干净，一尘不染；各种祭品中不能有肉类食物（但是根据杨福泉先生的研究，纳西族又有"以鸡置山谷中献祭署，以牛羊献祭署"的古俗，大约署"不茹荤腥"的习俗并不尽然。此处特别强调献祭的鸡必须是活的母鸡，因为署古仪式不能见血腥，祭祀结束之后这只鸡还要活着带回去，当时不能宰杀）。署古礼仪由一名东巴主祭，主祭的东巴相信自己的灵魂能够在仪式过程中与"署"实现沟通（在这方面，《云南日报》2003 年 5 月 27 日第三版曾经报道青年东巴和秀东在美国美国加利福尼亚州的匹兹尔学院人类学系主祭"署古"的相关情况，见图 3-6）。

图 3-6 青年东巴和秀东，在美国加利福尼亚州的匹兹尔学院人类学系举行署古仪式（杨福泉教授摄）

在仪式之前，该东巴要砍伐树木作为"祭木"，用祭木制作"祭牌"，一般分为"署王""署鬼""偿债""祈福"四种木牌（图 3-7）。

图 3-7 署古仪式中的祭木（杨福泉教授摄）

祭祀署神的前夜，要求全体村民在祭署场所"署古丹"集中，三餐也集体食用，且不能动用肉食和荤油。署古当日，祭祀场所要有一棵祭祀署神必不可少的青松树，称为"署巴"，上面扎一枝白桦树枝，一枝竹子，还有一面彩旗。祭祀过程的主要环节是东巴口诵各种祭祀经文，祈求来年风调雨顺，家畜兴旺，庄家丰收，无灾无祸。还有一个重要环节是向署施药，这个"药"是杜松枝蘸着酥油、水、糖、茶、姜末制成，一些地区的祭署药品还包括炒面、蜂蜜和奶。① 据说是为了治疗修曲神鸟抓伤署美纳布以及把她的身体绕居那什罗神山三匝时压伤的蛇和蛙。② 而且在献祭的过程中，要设一小型祭坛，称为"里朵"，形状如同佛塔，高约八寸，一般是用麦面捏成，塔的两边各摆放一蛇一蛙，也是用麦面捏成。这些面偶，称为"依多"或"多玛"。东巴一边念经，一边用刺柏树枝蘸着"药"，洒在"里朵"上，就是施药。又或将"药"和各种祭品，连同刺柏树枝一起抛入火中焚化，谓之"烧天香"。③

在祭署时，还要进行一个叫做"尼昧窝昧"的仪式。"昧"是祭祀的意思，而一般认为，"尼"（neeq）即"汁排"（rher perq），讳指男性精液，④ 是男性生殖能力的意思，"窝"（oq）是女性生殖能力的意思（一说"尼"直接可指男性精液，"窝"直接指女性下体分泌液）。但有时也有例外，因为纳西族所谓的"崇窝"或"窝阔"就是"一根骨头上的人"，指父系家族，⑤ 这里"窝"似乎又与男性（父亲）生殖能力有关。相反的情况是，根据木丽春先生的研究，"尼"也可指女阴。⑥ 但是无论如何，"尼昧窝昧"当指生殖能力崇拜或祭祀生育、繁衍，当无疑问。更为重要的是，"尼"也指家畜，"窝"也指贵重财物，⑦ 所以这也再次印证了我们前面的论断：在纳西族人的传统观念里，"生殖"和"财富"是近义相通的。还有一个祭祀活动一般依附于署古仪式而进行，那就是"仁昧"（ri meil）。⑧ 跟前文所说的一样，所谓"昧"还是指祭祀仪式，而所谓"仁"就是我们前文一再提到的被衬红裹白咪用"裙子"（女

① 木丽春. 论纳西族的原生和次生图腾 [J]. 云南师范大学哲学社会科学学报，1991（4）：34—40.

② 和正才讲述，赵净修翻译，修曲署埃 [M]. 丽江县文化馆，1963 年石印本：17.

③ 和士成释读，和力民翻译，和发源校译. 禳垛鬼大仪式·烧天香 [M] // 纳西东巴古籍译注全集（第22卷）. 昆明：云南人民出版社，1999：317 及以次.

④ James Hastngs: *Encyclopedia of Religion and Ethics, Volume IV* [M]. Edinburgh: T. & T. Clark, New York: Charles Scribner's Sons, 1959: 698.

⑤ 杨福泉. 纳西族祭天仪式的功能和特点 [J]. 云南社会科学，2009（4）：15—19.

⑥ 木丽春. 论纳西族生殖崇拜 [J]. 云南社会科学，2004（6）：113—115.

⑦ 杨福泉. 东巴教通论 [M]. 北京：中华书局，2012：157.

⑧ 同①。

人的裙子本身就有"生育繁衍"的暗示）
赶到"署"地的那个精灵，它既主司生育，
同时也掌管财富。东巴在祭署的时候，要
祈求署族把"仁"还给人类。这个仪式的
主题与"尼昧窝昧"一样，也是祈求家畜
兴旺，增加财富，而且其途径也是生育繁
殖。因此"仁昧"是把祈祷"六畜兴旺"
与"儿孙绵延"放在了一起，祭祀主题本
身就是杂糅两可的。① 此亦可见纳西族先
民把"性"与"财富"相混同的观念。

上述关于祭署仪式（图3-8）"署古"
的相关论说，除所引文献外，还参考了李
静生、② 习煜华③ 两位前辈的研究。

在上述要点中，有两个值得深究的地
方：一是"施药"，二是"林木"。这两
者又是相互联系的。

图 3-8 五湖四海的游客体验祭署

首先，就"施药"方面来讲。正如杨福泉先生深刻地指出："药"意味着"生
命"。④ 在纳西东巴语言中，"给署施药"读作"署车肯"，东巴经对此有专门的记
述。据说，在修曲神鸟帮助人类打败署族之后，为了给署美纳布和蛇蛙们治伤，丁
巴什罗祖师用黄金的箭射中玛米巴罗（Ma-mi-bpo-lo）神山，从中箭之处流下三眼
药泉，白牦牛和白犏牛喝下药泉，挤出药奶，这就是施给署族的药。居那什罗神山
是众山之父，玛米巴罗神山为众山之母，可见此神山的地位很高。该神山的名字中，
"玛米"（Ma-mi）即"酥油"或"酥油灯"的意思。所以直到后世，纳西族人施给
署的"药"，其中最重要的组成部分，就是"酥油"。酥油是纳西族和藏族的传统食
品，据说最好是在草原即将枯黄的时候，从牦牛的奶中提炼出来，方得佳品；别时
提炼的酥油则非上乘，故好的酥油价格不菲。笔者曾在中甸、德钦、丽江等地调研

① 白庚胜. 东巴神话研究（增订本）[M]. 昆明：云南大学出版社，2012:55.

② 李静生. 纳西族东巴教中的祭孰龙仪式及其社会功能 [J]. 思想战线，1990（3）：59—64.

③ 习煜华. 东巴文里的"署"所体现的生殖崇拜含义 [J]. 云南民族学院学报（哲学社会科学
版），1997（1）：55—57.

④ 杨福泉. 略论纳西族的生死观 [J]. 中央民族大学学报（哲学社会科学版），2004（3）：47—
51.

时，亲眼见过当地人在山路边设"茶铺"，出售酥油茶。尤其是在雪山附近或寒冷地区，饮一碗酥油茶即可迅速恢复体力，精神健旺，效果惊人。特别值得注意的是，在印度、藏区和纳西族地区，都默认酥油可以暗示精液。玛米巴罗（或读作"玛米普劳"）山神的妻子就是一个"署"，因此，所谓的用玛米巴罗神山上的药施给署，就也许暗示着与"夫妻之间的事情"有关。在这里，之所以认为酥油与"山"有关或"从山中而来"，是因为：根据杨福泉先生的考证，在纳西族先民的观念里，白色的酥油象征着"山顶的积雪"。① 而"山"或构成"山"的石头，象征着男性的性能力。也许正是因为这个原因，所以酥油也是纳西族先人在婚礼上极为重要的必备之物。在婚礼上，主持婚庆仪式的东巴要把酥油涂抹在新郎、新娘的额头上以及母亲房间的主柱（称为"美杜"，意思是擎天柱，象征居那什罗神山）、神龛、火塘、床脚、弓箭（床脚和弓箭都与"性"有关）、粮柜（它与财富有关）等处。实际上，印度人认为酥油是性能力的来源；② 而杨福泉先生则认为，与印度一样，纳西先民也认为酥油与"性能力"或"生殖繁育"有关。③ 这就不难解释为什么哪家有女儿新嫁，东巴也要在她的额头上点"酥油"，媒人则要在女子身上点"神药水"，实则体现了酥油与"药"之间密切相关，都与"性"和"繁衍"有莫大的关系。但是，又有另一个礼俗，即女儿出嫁之时，新郎家要迎接她的生命神"素"，而娘家又要防止她把自家的"素"带走。"素"（读作"seel"，写作"🐾"④ 或"🖌"⑤），在纳西族先民的思想观念里是"生命"或"生命神"的代表（有学者认为是"家神"，是因为"素"与野外山林之神"署"对应。实则此论不确，"署"也有自己的生命神"素"⑥），在纳西族家庭中用一个竹篓子来象征。这个竹篓子高约半米，里面一般装着一块白色的石头，一段杜松木（正如前文所述，石头代表男根，杜松木代表女人的身体），并绘以青龙、白狮（不知是否与汉族"青龙白虎"有关）、修曲神鸟、丁巴什罗祖师、"署"、黄金大蛙"含失罢美"等神物。⑦ 人只要活着就有"素"（"素"就是生命），而只要有"素"，就有"尼"和"窝"，也就是男女的性爱、繁衍之"气"（男女下体之爱液，纳西族神

----

① 杨福泉. 纳西族"山中灵境"观及其演变 [J]. 云南社会科学，1998（1）：62—74.

② 金克木. 梵语文学史 [M]. 北京：人民出版社，1964：79.

③ 杨福泉. 论纳西族生命神"肆"[J]. 思想战线，1992（3）：48—53.

④ 杨福泉. 纳西族木石崇拜文化论 [J]. 思想战线，1989（3）：49—55.

⑤ 同③。

⑥ 木丽春. 论纳西族的原生和次生图腾 [J]. 云南师范大学哲学社会科学学报，1991（4）：34—40.

⑦ 同④。

话中常用"白露"来讳指之）。纳西族婚礼称为"素子"，即接收新娘的"素"的意思。纳西先民认为，新娘出嫁既要绵延丈夫家的子孙，又不能因此导致娘家衰落或受损。所以她出嫁之前，主持婚礼的东巴（有一个专门的称呼，叫做"许孙"）又要在其他娘家人的额上点一点酥油，意思是这家人的"尼"和"窝"不能跟着她走。[①] 这说明，"酥油"与"性爱"或"生育"、与生命之精灵"素"都有着密不可分的联系。

其次，就"树木"方面来讲。这是本章本节的重点，需要详细论说。

在祭祀"署"的时候，要有一株松树，称为"署巴"；还有就是给署"施药"时蘸药用的一根杜松枝。这就让人联想起：杜松枝往往象征人的身体，而"树木"在祭祀仪式中出现，就经常与"偿债"观念有关。例如，在"祭天"仪式中，用柏树象征天舅蒙若可西可罗，居于最重要的位置（其地位甚至超过天神），就是因为崇仁利恩娶走了衬红裹白咪，从而欠了天舅家一个女人（祭天时用猪代替这个女人，同时不允许女人参加祭天，以表示"实在没有女人可以还给天舅"[②]）；还因为同一事件，二人私奔下凡，导致崇仁利恩又欠了他的岳父天神子劳阿普和岳母地神衬恒阿孜的债，分别以一株栎树和一株杉树为代表（当然，在纳西族史诗文学中，地神是支持二人成婚的）。[③] 再以两株松树代表崇仁利恩和衬红裹白咪。所以，在本书第一章中，已经提出了这样的看法，即柏树、杉树和栎树都是高寒山岭之上的高大植物，节操凛冽，象征神祇；而松树则为人间平原坝子地区的植物，寻常所见，象征人类。而在祭署仪式中，松树再次以"偿债"的形式出现，殊非偶然。这就涉及一个与"生命"或"生育"相反的观念，那就是死亡。如果说前述关于"仁昧""尼""窝""素"酥油、施药等观念都象征着"性"或"生育"，那么我们也许需要回到"性"与"死亡"之间的关系，来理解"树木"在人向署"偿债"过程中的确切含义（图3-9）。

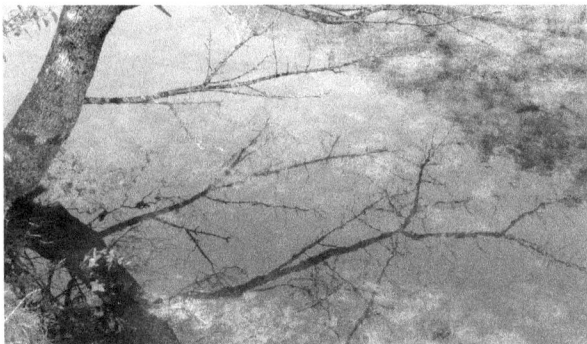

图3-9 丽江的高山雪融水，不仅滋养了纳西文明，也滋养了山林树木

---

① 杨福泉. 论纳西族生命神"肆"[J]. 思想战线，1992（3）：48—53.

② 奥皮茨等. 纳西、摩梭民族志——亲属制、仪式、象形文字 [M]. 云南大学出版社，2010：173.

③ 和芳，周耀华. 崇摆图 [M]. 丽江县文化馆石印本，1964：17.

在这里，为了说明"署古"仪式中安排"树木"的意义，我们首先就需要关注另一个重要的问题，那就是"山林树木"或"署"，与"生"和"死"之间的关系。

在纳西族先民的神话里，"树"不仅是生命的象征，也是死亡的暗示。其一，"含英巴达"神树首先是生命之树，它是从"三滴白露"（正如前文一再所讲，"白露"晦指精液）中育化而出，①且它的名字中就有个"巴"（bee ba）字，意思就是"蛙"（写作"❀"），意指生育繁衍。② 曾经有九十个男青年和七十个女青年在"含英巴达"神树的"金花银花和宝石果子"之下集体结合欢爱（也许与纳西族先民关于群婚制度"安达婚"的历史记忆有关③），并用多种办法阻止各种恶兽（黑鹰、野蜂、恶虎等）对神树的侵犯，同时又欢迎"千千万万"的鸟兽前来嬉戏。④ 这都是生命繁茂的场面。而且，纳西族人的生命精灵"素"，也就是前文所提到的纳西家庭中放置的那个篓子所用的木料，据信就是从"含英巴达"神树上劈下来的。⑤ 但是，另一方面，含英巴达神树又透露出"死亡"的信号：修曲神鸟就生活在"含英巴达"神树上，神树每天分泌出药液浸染了修曲神鸟，这种药液可以洗涤死者的秽气，使之"身魂俱安"。⑥ 同时，神树的每一片树叶都象征着一个生命，米利董主就是负责用"银的量杆"把神树上枯黄的叶子打落，这样老人就会死去。⑦ 其二，除了生命神树"含英巴达"之外，还有一株死亡之树，名叫"次西达孜"，专司人的死亡。这两株神树是此消彼长、相互压制的关系，杨福泉先生对此有十分详尽的研究，此不赘述。⑧ 另外，纳西族先民认为，与那些生长在山巅云雾之上、岁寒凛冽、寿数绵永的伟岸树木如柏树、杉树、栎树等"白树"相反，柳树、青刺、竹子、杜鹃等则生于河谷、山洼等秽热烟瘴之地，性喜阴湿，速生速死，谓之"黑树"。这些"黑树"寿命极短但蔓延肆恣，如同"死亡"本身一样狂滋蔓长、横行肆虐，所以有时也被称为"鬼树"。

这样，就出现了一个值得注意的要点："山林"不仅是"性爱"与"生衍"的繁茂旺盛之地，同时也是生命历程结束、归于死亡之所。纳西先民认为，死者灵魂的

---

① 和士诚解读，和力民翻译. 董术战争 [M] // 纳西东巴古籍译注（第三卷）. 昆明：云南民族出版社，1989：46.

② 该神话故事在纳西东巴经《创世纪》中有记录。

③ 刘龙初. 俄亚纳西族安达婚姻及其与永宁阿注婚的比较 [J]. 民族研究，1996（1）：41—47.

④ 纳西东巴古籍译注（第一卷）[M]. 昆明：云南民族出版社，1989：19.

⑤ Rock J.F. and Janert（ed）：Na-khi Manuscritps, p205.

⑥ 杨福泉. 论东巴教中的生命树与死亡树 [J]. 云南学术探索，1996（3）：40—44.

⑦ 李霖灿. 麽些经典译注九种 [M]. 台湾中华丛书编审委员会，1978：29 及以次.

⑧ 参见：杨福泉. 论东巴教中的生命树与死亡树 [J]. 云南学术探索，1996（3）：40—44.

最后归宿是"北方山中灵界"，[①] 而从东巴五行的观念来看，"北方"和"山中"都是指署族的领地。据白庚胜先生记述，老一代东巴言道：古时纳西人有将母亲的尸体葬于松树之下的习俗。[②] 母亲是赋予人们生命的人，所以"母亲去世"就不单纯是某一个人的偶然的死亡，而是具有了一般性的"死亡"象征。（当然，也有学者根据自身的研究而认为，纳西族及周边民族的先民有可能把母亲的尸体"埋在地下""挂在松树上""抛入水中漂走"或甚至是"吃掉"，可见上古丧俗不一而足。[③] 奇怪的是，这里所提到的纳西族、藏族、白族、普米族的共同母亲不是别人，正是山林之神"署"的先祖"克都木斯"。此一安排十分奇怪）。[④] 董神和色神觉得人类这样处理亲人的尸体很不妥，所以教会他们用九筒柴火焚化男子的尸体，用七筒柴火焚化女人的尸体（在纳西族的民间神话中，随处可见男性与"九"、女性与"七"之间的关系），从此，"火葬"成了标准的丧仪。[⑤]

实际上，纳西族的火葬传统可能来自古羌人的遗泽，因为《吕氏春秋》说羌人"忧其死不焚也"。[⑥]《后汉书》也记载："羌人死皆焚其尸。"[⑦] 纳西族的民间观念世界里，父亲给了人们骨头，母亲给了人们肌肉。所以，父系亲人属为"骨族"，纳西语称"窝阔"（o koq）；母系亲属称为"肉族"，纳西语称"那阔"（nal koq）（严汝娴教授的研究证明：在早期纳西族人那里，这个观念正好是反过来的[⑧]）。但是，人类的始母衬红褒白咪是天神之女，所以她赋予人类的"肉"，在死后经过火化而变为一缕青烟，回到天上；而人类的始父崇仁利恩则属于人间，所以他赋予人类的"骨"，通过火化而还原为一抔黄土，归于大地。[⑨] 实则是把身体（"骨"和"肉"）用来向天与地"还债"。火化之前，要在死者的口中放米粒（仍然是男九女七）、银屑和一撮茶末（一说趁着死者断气之时的最后一口气放入），并在死者的额头、五

① 杨福泉. 纳西族"山中灵境"观及其演变 [J]. 云南社会科学，1998（1）：62—74.

② 和士诚讲述、白庚胜整理："三个东巴的口述自传"，转引自：白庚胜. 东巴神话研究（增订本）[M]. 昆明：云南大学出版社，2012:112.

③ 和湛. 丽江文化荟萃 [M]. 北京：宗教文化出版社，2000：159.

④ 同③。

⑤ 同③。

⑥ 《吕氏春秋·义赏篇》。

⑦ 《后汉书》，转引自：方国瑜. 云南史料目录概说 [M]. 北京：中华书局，1984：1125.

⑧ 严汝娴. 家庭产生和发展的活化石——泸沽湖地区纳西族家庭形态研究 [J]. 中国社会科学，1982（3）：187—204.

⑨ Oppitz, *International Conference of Naxi Studies* [J]. Rubin Museum of Art, New York, May, 14, 2011.

官、胸口、四肢关节处点一点酥油。正如前文提到，火葬场所，在纳西语中称为"日恩牟子鲁"（riq ee mee zeeq lv），其中"日"即汉语"蛇"的意思，"恩"是汉语"皮"的意思，"牟子鲁"意为"地方"；整句话的意思就是"蛇蜕皮之地"。[①]这是因为：蛇蜕皮之后，会留下一张完整的外蜕，如同一条死蛇的尸体；同时，蛇本身却脱化而去获得新的生命，所以"蛇"既是"生"（生殖繁衍）的象征，也是"死"（焚化为灰）的表达（这也许正好解释了，"酥油"这种象征"生"、性爱、繁殖的东西，会频繁地出现在丧仪上），纳西先民认为死亡是人的灵魂的另一段旅程的开始，正如蛇留下一张死皮之后复又蜕脱而去。

而山林之神"署"的主要特征之一就是生有蛇尾，所以"署"所代表的"山林"，也就和蛇一样，同时与"生"（繁衍）和"死"（火化）联系在一起。在火化死者时，虽然各地习俗略有差异，但以死者头向北方为最普遍，表示祖先来自北方，因此死者的灵魂也要经火化而回归北方一个名叫"余祖布鲁可"的地方。所以"火化"在纳西语言中称为"日般日"（或译"峨般日"，口音问题而已），意思正是"死者回归之路"。[②]此外，一般还要在死者头部位置，向北方向铺开一幅《神路图》，表示死者将归返于祖先迁徙之路。[③]值得注意的是，正如前文提到，在纳西族"卵生五行"空间格局的观念中，"北方"恰恰是"署"所居住的领域，[④]而"署"是"山林"之神。"山"是石头的放大，"林"是树木的集合，而纳西族先民在处理逝者焚化之后的骨灰时（有一些地方不处理骨灰，"不收其骨"，[⑤]任其曝露山野），要么埋于大树之下，要么压在大石之下。[⑥]可见，对纳西族人来说，"死亡"似乎就意味着"回归山林"（图3-10、图3-11）。

那么，为什么纳西族会认为自己的灵魂来自"北方"还要归返"北方"？这个"北方"与署族的世界"山林"之间又是什么关系？为什么在纳西族的"五行"观念里，要把"署"这个"山林之神"的领地，设想为"北方世界"、而不是其他方位？这是偶然的吗？这个问题，就涉及纳西族地方性知识中的一个重要的观念：灵魂归返之路。

---

① 杨福泉. 东巴教通论［M］. 北京：中华书局，2012：217.

② 习煜华. 纳西文化中的路径崇拜——以祭天和丧葬仪式为例［J］. 云南民族大学学报（哲学社会科学版），2008（5）：42—44.

③ 杨福泉. 纳西族的灵魂观［J］. 思想战线，1995（5）：48—53.

④ 《纳西东巴古籍译注全集》编委会. 纳西东巴古籍译注全集（第59卷）［M］. 昆明：云南人民出版社，1999：200.

⑤ 《云南志略》.

⑥ 刘龙初. 纳西族火葬习俗试析［J］. 民族研究，1988（5）：39—45.

在纳西族先民的习俗里，人在死去之后1—3年，要在高山林莽的深处，特别优先在悬崖上，对死者的灵魂进行超度，也就是"送魂"。这意味着，火化尸体和超度灵魂，是两个不同的阶段。超度灵魂的仪式与处理死者的身体（火化）是分别进行的。在超度仪式上，有一个重要的环节，就是要用松枝做人的替身。要用一株长约二尺的小松树，砍为两半，上半保留一些青松毛，下半在树体上，简单地刻画出人的面孔五官，再用布条把两半重新绑合，并把死者的一点骨灰、焚尸时的一点炭灰绑在两段树体的中间，做成一个象征死者的"木偶"，东巴语读作"乌"（ngvl），此字的象形文，和志武先生写作"ᛌ"，[①] 李静生先生写作"ᛌ"，[②] 李国文先生写作"⥲"，[③] 三种写法虽然相互左右或颠倒，但"一根树枝折为两段"的意思都是清楚的。此字即表示"人的一生"。

图3-10 至今，丽江逝者的遗骨还是要送归山林，把肉体归还给大自然 -1

根据纳西学研究先驱李霖灿先生的研究，这株象征"人的一生"的松树，之所以要从中折断然后又用布条绑连，是为了说明人的生

图3-11 至今，丽江逝者的遗骨还是要送归山林，把肉体归还给大自然 -2

① 和志武. 纳西族古文字概论 [J]. 云南社会科学，1982（5）：84—91.

② 李静生. 一组记录时间词的东巴字简析 [C] // 中国文字研究（第十六辑）. 郑州：大象出版社，2014.

③ 李国文. 纳西族象形文字东巴经中关于人类自然产生的朴素观 [J]. 社会科学战线，1984（3）：48—55.

命"世代连续"的意思。[①] 它有一个同义词，写作"草"，[②] 直观的图像是"草"或"一束草"，实际意思也是指人的一生，或"世代"。因此，纳西人的亲人去世，要举行一个称为"汝仲本"的仪式，其中"本"的意思是"仪式"，汝是"长寿的人"，而"仲"是"连接"、"延续"的意思，[③] 所以"死亡"本身被理解为生命延续的一种形式，这一点当无疑问。（如前所述，与草木的枯荣往复相似的是，作为"署"的重要特征，"蛇"蜕皮的过程也是留下一张如死蛇一样的完整蛇皮，而蛇本身却获得新生，也是象征"生死往复"。所以，纳西先民的火葬场所"日恩牟子鲁"［riq ee mee zeeq lv］也就是"蛇蜕皮的地方"，意指生死相继、循环不息）。可见，在纳西先民的观念里，"草木"是枯荣相继、生死往复的象征，用来指示"人"的生死代谢、世代交替更迭，是再恰切不过的了。这一点似乎与汉民族"人生一世、草木一秋"的说法，是相通的。

所以，生长"草木"的地方也就是"山林"，就既象征着"生"，也意味着"死"。与此同时，"死"既是个人生命中断的"缝隙"，又是世代生衍承继"衔接"的"榫头"。"死"是"旧生"与"新生"的连接环节，也是"上世代"与"下世代"之间的接口。正如纳西族先民用来象征"人生"的木偶"♦"，在折断之后，要用布条重新绑合一样，生死相继，周而复始。

这就让人联想起"崇搬图"（先祖南迁）与"神路图"（逝者北返）之间相反相成的关系。根据方国瑜、和志武、汪宁生等老一辈学者的研究，由于不堪秦王朝的暴政与侵扰，古羌人从甘青高原南迁至今四川木里、盐源等地，再渡雅砻江而至今云南丽江地区，一路南向。史称"牦牛羌"，其中有一支所谓"越巂羌"，[④] 也就是后来的"摩沙夷"（《华阳国志·南中志》）或"麽些蛮"（《蛮书》），即今天的纳西族祖先。[⑤] 这一条南迁之路，构成了纳西族先民记忆中的"崇般日"，意思是"南迁来路"或"祖先迁来之路"；所以，他们认为《神路图》所记录的人死之后灵魂的归返之路，应该是溯途北上的一条"哦般日"，意思是"灵魂回归之路"或"北归之路"。[⑥] 与

---

① 李霖灿，张混，和才. 么些象形文字字典［M］. 台湾"国立中央"博物院，1944 年 6 月专刊，四川李庄石印本. 第 1605 字.

② 方国瑜，和志武. 纳西族象形文字谱［M］. 昆明：云南人民出版社，1981：228.

③ 杨福泉. 略论纳西族的生死观［J］. 中央民族大学学报（哲学社会科学版），2004（3）：47—51.

④ 方国瑜，和志武. 纳西族的渊源、迁徙和分布［J］. 民族研究，1979（1）：33—41.

⑤ 汪宁生. 纳西族源于羌人之新证［J］. 思想战线，1981（5）：35—38.

⑥ 杨福泉. 魂路［M］. 深圳：海天出版社；南昌：江西教育出版社，2000：19.

此同时，纳西族人的观念认为，人的生命来源于"山林"，所以最终还要"回归山林"。日本学者佐佐木高明认为这似乎是"照叶文化圈"的一个共同的认同特征或观念现象①（当然，国内一些学者对此持保留意见，②本书接受日本学者的观点）。这两方面观念的叠加，就很容易推论出纳西族远古生死哲学中的一个重要的空间观念：因为"署"地意味着生死往复、周替不息，所以署所统辖的"山林"，就是"北方"。

这样，一种不易察觉的哲学观念就隐含在纳西地方性知识的"生死循环"的观念里：生命本身就是一种"赊欠"；死后回归祖先的领地"山林"，则是生命本身的一种终结性的"偿还"。也许这正是先民们把"署古"仪式的主题设想为"偿债"而非其他并持之不移的最初动机。其中一个显著的证据是：纳西先民相信，人最初在树上住过（联想到纳西族把猴子视为"同父异母兄弟"，更令人惊讶于他们的神话与近现代进化论的相似之处），因此人死后要用前文所提到的那个名为"乌"（ꆈ）的松树木偶来超度，并把他的灵魂寄托于树枝，这称为"低哦低亨子恒拔尼子"（ddee oq ddee hei zzerq herq bal nee zzeeq），意为灵魂住青松树上。③因此，"人"与"署"之间，或者说"人"与"山林—大自然"之间，就仍然是体现为一种"偿债"关系："人"来源于山林——自然，所以他的身体和灵魂，最终也要归返于山林。在这一点上，纳西先民的哲学，体现了与西方主体性哲学截然不同的态度：人，无论其肉体还是灵魂（与汉民族或西方国家的灵魂观念不同，似乎约略接近阿奎那的灵魂哲学，纳西族并不认为"灵魂"是一个能够脱离肉体而存在的"纯粹精神实体"，④反而在某种程度上认为灵魂是一种"物质性的存在"，⑤因而纳西族先民承认灵魂对肉体的依附性⑥），都无可回避地参与到天地自然（对世居横断山脉深处的纳西先民来说，就是"山林"）的生灭往复之中，包括丁巴什罗祖师、"含失罢美"神蛙等在内的世间万物，都来源于五行、死后也归于五行。这些观念在《超度拉姆仪式·茨拉金姆传

① 佐佐木高明. 寻求照叶树林文化和稻作文化之源［J］. 民族论丛，1985（2）：40—45.

② 刘刚. 照叶树林文化论与云南民族研究［J］. 思想战线，1989（6）：79—85.

③ 杨福泉. 略论纳西族的生死观［J］. 中央民族大学学报（哲学社会科学版），2004（3）：47—51.

④ 徐弢. 阿奎那灵魂学说的立场与方法［J］. 世界宗教研究，2011（4）：100—105.

⑤ 叶秀山主编. 西方著名哲学家评传（第2卷）［M］. 济南：山东人民出版社，1984：276.

⑥ 杨福泉. 纳西族的灵魂观［J］. 思想战线，1995（5）：48—53.

略》①《超度什罗仪式·烧灵塔》② 等东巴古籍文献中屡屡出现。所以，"人"在灵魂和肉体两个方面都是山林—大自然运动、幻化、重组、归复过程的一部分，尤其是人的"偿债"行为也融入了这些运动变化的过程。这一点与汉族儒家"与天地参"③ 的思想似有款曲之处。祭署仪式"署古"仅仅在符号象征的层面上道出了这种"偿债"观念的存在，即我们人类衣食住行的点点滴滴都可能取之于自然，于是欠下了"山林"之神"署"的债，这些，到头来都要还；而把整个生死循环理解为偿债过程的一部分，从而把人类的肉体和灵魂也视为"偿债"的一项内容，进而"偿债"就是生死、枯荣、萌灭……这些彼此对立的两面相互拉动、相互周转、相互衔接、相互激发的一种形式或动机（颇如庄子"方生方死、方死方生"之说④），这可能是整个纳西族的地方性知识系统如此强调"偿债"、无时无刻不在处于"偿债"体验之中的最原初的哲学机制。也只有在这个层面上讲，祭署仪式"署古"才远远超越了"蒙昧民族古老而简单的迷信"这个层次，而直接达到了人对自身生命加以抽象反思的哲学人类学的高度。

至此，我们详细论述了祭署仪式"署古"中的两个要点：一是向署施药的含义，二是在仪式上出现松树"署巴"和杜松枝的含义。其实，还有一个寓意深刻的民间传说故事，佐证了上文关于"药"与"山林—自然"联系的观念。《崇仁潘迪找药》讲述：一个名叫崇仁潘迪的人类，历经千难万险，找到了一种能够让人长生不死的药；但是，他却不慎把这种药遗失在山野之中。于是，虽然人类没有获得无限的寿命，但是这种药的神奇力量却使整个山林、原野、大自然生生不息，万古长春。⑤正是从这个意义上讲，"药"意味着维持生命和繁衍，意味着个人虽可死亡但他的血脉却可以绵延繁盛 ["施美么素那，古每勒尼估哩色"（shee mei me svl nal, ggv mei lei）⑥]。"署古"仪式上两个重要的环节："施药"和"署巴树"，把纳西族先民两个相互印证的人生哲学观念统一在了一起，那就是生衍和死亡。

在本节的最后，有一个值得注意的题外话，让我们稍作流连：在纳西族地方性

---

① 《纳西东巴古籍译注全集》编委会. 纳西东巴古籍译注全集（第77卷）[M]. 昆明：云南人民出版社，1999：118.

② 《纳西东巴古籍译注全集》编委会. 纳西东巴古籍译注全集（第68卷）[M]. 昆明：云南人民出版社，1999：164.

③ 《中庸》。

④ 《庄子·齐物论》。

⑤ 杨福泉. 略论纳西族的生死观 [J]. 中央民族大学学报（哲学社会科学版），2004（3）：47—51.

⑥ 杨福泉. 东巴教通论 [M]. 北京：中华书局，2012：117.

知识的体系里，"山林"或"北方"不是"彼岸"式的天堂，而是一个祖先曾经生活过的、确实存在的现世空间领域。[1] 纳西先民相信，祖先迁徙之路"崇搬日"的起点，或者说灵魂归返之路"哦般日"的终点，就是居那什罗神山[2]（一说居那什罗神山只是靠近"哦般日"终点很近的地方，但不是最后的终点[3]）。但是，这座山并非出于观念世界之中，或者是某种神秘不可及的神学概念，而是凡人可以接近的地方。这是一个值得关注的插曲，在下一节将会有展开论述。

三、一个奇特的空间观念：居那什罗神山

所以，正如前文所讲，与"黑白战争"的单一维度的故事结构不同，对《修曲署埃》的解读，有两个不同的层次：第一个层次是象征人类学的层次，即"修曲神鸟"象征死去的父亲的灵魂；"宝石帽子"象征着引发族内男子"性焦虑"的本族美丽女子以及由此开始的"族外婚"的历史起源；"同父的兄弟"暗示着共谋杀父和父亲死后对其性权利的分享关系；"异母"则表明几个兄弟相互之间对对方性权利的嫉妒和污名；"修曲神鸟调停冲突"意味着对父亲死后，部落秩序和杀父之后内心秩序的珍视与恢复；等等。而第二个层次则是哲学人类学的层次，即对"生从何来、死往何去"的哲学层面的"人学"追问，同时把"祖先南迁的记忆"与"灵魂北返的想象"交织在"署"的领地——"山林"之中，由此得出"山林即是北方"这样一个幻化的空间观念。

作为地方性知识，纳西族的"山林"观念至此有了一个比较完整的全貌。

值得注意的是，与西方民族及世界上很多民族的地方文化不同，纳西族的地方性知识并不把作为"灵魂归返之地"的"北方"或"山林"视为一个不可达到的"彼岸世界"；相反，这个世界是与人类现世居住的世俗世界相互连通的。这一点，恰恰体现出纳西族先民记忆中的一个强烈的观念，那就是"世俗旨趣"。而这个世俗旨趣，正好需要从居那什罗神山说起。

远古祖先的迁徙之路"崇搬日"与逝者灵魂的归返之路"哦般日"是相反相成的，居那什罗神山则约略是前者的起点和后者的终点。而在纳西先民的民间观念世界里，居那什罗神山首先是一架"天柱"（天地初建之时，世界还不稳固，所以米利董主就在天与地的正中央，建盖了居那什罗神山，撑住天盖，压住地盘，天上地下

---

① 杨福泉. 纳西族"山中灵境"观及其演变 [J]. 云南社会科学，1998（1）：62—74.

② 杨士兴，和云彩讲述，和发源译. 鲁般鲁饶 [M]. 丽江东巴文化研究所，1982 年油印本：9.

③ 同①。

的各种神鸟神兽都来帮忙，终于使世界得以固定，日月星辰都围绕居那什罗神山而旋转[①]），也是一架"天梯"，是通达神灵世界和人间世界的桥梁。这不仅体现在纳西族人给死者"送魂"的终点就是居那什罗神山，[②] 死者的灵魂归返于神山顶上、"含英巴达"神树之上的33个神地，通过居那什罗神山的山顶，死者的灵魂可以达到一个叫做"窝左鲁美纳"（意思是"西藏的黑色大岩石"，古代羌人为躲避秦王朝暴政，从甘青高原一路向南迁徙，所以"西藏"是一个祖先记忆当中的重要地区）的地方；[③] 而且体现在《碧庖卦松》中所记录的白蝙蝠上天取经，[④]《崇搬图》中所记

图3-12　丽江水源地白马龙潭，可以看见"修曲署埃"的浮雕

录的崇仁利恩用一根银的链子攀上居那什罗神山，[⑤] 上天娶走了天神的三女儿衬红裹白咪[⑥] 等人间与天界的沟通，都依赖居那什罗神山。也就是说，由于这座神山的存在，人与神的世界是可以交通往来的。

其次，居住在居那什罗神山上的修曲神鸟，多次干预人间事务，前面提到的它制服署美纳布、斡旋人与署之间争端的故事，已经成为今天纳西东巴文化中最具代表性的一个象征。今天的游客在丽江古城游玩，在古城区居民最重要的水源地"白马龙潭"，就可以看见一个浮雕，上面是一个肋生双翼、鹰首人身的半人半禽精灵，手中抓住一条蛇怪，用尖利的鸟喙啄咬蛇身。这就是"修曲署埃"的经典造型（图3-12）。

再次，在传统纳西人家的住房建筑

①　李霖灿. 麽些经典译注九种［M］. 台湾中华丛书编审委员会，1978：29 及以次.

②　滇川藏纳西族地区民族和宗教调查［M］. 云南省社会科学院东巴文化研究所，1990：145.

③　杨福泉. 魂路［M］. 深圳：海天出版社；南昌：江西教育出版社，2000：33.

④　《纳西东巴古籍译注全集》编委会. 纳西东巴古籍译注全集（第40卷）［M］. 昆明：云南人民出版社，1999：30—31.

⑤　和志武. 纳西东巴经典选译［C］. 昆明：云南人民出版社，1994：12.

⑥　诹访哲郎. 黑白的对立统一［C］// 杨福泉，白庚胜. 国际东巴文化研究集萃. 昆明：云南人民出版社，1993：369.

文化中，母亲的房中要有一根主柱，名叫"擎天柱"，纳西语称为"美杜"（mee dvl），① 就是象征居那什罗神山。而这座山据说并非天然形成，而是创世大神、人类的缔造者米利董主所建盖。而米利董主在纳西族文学中，随处体现为"父亲"的形象，并且居住在神山之巅的修曲神鸟——如果我们之前的分析不错的话——正是父亲灵魂的象征。② 可见，居那什罗神山与人间的"父母双亲"有着不可磨灭的关系。

最后，这座神山还起到了"各民族、各物种相互区分和聚拢"的结构性特征，表现出羌人族际观念中所特有的"比邻而居、互为兄弟"的特征：③ 神山的东面住着"瑟宜劳跛啤"人，也就是汉人；神山的南面住着"虚宜拙不吕"人，也就是白族人；神山的西面住着"奴微跛路休"人，也就是藏人；神山的北面住着"虚微迤母叟"人，也就是纳西人（这个神话与印度佛经中的神话十分相似，后者认为：世界分为东胜神洲、西牛贺洲、南瞻部洲、北俱芦洲这四大洲，它们环绕着世界的中心：须弥山。所以，难怪洛克认为居那什罗神山就是印度的"须弥山"④）。神山的山上、山腰和山脚还栖息着各种各样的鸟兽、树木、神明和署族，可谓是人、神、鸟、兽、虫、蛇、木、石相互交融、杂处而居。最后，据说，在居那什罗神山的山下，环绕着七个黄金海和七个绿松石海⑤（正如在第一章中所讲，在纳西民间哲学的五行方位中，黄金代表北方的署族世界，绿松石代表南方的人类世界）以及在纳西族古老神话中举足轻重的米利达吉神海。正是从米利达吉神海中，创世的董神依靠"向神海吐唾"的方式（"唾液"是精液的晦指）创造出了世间万事万物；而偷吃了盘神的经书，最后被三个天神射杀并尸解出"蛙生五行"的金色大蛙"含失罢美"，也都生活在米利达吉神海之中。而世间的一切生灵，都是由"含失罢美"尸解的五行组合而成，包括丁巴什罗祖师等神明、文化缔造者，皆不例外：⑥ "衬依吉姆是由

---

① 杨福泉. 东巴教通论 [M]. 北京：中华书局，2012：142.

② Rock J.F. *The Zhi-ma Funeral Ceremony of The Na-khi of Southwest China* [M]. Studia Instituti Anthropos, vol.ix. Vienna-Modling, 1955: 216.

③ 王明珂. 英雄祖先与弟兄民族 [M]. 北京：中华书局，2012：序言 1 及以次.

④ 洛克. 论纳西人的"那伽"崇拜仪式 [C] // 国际东巴文化研究集萃. 昆明：云南人民出版社，1993：60.

⑤ J.F. Rock and K.L.Janert. *Na-khi Manuscripts,5 parts* [M]. Verzeixhnis der orientalishen Handschriften in Deutschland, Band vii,Wiesbaden, 1965: 185.

⑥ 杨福泉. 纳西族的"青蛙五行"与生命观 [J]. 云南民族学院学报（哲学社会科学版），1995（4）：67—72.

木火土铁水五行凝聚而成。"①

从居那什罗神山的相关故事中，不难发现纳西先民的一个重要观念：世间万物之间并没有一个泾渭分明的界限，相互跨越是世之常情。

其一，在本书第二章的一开始，我们就介绍了纳西先民的一种"人类进化论"观念：人类早期祖先恨时恨仁等，其形象本质上就是动物；而他（"它"）的第十世子孙、人类的始父崇仁利恩，在历史上第二次大洪水之后，与竖眼天女（肯定不是人类）交合而产下了各种各样的鸟兽、虫豸甚至树木（实际上，在人类的十世远祖之前，斯巴贡布和斯巴吉姆两兄妹，就曾经乱伦产下了最早的猪②）；在结婚之后，崇仁利恩曾经受到猛鬼"鲁美猛厄"的引诱，与之结合并生下后代；衬红裹白咪也被长臂公猴诱奸，生下今天永宁纳日人的祖先。③ 可见，人与动物之间的界限并不分明。

其二，"山林"中的两种基本元素："木"和"石"，分别是人类生殖能力的象征，意味着生命茂盛不息、财富源源不绝；而根据白庚胜的研究，纳西族的贵族土司家族"木"姓，来自"尤"氏族。其中，"尤"就是"叶"，也就是柏树的树叶，因此丽江本地人称木氏土司为"木老爷"，其实应该是"木老尤"或"木老叶"。④笔者对此论存疑。据说这个氏族的祖先是从金沙江上的一株漂浮的大香木中"拔缝而出"，并被一对老夫妇所收养，似乎有点汉民族"承天受命、生具异相"的味道，而领受这个天命的，正是山中之木。此外，这个木氏的祖先也曾迎娶一位花蛇变的姑娘为妻。⑤

其三，人在去世的时候，肉身要接受火化，灵魂要接受度送，可见人间与"山林"的界限也不分明，甚至"生"与"死"之间也无明显的鸿沟。这两个过程分别与"蛇"和"树"联系在一起。如前所述，一方面，纳西族人的火葬肉体之地，叫做"日恩牟子鲁"（riq ee mee zeeq lv），正如前文提到：其中"日"即"蛇"的意思，"恩"大概是指"皮"，"牟子鲁"意为"地方"；整句话的意思就是"蛇蜕皮之

① 杨树兴讲述，王世英翻译. 祭拉姆仪式·烧木偶冥房［M］. 丽江东巴文化研究所，1984 年油印本：145.

② 和云彩诵经，和发源翻译. 崇般崇笮［M］// 纳西东巴古籍译注（一）. 昆明：云南民族出版社，1986：69.

③ 杨福泉. 东巴教通论［M］. 北京：中华书局，2012：62.

④ 白庚胜. 纳西族祭天民俗中的神树考释［J］. 云南民族学院学报（哲学社会科学版），1997（2）：32—35.

⑤ 四川省纳西族社会历史调查［M］. 成都：四川省社会科学院出版社，1987：239.

地"。^① 原因是：先民看到蛇蜕皮之后，留下一张完整的蛇皮，似乎表明蛇已经"死了"，但是却有"另一条"蛇从"死尸"中蜕化而去，赢得新生，所以"生死相继"的哲学在蛇身上体现得尤其恰切。另一方面，正如前文的分析，无论是纳西族超度灵魂的时候所做成的"乌"（ngvl，写作"🐦"，即把死者的一点骨灰，填在一段折断的杜松枝中间，再把两段树枝用布带绑合起来，意思是人生的"中断"和生死的"衔接"其实是同一个过程）^②；还是"🌿"^③（主要意思是"草"或"一束草"，也可指人的一生，在"汝仲本"的仪式中，这个字表示"长寿的人"，以及生命"连接"、"延续"的意思，^④）都意味着"死亡"本身应该被理解为生命延续的一种形式。可见，纳西先民认为，生与死的界限也不是截然的，生死是相互包容、相互含有的。

第四，纳西传统文化中的很多重要象征，其边界也是模糊的。例如，很早就有学者指出："蛇"形同男根，因此象征男子生育能力（同时"蛇"象征人类的灵魂，人在死后，他的灵魂要以蛇的形象回归祖先之地，这里的祖先指的是父系祖先^⑤）；"蛙"嘴如女阴，因此象征女子生育能力。^⑥ 但是，在一些重要的纳西民间神话故事中，这种性别象征又会反过来：一方面，衬红裹白咪作为人类最早的女性始祖，却是由蛇化身而来；丽江世袭贵族木氏土司的祖先，也曾迎娶一位花蛇所变的女子为妻。^⑦ 另一方面，丽江民间又有"蛙"是人类舅舅的传说。^⑧ 可见"男女"性别之间的界限，也是不绝对的。

最后，在跨越各种界限的时候，当然也不是没有一点禁忌，例如董若阿路与格饶次姆交合的地方、崇仁利恩与竖眼天女的结合、崇仁利恩与衬红裹白咪初次见面的地方、衬红裹白咪遭受长臂公猿诱奸的地方，等等，都是在"黑白交界处"。这些

① 杨福泉. 略论纳西族的生死观 [J]. 中央民族大学学报（哲学社会科学版），2004（3）：47—51.

② 李霖灿，张混，和才. 麽些象形文字字典 [M]. 台湾"国立中央"博物院，1944 年 6 月专刊，四川李庄石印本. 第 1605 字.

③ 方国瑜，和志武. 纳西族象形文字谱 [M]. 昆明：云南人民出版社，1981：228.

④ 同①。

⑤ 杨福泉. 纳西族的灵魂观 [J]. 思想战线，1995（5）：48—53.

⑥ 参见：杨福泉. 东巴文化所反映的生殖崇拜文化 [C] // 郭大烈，杨世光. 东巴文化论. 昆明：云南人民出版社，1991：78.

⑦ 四川省纳西族社会历史调查 [M]. 成都：四川省社会科学院出版社，1987：239.

⑧ 木丽春. 论纳西族的原生和次生图腾 [J]. 云南师范大学哲学社会科学学报，1991（4）：34—40.

不伦之恋，有的结出了善果，有的却带来了恶报，说明纳西先民并不完全赞成这些"跨越界限"的结合方式。这也许反映了一些朦胧的界限意识正在先民们头脑中形成。

联系到前文：正是由于人与"署"两兄弟之间的性垄断焦虑，导致了他们反目成仇；但是，由于对共同的"杀父"记忆以及这种记忆导致的对兄弟在道德上的依赖感，所以最终，这场争斗没有演变成你死我活的仇杀，因此解决的办法是兄弟俩在"修曲神鸟"的调停下，两厢罢斗；而所谓的修曲神鸟，与世界上很多先民的早期文化记忆一样，就是象征着死去的父亲的灵魂。正因为如此，所以在纳西族的民间神话里，修曲神鸟栖息在"父亲"一手建造的居那什罗神山之巅、含英巴达神树之上，并且每日都有神树分泌的药水，浸透它的羽毛。[①] 这种药水的主要成分是酥油，而正如我们在前文中所提到，"酥油"这种能够让人精力旺盛的食品，无论是在古印度人、古代藏族还是在纳西先民的传统中，都意味着"性能力"，意味着繁殖生衍的力量，或者是象征着"精液"。甚至是纳西族世代居住的滇西北高原日日可见的山顶积雪，也被想象成"酥油"，[②] 一座伟大的神山玛米巴罗（Ma-mi-bpo-lo）神山。其中，"玛米"（Ma-mi）二字，就是"酥油"的意思（修曲神鸟在居那什罗神山的山顶树巅上浸透"含有酥油的药水"，这个想象也许正源于山顶积雪与酥油之间的相似）。

那么，为什么酥油这种象征着精液或性能力的东西，会被想象成"药"呢？如果联系本章前面的分析，不难想象：是对死去的父亲的愧疚以及对兄弟之间"共同源于父亲"的道德依赖，最终阻止了冲突的升级。在弗洛伊德的研究中，提到了"父亲死后，兄弟之间的争斗导致刚刚建立起来的新秩序面临再次瓦解"的危险，[③] 也就是说，"父亲的灵魂"在最后时刻挽救了社会的平衡，也就是"施舍了药物"。这种药物，与"性"的关系如此之深，一方面，争端的起因就来自于男性家庭成员之间对"性权利"的争夺，而父亲的"性力量"，既是儿子们梦寐以求想要继承和得到的，又是成年儿子被迫禁欲的痛苦来源和仇父根源；另一方面，对自己性欲望的克制，恰恰维系了家族的繁荣，建立起一种因时化世的性道德，也就是"族外婚"制度，所以人和"署"两兄弟把本属于父亲（"祖先"）的、引起争端的宝石帽子（象征本族的女子、父亲的宠妾）交给了修曲神鸟，也就是在精神上、心理上修复了

---

① Rock J.F. *The Zhi-ma Funeral Ceremony of The Na-khi of Southwest China*, Studia Instituti Anthropos, vol.ix. Vienna-Modling, 1955: 216.

② 杨福泉. 纳西族"山中灵境"观及其演变 [J]. 云南社会科学, 1998（1）: 62—74.

③ 弗洛伊德. 图腾与禁忌 [M]. 北京：中央编译出版社, 2005: 155.

对父亲的愧疚。正是从这个意义上讲，所谓署的"伤"是修曲神鸟留下的，也就是父亲留下的（杀父的痛苦记忆和因此造成的兄弟争斗）。所以，"施药"就是在心理上抚平创伤，同时在社会秩序上维持平衡。正因为如此，有"性"暗示的酥油，会被认为是一种"药"。

无论如何，对原始的性欲望的社会性限制，恰恰是人类文明的起点，往往也是民族集体记忆的真正开端。正是从这个意义上讲，我们认为理解纳西人的"山林"观念，离不开对"修曲署埃"这场兄弟之战的解读（图3-13）；而要理解这场争斗，又必须回到对"董埃术埃"这场父子之争的再理解。

图3-13　人类屋舍与自然山林之间的和睦，背后蕴含着兄弟之间对性权力争夺的记忆

但是，没有一个承续数千年的文明，是仅仅建立在"制度"的基础上。在这场"修曲署埃"的兄弟争斗背后，"药"的观念背后反映的其实是纳西先民一种人与自然"亏欠与偿还"的流变关系，其背后是一种人与自然运动往复、生生不息的自然哲学——这种哲学的一个前提，恰恰是本节一开始所强调的：各种界限可以相互跨越的规则（图3-14）。

纳西族史诗《超度放牧牦牛、马和绵羊的人·燃灯和迎接畜神》中说："你曾去放牧绵羊的牧场上，你曾骑着马跑的地方，用脚踩过的地方，用手折过青枝的地方，用锄挖过土块的地方，扛着利斧砍过柴的地方，用木桶提过水的山谷里，这些

图 3-14　人的领地"村寨"与署的领地"山林"，在空间上相互交融 -1

地方你都要一一偿还木头和流水的欠债。除此之外，你曾走过的大路小路，跨过的大桥小桥，横穿过的大坝小坝，翻越过的高坡低谷，跨越过的大沟小沟，横穿过的大小森林地带，放牧过的大小牧场，横渡过的黄绿湖海，坐过的高崖低崖，也都一一去偿还他们的欠债。"① 所以，人的一生无时无刻不是在欠下对自然的债，而并不仅仅是在人与"署"爆发征战的那一刻。

那么，推而极之，人的肉身和灵魂，何尝不是一种暂时的赊借？人的生命的终点，也就是死亡，又何尝不是一种终极的偿还？对死者尸体的焚烧，固然是对羌族古老传统的继承（《后汉书》："羌人死皆焚其尸"②），但是肌肉化为一缕青烟升上天去，则是因为赋予我们肌肉的母亲（衬红裹白咪）从天上来；骨骼化为一抔黄土散入地下，则是因为赋予我们骨骼的父亲（崇仁利恩）从地下来。③ 人们的灵魂则要沿着羌人祖先南迁的来路"崇般日"反向北归，走出一条归去的"哦般日"之路。④ 所以，纳西东巴文化的真正精髓，在于争夺、仇恨、攫取之后，在轰轰烈烈的性爱之后、在刀光剑影的打杀之后，是一种基于宏大生死结构的"原谅"与"和解"，也就是"偿还"：

"死者上去时，偿还曾抚育他（她）的树木、流水、山谷、道路、桥梁、田坝、沟渠等的欠债。"⑤

如果现在，我们再来重新理解一次纳西族地方性知识中的五行方位观念，那么也许会有新的心得：首先，东方是日月升起的方向，也是生命茂盛勃兴的地方（日

---

①　和云彩释读，和发源翻译，和力民校译. 超度放牧牦牛、马和绵羊的人·燃灯和迎接畜神 [M] // 纳西东巴古籍译注全集（第67卷）. 昆明：云南人民出版社，1999：133—134.

②　《后汉书》，转引自：方国瑜. 云南史料目录概说 [M]. 北京：中华书局，1984：1125.

③　Oppitz. *International Conference of Naxi Studies* [J]. Rubin Museum of Art, New York, May, 14, 2011.

④　杨福泉. 魂路 [M]. 深圳：海天出版社；南昌：江西教育出版社，2000：19.

⑤　同①。

月即阴阳，即父母，即"性"①），让人想起父亲的居住之地，所以被想象为居住着创世的"始父"董神。这个世界的颜色是银白的，不仅是因为所有羌人后裔都对"白银"有特别的文化感情（例如藏族也如此），而且因为白色是精液的颜色，隐晦地象征生育繁衍的力量。②但是，其次，儿子对父亲的依恋，同时伴随着对父亲巨大性权利的嫉妒，所以"父亲"的形象发生了内部分化，从伟大、光明、慈爱的父亲脸孔中，投影出一个苛刻、阴暗、狞厉的剪影。这个世界与灿烂光辉的"东方"相对，是日月沉沦、黑夜扩张的地方，也就是黑色的西方。东方和西方的征战，本质上是一场父亲和儿子之间的代际更替，实际上也是儿子心灵深处的两种父亲形象的交相鏖战。再次，南方是祖先迁徙之路所指的方向，是整个民族恢弘的迁徙之路的幻化记忆，所以这个方向留给人类，也恰恰提供了往生者的灵魂"北返"的起点；并且由于人类（这里特指横断山脉深处的纳西族人）所能看见的地方，要么是人类作息耕种的田野，要么是人类领地之外的山林，都呈现为植物覆盖的领域，所以南方世界应该是绿的。最后，令人类嫉妒不已的兄弟，尽管我们妒忌他占有了如此之多的性爱和财富，可是我们与他们之间并没有血缘和肉体上的真正界限（图 3-15）。

图 3-15　山林掩映中的丽江民居

---

① 王闰吉. "日""月"形义新证 [J]. 西北民族研究，2006（2）：145—149.

② 宣科. 活的音乐化石——纳西族多声民歌"热美蹉"的原始状态 [J]. 音乐学习与研究，1986（4）：45—48.

这种"可以跨越边界"的观念只有在"兄弟"身上表现得最为恰如其分，所以人和他所对立的北方之"署"应该是兄弟。无论兄弟之间有多么深的嫌隙，我们毕竟最终要化为一体，并相互宽宥。所以人的死亡就是一个"向北而去"的过程，是用我们的肉体和灵魂来偿还我们对兄弟的伤害，也就是"施药"。这个"药"主要由酥油构成，意味着在"性"（"繁衍"和"财富"）的问题上，我们愿意克制与和解，那么无论我们与兄弟之间曾经有多么大的仇恨，也并非不能化解。居那什罗神山，那座"父亲"之山，矗立在世界的中央，父亲的灵魂化作"修曲神鸟"，栖息在神山之巅，用羽毛浸透暗示着"性"与"生"的药水，来调和这东、南、西、北四方的对立，使得"天地稳固、世界祥和"，终于所有的对抗都被"父亲"这一中立而稳固的形象所消弭，因为天地万物之间并没有真正分明的界限（图3-16）；以居那什罗神山（"山林"）为观念上的轴心，在人的生死循环的大周转中，我们彼此相因相果。

图 3-16　山林与院落的和谐，是多少代人磨合的结果，已无从考证

在本书的上篇中，我们发掘出了纳西族先民的山林观念背后所暗含着的一个完整的象征体系。正是这个象征体系的存在，决定了"山林"或"木石"，对一个传统的纳西族人来说绝不仅仅是其物理特征这样简单，而是包含着一个系统的日常生活的意义网络（图3-17）。而在本书的下篇中，我们将看到，近代西方自然科学的袭入，结束了这个意义网络的有效性，导致支撑纳西民族传统观念世界的象征系统，在短短三四十年间迅速衰落。这一点首先表现在纳西族各种古

图 3-17　石头不仅在山林里，也在城镇人们的脚下

老禁忌的瓦解。

　　这个过程，伴随着两个相互交织的历史线索和观念线索：一方面，作为经验事物而存在的山林，在这四十年间遭到大举砍伐；另一方面，覆盖在现实的山林之上的象征世界，也是在这四十年间被消耗殆尽。经验世界与思维—观念世界的这种高度同态的演变过程，让我们不得不信服黑格尔那古老的断言：历史"只有在思考本身以内并且用思考的形式才能掌握"[①] 。

---

① 黑格尔. 哲学史讲演录（第 4 卷）[M]. 北京：商务印书馆，1978：132—133.

下篇
林郭相望

|第|四|章|
作为地方性知识的科学：被隐蔽的 "信念"维度

图 4-1　从高处一眼望去，山林与城郭遥相对望，如同地方性知识与"普世"性的科学知识对峙

科学的袭入，是纳西东巴文化圈的地方性知识在近现代以来遭遇的最大挫折。这一过程不仅涉及大量历史和记忆问题，而且也隐藏着一系列理论问题。其中，有两个值得澄清的疑问，那就是：其一，植入纳西族人生活的科学，还能不能算作一种柏拉图所谓的"经过验证为真的信念"（Justified true Belief）？[①] 其二，科学知识到底是一种普世性知识，还是一种地方性知识？图 4-1 如同地方性知识与科学知识的对峙。

针对前一个问题：科学在扩张和植入其他民族的过程中，其移植的结构是不完整的。具体来说，就是科学的真实性（命题层面）和可验证性（方法论层面）都成功地袭入了纳西族日常生活，但是科学的信念层面却并未一同移植。而面对科学知

---

① R. Chisholm. *The Foundation of Knowing* [M]. Sussex: The Harvester Press, 1982: 43.

识入侵的纳西族（还有其他各个民族）的地方性知识，则是在真实性层面、可验证性层面和信念层面，三者同时被解构。结果，科学植入的民族就会面临"社会信念失灵"的问题。这是一个结构性的问题，难以避免。

针对后一个问题：如果科学知识是普适性知识，那么科学知识对纳西东巴文化支撑下的地方性知识的冲击，就是正当的，也是"进步"的；但是，如果科学本身也仅仅是一种地方性知识，那么它对另一种地方性知识的袭入，就只能归结为一种话语权力的胜利，而非人类认知"进化"的胜利。遗憾的是，大量事实表明，即使是在西方学界，也有越来越多的学者倾向于认为：科学知识，本质上就是一种西方人的地方性知识。它不过是假借了普世知识的自我宣称，却无力为自身证明这一点。

一、西方自然科学背后的形而上学信念：人在世界之外

近代自然科学的一个重要特征，在于它假定"人"（可狭义地体现为"科学家"），在方法论上，处于物理世界的外部或对立面。也就是说，人与外部自然世界之间界限的清晰性和严格性，是近代科学对科学家处境的一个关键性的理解或处理。就其实质而言，科学研究所获得的一切"知识"，乃是以主体与客体之间相互对立的前提下，客体本来所具有并被主体所掌握的一个"特性"，而非主客体之间发生的一种"关系"。而确保这个关系的稳定性和确定性的条件，则是自然世界在纷繁现象背后的某个不变的"本质"，正是因为这个"本质"的存在，所以世界才是有序而且和谐的。① 但是，自然科学知识对这个"本质"的获得过程、也就是认识过程，在其实现途径上又是有问题的：人如何确保那个"非现象"的本质能够被人所获知？

柏拉图形而上学的古老传统，在这里起到了不易察觉、却又不可估量的作用。

古希腊哲学家认为，事物的"本质"之所以是本质（也就是"真理"），当然不能通过人的直接"感知"而获得，因为凡是能被直接"感知"的东西，都是现象，而非本质。这样一来，人获得这个"本质"知识的方式就只有两种：一是严密的形式逻辑，也就是通过数学—数理逻辑推理演算而获得知识（如：毕达哥拉斯—巴门尼德学派、亚里士多德、牛顿）；二是以某种"不证自明的公理"、也就是内心确信的真理"信念"为出发点，来推导知识（如：柏拉图、笛卡尔、康德）。这二者实

---

① 怀特海. 科学与近代世界 [M]. 北京：商务印书馆，1989：4.

际上又是相互联系的：人们对"严密的形式逻辑"的信任，本身也是一种"内心确信"，因为在人的逻辑思维世界里，理论上不可能发现逻辑思维本身的局限性。这就好比一个人，无论他的视力有多好，也无法直接看见自己的眼球。正因为如此，20世纪的分析哲学人工语言学派，才特别强调认知的边界和极限，即所谓知识的正确性，往往取决于我们"内心所确信"的那个信条本身是否正确，也就是说，正如维特根斯坦所言："命题之是否有意思，视另一个命题之是否为真而定。"①

所以，欧洲自然科学（包括整个西方近代哲学）就需要一个"不证自明"的公理，来充当主客体分离之下的人类对世界开展研究的起点。这个起点，无论是在笛卡尔那里，还是在康德那里，都被归结为"纯粹形式真理"。②它是不可置疑、因信称义的，是信念层面的知识基础，也就是一切理论知识的信念担保。甚至牛顿在经典力学框架内无法解释两个不接触的天体之间如何发生"万有引力"的时候，也诉诸"不言自明的绝对可靠性"（这个问题被爱因斯坦解释为"时空曲率"，见后）。这就是康德所谓的科学的"隐藏的本体论证明"。③事实上，这一点并非偶然：早在希腊化时代到中世纪早期，古希腊的本质主义哲学已经面临四面楚歌，处处遭到怀疑，人们亟须一个真正可靠的公理来充当一切理论研究之起点。这时候，作为科学之担保的"绝对真理"信念，已经登台了。特别是奥古斯丁所谓"你们若是不信，定然不得理解"的论断，④更是将柏拉图在理性框架内找到的"理念"这一知识基础，嫁接在"信仰"之上。也就是说，对"纯粹形式真理"的信仰，提供了人类所有知识的可靠的"确信"根据，它保证了知识对人类（研究者）的可靠无欺，即人所获得的知识不会是一个"感知器官编织出来的假象"。

这样一来，人与中世纪"纯粹形式真理"之间的信任关系，对科学而言就变成了一种基础关系。正是在这个关系之上，很多学者曾指出西方中世纪哲学对于近代自然科学而言，绝不是如后人脸谱化地理解的那样势如水火；恰恰相反，中世纪哲学是近代科学在方法论上崛起的基础和保障。⑤尤其是"纯粹形式真理"对人的知识可靠性的担保，为二者之间相互可信任的关系提供了一个假想的条件。

但是，科学的这个确定性的信念基础，在20世纪却遭到了400年来（从1609年伽利略将折射天文望远镜对准夜空的那一晚算起）最严峻的挑战。

---

① 维特根斯坦. 逻辑哲学论 [M]. 北京：商务印书馆，1985：24.

② 康德. 纯粹理性批判 [M]. 北京：人民出版社，2004：471.

③ 康德. 纯粹理性批判 [M]. 北京：人民出版社，2004：496.

④ 奥古斯丁. 论三位一体 [M]. 上海：上海人民出版社，2005：213.

⑤ 宋波，夏廷. 基督教与近代科学 [J]. 世界宗教研究，2003（2）：9—15.

首先，从极度宏观的意义上讲，相对论发现时间和空间并不独立于它们所容纳的物质质量，而是受其影响并形成一种几何曲率，从而产生"引力"（这是对牛顿万有引力的一个颠覆）。这样，作为知识的两个最基本的框架，时间和空间的形式基础和刻度属性，就被破坏了。知识不再是客观的（例如，对1光年之外的某个星球上的"此刻"，我们如何能够经验到它与地球上的"此刻"互为"同时"？或者说"同时"仅仅是一种为研究方便起见而作出的推测，而非事实。这意味着绝对空间和客观时间作为知识刻度的崩溃）。

其次，从极度微观的意义上讲，量子力学发现，当我们的视野缩微到微粒世界的时候，基本粒子将呈现出"波粒二象性"这样模棱两可的状态，也就是说，它是什么样子，取决于人怎样观测它。测不准原理（uncertainty principle）更进一步表明，人对微观对象的测量，不可避免地改变或塑造了它的状态，换句话说，我们在理论上永远也无法得知它们的"本来面目"（甚至说：也许它们根本没有一个所谓的"本来面目"）。所以，我们的研究对象呈现给我们的，将不再是一种"客观真实"，而仅仅是一种"概率真实"。

其三，体现在《爱尔兰根纲领》（Erlanger Programm）中的几何学革命，表明了几何的本质就是"变化群"；[①] 非欧几何学则在真理观上为我们洗脑，它指出知识谱系之间的"不矛盾性"才是真理的基本特征，这就把真理观从"符合论"引向了"融贯论"（Coherentism），[②] 即只要能够"自圆其说"并"说得通"就好。传统几何学在整体上遭到了颠覆。

这些当代科学的重大成果，同时也带来了科学知识学本身的重大转折，即科学的"知识"或世界的"本质"，并不客观独立于"人"之外，而是在人的参与下"构成"的；甚至科学的概念也是"植根于人们的日常生活之中的"。[③] 并且，20世纪中后期，从"个人对知识的建构"观点中，申发出"社会对知识的建构"这样一种论断，是为"社会建构主义"；或者说，科学知识和其他任何一种知识一样，是一种社会现象，而非客观真理（这就是"科学知识社会学"，Sociology of Scientific Knowledge，简称"SSK"）[④]。也就是说，是当地人的社会日常生活（其

① 菲利克斯·克莱因. 关于现代几何学研究的比较考察——1872年在爱尔兰根大学评议会及哲学院开学典礼上提出的纲要［C］// 数学史译文集（6）. 上海：上海科技出版社，1981：1—32.

② 夏国军. 基础融贯论：哈克、戴维森和蒯因［J］. 哲学研究，2010（10）：74—80.

③ Robert T. Butts（edited）. *Constructivism and Science-Essays in Recent German Philosophy*［M］. Kluwer Academic Publishers, 1989: xvi.

④ David Bloor. *Knowledge and Social Imagery*［M］. The University of Chicago Press, 1991: 3.

中就包括大众的知识信念），塑造了科学知识的形式和内容。① 这样一来，科学就不再是一种"绝对的真理性知识"，而是一种西方人独特的"地方性知识"（local knowledge）。② 至少在全球化之前是如此。

实际上，康德早在 18 世纪，就已经对人类理智体系的"反复拆毁和反复重建"过程做出了明白的描述。③ 以至于"人的构造性实践支配着人的被动感知。"这样，科学知识成了一种"解释性"的工作。④ 如此一来，"纯粹形式真理"在知识上对人（科学家）的担保，就成为了一个可议也可疑的假设，而非一个自明的公理。人与自然之间界限分明的关系，作为"人神之约"这一"内心确信"的一个推论，呈现出其隐秘的局限性和强烈的内部危机。

所以，如果西方形而上学的"纯粹形式真理"观念，不再担保"人"（具体体现为科学家）能够处在世界的对立面而同时能够"真实"地洞察世界的真相，相反"人"实际上参与了一切科学知识的构建过程并充当其中的一个永远无法控制或消除的变量。那么，从古希腊以来经过中世纪哲学支撑的近代自然科学，就一方面失去了其"不证自明的公理"作为一切研究的前提；另一方面"人"的思维逻辑本身是否完全值得信赖？抑或它也有其不可抵消的局限性，只不过人类却无法运用逻辑而察知逻辑本身的这个局限？则将无从回答。也就是说，科学有可能因此"失效"。⑤ 直到这时，科学与大众信念的关系才开始转为紧张。⑥ 由此，思想家们开始喟叹人类为之不懈奋斗了数百年的自然科学与社会科学（它是自然科学在社会生活领域的延伸），在现时代知识世界中的失灵，结果正如西美尔所说："两股巨大的智识潮流，即科学智识与社会智识已显著地丧失了令人陶醉的魔力。我们不得不承认，前者远远不能回答我们头脑中所有的问题，后者也远远不能满足我们灵魂的需要。"⑦

在上述的整个科学信念"自我悖反"的线索当中，"人神之约"的假设起到了奠基性的作用。古希腊哲学家的"世界本质"假说本已奄奄一息，是中世纪"纯粹形

---

① 安维复. 科学哲学新进展——从证实到建构 [M]. 上海：上海人民出版社，2012：83.

② Robertson, David P, Hull R Bruce. *Public Ecology: An Env-ironmental Science and Policy for Global Society* [J]. Environ-mental Science & Policy, 2003, 6（5）：399-410.

③ 康德. 任何一种能够作为科学出现的未来形而上学导论 [M]. 北京：商务印书馆，1982：4（导言）.

④ 冯契，徐孝通主编. 哲学大辞典 [M]. 上海：上海辞书出版社，1992：713.

⑤ Russell. Our Knowledge of the External World. Chapters V and VI[M]. London: George Allen & Unwin 1914: 71.

⑥ 罗素. 宗教与科学 [M]. 北京：商务印书馆，2010：37.

⑦ 西美尔. 宗教社会学 [M]. 上海：上海人民出版社，2003：223.

式真理"观念，担保了世界现象背后"有一个和谐的规律"，这才使毕达哥拉斯－柏拉图主义（数学与本体论哲学的结合体[①]），在 11 世纪、12 世纪强势复兴，从而形成"用数学解释自然"这一科学诞生的前兆。[②] 进而，在科学观察中至关重要的"经验"，也必须获得知识信念上的担保，由此假定科学家所观察到的一切"经验现象"一定是真实可信、无疑无欺的（培根）。科学家（推广于整个"人类"）正是按照"纯粹形式真理"或黑格尔"绝对精神"的安排，处在"世界之外"，来了解这个"科学的数学之谜"，并由此掌握了替"绝对精神"管理物理世界的能力和权力。所以，科学的宗旨就因此被归纳为"了解终极，指导生活"。[③] 正是这样的终极情怀和信念，促发了后世神学家和布道者们投身数学和天文学，成为人类历史上真正意义上的第一批"科学家"。他们当中就包括哥白尼、开普勒、伽利略、笛卡尔、莱布尼兹、牛顿等一大批终生不渝的"穿黑袍的"科学先驱（史料证明，这些人的科学成就与他们的神学信念有着一以贯之的联系，只是后世研究者逐渐淡忘了二者之间的密切关系）。由此可见，上文所提到的中世纪哲学领袖奥古斯丁口中的"理解与信仰"，二者在"纯粹形式真理"观念领航下的早期自然科学那里，不仅是完全不矛盾的，而且是相互支撑的。在科学的"真理信念"的背后，"人神之约"始终在发挥推手作用。所以，科学方法论的危机，归根结蒂，也是"人神之约"的危机——"人"（科学家）并没有处于世界之外。纳西族模糊的空间界限，似乎正好避免了西方科学的偏执。

二、"科学元勘"：科学家自身处境的一次深刻反思

总体而言，对科学本身的怀疑仍然是西方思想领域的内部成就，在当代就体现为所谓"科学元勘"（science studies）。"元勘"一词的基本意思大体是"原初认识论批判"或"元反思"，[④] 相当于其他学科的"元理论"研究，只是其意图不在于论证科学知识本身的基础合理性和可能性，反而在于批判和质疑这个基础。科学元勘思潮的主要学术贡献带有解构意味。[⑤] 或者说，对科学的怀疑，是西方思想发展线索本身的一个隐含的向度。但是，恰恰是在"科学元勘"研究的最近动向中，我们

① 胡塞尔. 欧洲科学的危机与超越论的现象学［M］. 北京：商务印书馆，2005：327.

② 莫里斯·克莱因. 古今数学思想（第二卷）［M］. 上海：上海科技出版社，1981：37.

③ 霍伊卡. 宗教与现代科学的兴起［M］. 成都：四川人民出版社，1991：127.

④ 刘华杰. 关于"科学元勘"称谓［J］. 科技术语研究，2000（4）：29—30.

⑤ Collins H M, Robert Evans. *The Third Wave of Science Studied: Studies of Expertise and Experience*［J］. Social Studies of Science, 2002, 32（2）：235.

发现了一种对科学批判语气的缓和。

早期"科学元勘"研究，发轫于 20 世纪 70 年代爱丁堡大学的"科学元勘小组"（science studies unit）。该学派继承着复杂的理论背景和哲学遗产，例如涂尔干精神生活基本形式在科学理性时代的运用、后期维特根斯坦的"语境论"、默顿学派的（旧的、弱的）功能主义科学社会学、舍勒和曼海姆的知识社会学、库恩的科学革命"非进步性"观念、普理查德的后功能主义人类学，等等；[1] 后期又与法国后现代大师福柯的"知识考古学"、德里达的"延异"学说、费耶阿本德的无政府主义、温奇的社会科学哲学相连接，而具有相对主义和人文主义的倾向，由此形成了对近代自然科学认识论的广泛而深刻的讨伐。其基本主张是竭力否认和证伪"西方科学已经以某种方式超越了它的文化来源"，[2] 认为这根本是不可能的，是科学的妄自尊大。

这个学派的两个早期领袖，一个是巴恩斯，一个是布鲁尔。巴恩斯（Barry Barnes）令人印象深刻的地方在于：他打破了以往知识社会学（曼海姆、默顿）不敢涉足"科学知识"本身的形成与变迁过程这一禁区，而强调科学（甚至包括数学）知识，与其他知识一样，全都是"文化的一部分"。那么就不难推测：科学是相对的社会现象，而非绝对的真理形式；所以科学知识的形成和变迁本身也体现为一种"社会属性"，而不是"自然属性"。[3] 由此，对科学知识的研究，就从逻辑学—认识论模式，转向了语境论—社会学模式，也就是从关注和重视科学的"内因"转向"外因"：承认了外在于科学的因素才是促成科学知识形成的关键，即社会生活和历史文化条件，作为一种经济社会"结构"，决定着科学知识的形成。由此，科学史才能超越近代唯心主义对科学的认识论（从外在社会环境中，把知识"抽象"地"解救"出来）的假定[4]——实际上，这倒令人想起：康德的先验唯心主义认识论（尽管康德并不承认自己是唯心主义者[5]）就是建立在"自由与自然"（也就是"人与世界"）的截然二分的基础上的（见上一节）。

SSK 的另一位重要的思想先驱布鲁尔（David Bloor），在《知识和社会意象》一书的开篇，就提出了整个 SSK 学派长期坚持不渝的核心宣言：强纲领（strong programme）。在这个纲领中，他提出了理论家对一切知识（包括科学知识，也包

---

① 刘华杰. 科学元勘中 SSK 学派的历史与方法论述评 [J]. 哲学研究，2000（1）：38—44.

② 刘文旋. "强纲领"：科学知识社会学的哲学立场 [J]. 哲学研究，2014（8）：92—98.

③ 巴恩斯. 科学知识与社会学理论 [M]. 北京：东方出版社，2001：138.

④ 巴恩斯. 科学知识与社会学理论 [M]. 北京：东方出版社，2001：167.

⑤ 康德. 任何一种能够作为科学出现的未来形而上学导论 [M]. 北京：商务印书馆，1982：51.

括那些"不正确的偏见"知识）一律无偏私（Impartiality）地加以对待。① 这又与 SSK 的另一个立场有关，那就是"对衬"观点，认为一个知识无论对错，都有一个相应的社会现实作为背景条件，来赋予它合理性。② 这等于说：一个知识，无论是对的还是错的，都是"合理"的（相比而言，默顿所代表的知识社会学的"弱"纲领，只限于把知识社会学运用于解释那些"错误的知识"，如"颅相学"；而知识社会学的"强纲领"则并不禁止，相反主动把社会学的见解运用于"正确的知识"，其典型就是自然科学③ ）。这样一来，科学就不仅有其社会结构这个"外因"，而且有了"偏见知识史"这个"外史"。内史和外史之间的辩证对衬，导致科学在观念上走向了相对主义（尽管布鲁尔本人一再强调，这种"内外对衬"是针对科学的"信念"而不是"知识"来表达的，④ 这一点至关重要。但后人几乎不由分说地混淆了二者。布鲁尔的这一观点对本书来说至关重要）。其结果是：如果"社会因素"成为构建科学知识的一个正式要素而获得合法地位，那么"非社会因素"，也就是"自然或真理因素"将仅仅充当一个"恒量"；真正令人瞩目并值得研究的，将是外部社会生活结构对科学知识的左右这一纯粹偶然的"变量"。⑤ 恰恰是在这个过程中，人们对科学的信念失去了基础，所以科学知识与科学信念，在 SSK 的强大推进中同时被摇撼，其实并不像布鲁尔所说的是个"意外"。

就笔者所见，对科学知识社会学（SSK）的深度阐发，尤以刘文旋先生最为精彩。他令人信服地指出：强纲领"希望说服人们放弃对待科学知识的哲学优先原则（philosophical a priapism），而用一种社会学观点取而代之。"所谓哲学优先原则，就是"只有哲学有权对科学知识的性质提出分析"；⑥ 那么其"社会学转向"，当然就意味着：社会学也要求获得说明科学知识之性质的权利。换句话说，它不再把一个作为哲学命题的"世界之本质"当作科学活动的可期的目标，这样就导致"人（科学家）"显然也不再是世界的对立面或外在者；相反，它强调科学知识来自于科学研究之外的"社会因素"，是社会生活结构和历史文化现实构建了科学知识本身，因此，携带着文化底色的"人"，将是科学知识的一个不可消除的参数，由此可知"世界"与"人"是交织融通的。这就是"科学的信念"从哲学转向社会学的真实含

---

① 布鲁尔. 知识和社会意象 [M]. 北京：东方出版社，2001：7—8.

② 布鲁尔. 知识和社会意象 [M]. 北京：东方出版社，2001：8.

③ 刘文旋. "强纲领"：科学知识社会学的哲学立场 [J]. 哲学研究，2014（8）：92—98.

④ 布鲁尔. 知识和社会意象 [M]. 北京：东方出版社，2001：4.

⑤ 蔡仲. 强纲领 SSK 与相对主义 [J]. 南京社会科学，2004（12）：4—6.

⑥ 同③。

义：科学在方法论上，将不再有什么"信念"。

随着"科学元勘"（Science studies）的强势崛起，理性主义与相对主义的争端，延伸到了理性帝国的"都城"：科学方法。所以，理性主义的奋起反击显然是不可避免的。最著名的一次大争论，当数持续多年的"科学大战"，其导火线是"索卡尔事件"。纽约大学量子物理学家索卡尔教授向"科学元勘"的重镇、美国当代文化研究的著名杂志《社会文本》投出他的"论文"《超越界限：走向量子引力的超形式的解释学》。这个举动可能令该杂志的编辑们感到惊喜：一个量子力学学者，居然鼓吹起相对主义、反理性主义、强调科学的"社会依附性"的科学元勘，这比起文化研究者和后现代主义者来做这件事更加具有说服力。也许正是这样的惊喜，令这些编辑忽略了该文章观点上的很多隐讳的不当跨越和方法上的很多奇怪的强行榫接，最后还是予以发表。就在文章获得刊用并发表之后仅一个月，索卡尔，这个科学家和理性主义者，又在《大众语言》发表文章《曝光：一个物理学家的文化研究实验》披露：他的那篇"论文"其实是一片"诈文"，目的是为了揭露和驳斥那些充满后现代相对主义色彩，并以此污染文艺复兴以来拥护科学的左翼思想遗产的"科学元勘大师们"的"胡说八道"和"意识形态偏见"：[①] 这些人居然没有认出这是一篇诈文，还予以发表，则证明"科学元勘"在学理上是何其浮夸和轻率；更重要的是：他们显然不是因为文章本身、而是因为文章对他们的意识形态上的追附，所以才不顾学术道义而刊登此文。

对此，所有"科学元勘主义者"都感到被"当街调戏"的羞愤。他们纷纷撰文反击，而理性主义阵营也不甘示弱，组织"兵力"严防死守，终于酿成了一场旷日持久的"科学大战"。

在席卷了人文社科和自然科学诸多领域的大量学者、经过前后十余年漫长争吵、从方法论和认识论一路打到意识形态领域之后，"科学元勘"派的态度似乎在近年来显现出了某种主动缓和的迹象。一方面，他们在后期提出的"社会学有限主义"纲领中，在继续坚持相对主义立场的同时，修剪了"强纲领"的对衬性和反身性，从而避免了一系列与理性主义的直接冲突点。[②] 另一方面，作为"科学元勘"的元老之一和"经验相对主义"纲领的创始人，[③] 柯林斯（H.Collins）已经开始缓和其"反

---

① 索卡尔等. "索卡尔事件"与科学大战——后现代视野中的科学与人文的冲突 [M]. 南京：南京大学出版社，2002：57.

② 胡杨. 从强纲领到社会学有限主义——爱丁堡学派研究纲领的转变述评 [J]. 自然辩证法通讯，2004（1）：41—47.

③ 苏国勋. 社会学与社会建构论 [J]. 国外社会科学，2002（1）：4—13.

认识论"的传统主张，认为科学除了有社会制度依附性之外，也毕竟还有认识论的基本客观性；同时，承认"专家"对于知识生产的不可替代性，并开始反思早期 SSK 所主张的"民众参与制定科学政策"的限度。[①]

但是，无论如何缓和，在这场科学知识社会学（SSK）对科学的解构与科学对 SSK 的反解构（科学被迫呈现出解构特征，这恐怕是它从神学手中夺得意识形态霸权之后 300 年来的首例）拉锯战中，双方吵来吵去，越吵越陷入方法—知识问题本身，而偏离了"科学元勘"的先锋和教父布鲁尔发动"科学元勘"思想的最初出发点：区分"科学知识"和"科学信念"。[②] 因为参与争吵的双方越来越忽视这一场争吵的真正价值：它隐含着科学危机的一个被忽视的根源——现代社会丧失了人们对确定性的"信念"，而现代社会所赖以奠定自身运转规范的"科学"，作为一种新的意识形态，它有一个先天不足，那就是它本身并不提供信念，反而需要和仰仗社会一般信念的支撑，才能成立。这才是 SSK 的强纲领一定要把科学知识的构建过程从认识论拉向社会语境论的"无意识的动机"——对此，强纲领的倡导者们自己也没有意识到。

正是从这个意义上讲，科学知识社会学与理性主义卫道士们之间的争执，是跑题的。问题的实质从一开始就不在于"科学知识"或"科学方法"本身是否具有正确性和真理性，这样的问题应该留给 20 世纪四五十年代的批判理性论者和证伪主义者——如波普尔——去解决（后者的"黑天鹅问题"，与"科学元勘"论者关于一位中世纪教授站在"地球是正圆体"这一偏颇的立场上蔑视下层大众关于"大地是扁平的"愚见的例子，[③] 在结构上确实有突出的相似性），而不是放在世纪之交来重新争吵。作为一种社会现象的科学，之所以直到近三四十年才被发现是一个"社会现象"而不完全是一个"真理现象"，就是因为社会丧失了自身的确定性"信念"，所以以往值得确信的所有东西，现在都变得可疑起来。科学不过是这一质疑潮流的对象之一。

三、科学的"民族性"与社会信念失灵——本书核心问题的初探

综合前面两节，不难发现一个令人意外的事实：与科学家自己所宣称的不同，

---

① Collins H M, Robert Evans. *The Third Wave of Science Studied: Studies of Expertise and Experience* [J]. Social Studies of Science, 2002, 32（2）.

② 布鲁尔. 知识和社会意象 [M]. 北京：东方出版社，2001：4.

③ Barnes B. & Bloor D. *Relativism, rationalism and the sociology of knowledge* [M]//M. Hollis & S. Lukes（eds.）, Rationality and Relativism. Oxford: Blackwell., 1982: 23.

科学的基础不是怀疑，而是信念。正如斯宾格勒所言：任何一个科学家，"不论他如何抱有怀疑主义的态度，总会有这样的一个点，在那里，批判终将归于沉默，而信仰将由之开始。"① 科学本来是作为怀疑精神的化身而登上人类历史舞台的；但是，科学中蕴含的那个充满革命性和破坏力的精神一直在标榜"突破固有观念的束缚"，而这刚好向人们掩饰了科学本身的"绝对观念"基础，或者说"信念"基础，那就是"纯粹形式真理"对知识的担保。

具体来说，"纯粹形式真理"对知识的担保，集中体现在西方中世纪思想界所形成的一个影响深远的知识论学派："光照论"。奥古斯丁是该派的旗帜性人物。他认为，人对真理性知识的渴望，源于一种超越于感性对象性物质之上的智慧共有物。这个东西为所有人所"公有"，而非个人的"私产"。前者与概念相关联，后者与感觉相关联。② 这就保证了知识的客观性和可分享性，进而推论出真理的普遍无欺。最为重要的是，这种普遍无欺的智慧直接来自"绝对理念"的启发和赠与，也就是"绝对理念"对人类晦暗的头脑所给予的"光照"："正是绝对自身给了这光照。"③ 恰恰因为"绝对理念"与知识确定性之间的这种直接的因果关系，所以他断言"知"与"信"是相辅相成的，或者说"无信"必然"无知"。④

正如本章第一节所分析的那样，这一观念其实始终潜伏在近代自然科学的知识论假设深处，只是科学家们不愿承认它或根本没有意识到它（因为承认它就意味着承认科学是一种欧洲民族的"地方性知识"）而已。奥古斯丁认为，孩童获得智慧的方式并非来自"大人们"通过语言"这一有直观性和局限性"之工具的教育，而是"凭仗你，我的天主赋给我的理智"。⑤ 在这里，奥古斯丁把语言与精神世界中的天启对立起来，也就是把语言所代表的直观、可颠覆的经验，与精神天启所代表的普遍无欺的抽象、不可颠覆的概念理智对立起来。这一点对后世欧洲思想影响深远，例如黑格尔就曾断言："概念"与"具体的这一个"（tode ti 或 Dies）之间永远存在不可跨越的鸿沟，或者说，概念式的表达是"非这一个"的。⑥ 受他影响，法

---

① 斯宾格勒. 西方的没落（第一卷）[M]. 北京：生活·读书·新知三联书店，2006：287.

② Augustinus. *De Libero Arbitril* (col: 1219-1919) [M]//J.P.Migne. Patrologia latina. Paris, 1841: 1251.

③ 奥古斯丁. 独语录 [M]. 上海：上海社会科学院出版社，1997：15.

④ 奥古斯丁. 论三位一体 [M]. 上海：上海人民出版社，2005：213.

⑤ 奥古斯丁. 忏悔录 [M]. 北京：商务印书馆，1996：11.

⑥ 黑格尔. 精神现象学（上卷）[M]. 北京：商务印书馆，1997：65—66.

兰克福学派的早期立法者阿多诺也认为，概念必然"抓不住客体"。① 与阿多诺大约同时代的语言哲学大师维特根斯坦，则坦言他关于概念"最终不可能表达事物，所以人们只能对事情保持沉默"② 的观点，是受到奥古斯丁的直接启发。③ 至于现象学的大师胡塞尔，他对概念的抨击已经闻名于世，不必赘述。④ 这也正好解释了20 世纪思想领域的另外一个现象：哲学史上的"语言学转向"，其主题之一就是对"概念"的再怀疑和再批判，而这恰恰是西方古典知识信念的崩溃的一个征兆——与"科学元勘"派对科学的质疑如出一辙。

在奥古斯丁的影响下，近代自然科学不仅仅是从知识上，也不仅仅是从方法或逻辑上，而恰恰是从"信念"这个哲学层面，继承和转化了中世纪"光照论"知识观的这个假设。这一点，最明显地体现在自然科学的哲学教父、欧洲近代哲学的公认奠基人笛卡尔身上。从个人思想的发展历程来看，笛卡尔明显受到奥古斯丁、安瑟伦等中世纪哲学家的影响；但是，这种个人身上的影响，如果从欧洲精神文化史的角度来看，则更多地体现为一种历史的内在延续性。在一般常识的意义上，笛卡尔称赞的是"怀疑"，而不是"信仰"，这一点让很多科学史家和哲学史家断定他与中世纪（特别是与奥古斯丁"因信而知"论）已经断绝关系。并且，从他开始，科学也把怀疑作为自身思想品格的一个最基础的特征。问题是：人们长期忽视了笛卡尔的另一个补充性的论述：人仅仅作为怀疑者的存在是不完满的。⑤ 因此，必须首先有一个"纯粹形式真理"来担保我的怀疑指向一个"完满的存在"，或者说，只能理解为：是"纯粹形式"把一个"极致完满的存在"观念放入了我的头脑，使我有可能思考这个存在的完满性，这一点反过来证明了"纯粹形式"是存在的。⑥ 而这等于说："人"作为一个有限性的存在（会死），他之所以能够提出和思考关于"无限"的问题，恰恰是因为那个"无限者"把这个"无限"的观念（只有"无限者"才能具有关于无限的观念）放在了人类的心灵里。⑦ 所以人能够思考"上帝"，这本身就很好地证明了上帝存在（笛卡尔的"上帝"观念并不是宗教意义上的，而是

---

① 阿多尔诺. 否定的辩证法［M］. 重庆：重庆出版社，1993：203.

② 维特根斯坦. 逻辑哲学论［M］. 北京：商务印书馆，1985：97.

③ 维特根斯坦. 哲学研究［M］. 北京：商务印书馆，2000：7.

④ 胡塞尔. 现象学的观念［M］. 北京：人民出版社，2007：29 及以次. 对此，倪梁康（《现象学及其效应》）、张祥龙（《海德格尔思想与中国天道》）等国内现象学名家各有精彩阐发.

⑤ 笛卡尔. 谈谈方法［M］. 北京：商务印书馆，2001：28.

⑥ 笛卡尔. 第一哲学沉思集［M］. 北京：商务印书馆，1986：111.

⑦ 笛卡尔. 第一哲学沉思集［M］. 北京：商务印书馆，1986：53.

哲学意义上的）——从笛卡尔的上述观念中，不难看出"因信而知"的"光照论"底色，从更广阔的历史背景来讲，也就是中世纪思想暗中充当着近代科学的底色。柏拉图形而上学，通过中世纪奥古斯丁，在近代自然科学蓬勃崛起的过程中，起到了不易察觉却至关重要的作用。

令人惊叹的是，笛卡尔这位科学时代早期的思想巨人，竟然依靠他惊人的洞察力，朦胧地感觉到了"观念"有可能存在于"我的理智"之外或之后。[①] 也就是说，他已经感觉到了一个理智所赖以建立、又不能为理智所触碰到的"观念"，在理智（科学）运行的背后在悄然发挥作用。虽然他将这个"观念"归结为"无限和绝对"，以致后世哲学家如黑格尔等人，都把笛卡尔的意思误解为是在为"思维与存在之统一"而辩护；但是实际上，他已经在尽他所能地提醒后人：注意理性（科学）背后的那个驱动机制（这也许是最古老的知识社会学的萌芽）。当然，我们不可能要求这个 17 世纪的思想家直接说出知识"信念"的"民族性"或"地方性"。这一点，要直到 20 世纪中叶，波兰杰出的物理化学家和科学哲学家迈克尔·波拉尼（他是诺贝尔化学奖得主约翰·波拉尼的父亲，也是经济史学和经济人类学大师卡尔·波拉尼的弟弟），才明确、直接地指出科学知识与它背后的那个信念相区别的问题：他指出科学的"信念"是不能被断言的，因为"当我们接受某一套预设并把它们用作我们的解释框架时，我们就可以被认为是寄居在它们之中，就如我们寄居在自己的躯壳内一样。"所以，"由于那些预设本身就是我们的终极框架，所以它们本质上是非言述性的。"[②] 他由此提出了一种"默会知识"（tacit knowledge）的概念，这种知识不需要论证，但是拥有这个"知识"的人则对它"信任"不移。[③]

这个工作，最终由 20 世纪 70 年代之后的科学知识社会学（SSK）在知识论上加以体系化地论证。这个思潮的兴起，正是西方基督教科学"信念"崩溃的一个必然结果，虽然从事该研究的学者们并没有意识到这一点（详见本章上一节）。

科学知识的一个显著的自诩，是它"对一切人同等有效"，或者说，是"即使没有人存在，科学也是有效的"（例如亚里士多德就曾经说："火不论在这里还是在波斯都燃烧"。[④] 当然了，亚里士多德的这个观点在 20 世纪的物理学家看来显然是有问题的。需要解释的是，作为西方文明的起源，古希腊文明同时受到了古埃及和古美索不达米亚的影响，而后两者都认为"自然法"是一个大神的设计，人只能服从

---

① 笛卡尔. 谈谈方法 [M]. 北京：商务印书馆，2001：76.

② 迈克尔·波拉尼. 个人知识——迈向后批判哲学 [M]. 贵阳：贵州人民出版社，2000：90.

③ 迈克尔·波拉尼. 个人知识——迈向后批判哲学 [M]. 贵阳：贵州人民出版社，2000：前言 2.

④ 亚里士多德. 尼各马可伦理学 [M]. 北京：商务印书馆，2003：149.

它）。这就意味着：真理（自然规律或"自然法"）在世界之中，而人在世界之外。[①]
这样，"人"与"世界"就是按照"纯粹形式"的规定而分离开来的。[②]

但是，值得注意的是：人与世界相分离的假设，确实是一种"西方现象"。所以，建基于此之上的科学，某种程度上确实并未超越西方文化，也没有获得科学家所自诩的普世的一般性。

因此，李约瑟著名的问题即"科学为什么没有产生于中国？"似乎可以有另外一个"附问"："科学为什么只会产生于欧洲，而不是其他任何地方？"不同的学者对此有不同的解释，但是很多学者都指出，这与中国和欧洲的数学的哲学设想有关。欧洲的数学，从毕达哥拉斯开始就有一种强烈的神学预设，他在发现了勾股定理之后，特意举行盛大的"百牛祭"，邀请全城的市民一起感谢神祇对他的启发和恩赐；[③]之后的中世纪数学，则更加推进一种形而上学的神学假设，[④]认为凡是纯粹理论性质的、探究世界本质真相的数学都是高尚的，而凡是涉及应用和技术操作的数学都是粗鄙下乘的。[⑤]爱因斯坦还特别指出：数学之所以是确定的，就是因为它不与实际相联系。[⑥]中国的数学却恰恰相反：从最早的《周髀算经》开始，中国的数学、特别是几何学，对基本不带应用目的的基础研究还是充满兴趣的；但是，从紧随其后的《九章算术》开始，中国数学的风向开始转向实用目的。《九章算术》各章分别包括如下主题："方田"（针对田地面积计算的应用几何学）、"粟米"（计算粮食的栽种、折价计算、分配等方式）、"商功"（计算土木工程、建筑体积和工程分配等）、"均输"（主要研究赋税的核算方式和征收技术），就连"勾股"一章，也主要研究社会生活中的几何应用、营造、构建问题。而《九章算术》在中国后来数学史上的巨大影响，把整个中国数学牵引向了轻视理论的方向。这一点，只要看看吴文俊院士主编的《中国数学史大系》十卷本，用整整一卷来阐述《九章算术》、而其他任何算书皆无此待遇，就可见一斑了。[⑦]以至于著名的当代数学家陈省身院士，在台湾大学不无感慨地讲道："我觉得中国数学都偏应用；讲得过分一点，甚至可以说

① 吴忠. 自然法、自然规律与近代科学［J］. 自然辩证法通讯，1985（6）：25—33.

② Stum P f. *Socrates to Sartre*［M］. MeGraw-Hill Book Co., 1975: 147.

③ 穆尔等. 思想的力量——哲学导论［M］. 上海：上海社会科学院出版社，2009：23.

④ 夏洞奇. "地上之国总是无常"：奥古斯丁论"罗马帝国"［J］. 历史研究，2007（6）：132—147.

⑤ 霍伊卡. 宗教与现代科学的兴起［M］. 成都：四川人民出版社，1991：126.

⑥ Albert Einstein, Ideas and opinions, London: Sourenir press, 1973: 233.

⑦ 参见：吴文俊，沈康身. 中国数学史大系（第二卷）［M］. 北京：北京师范大学出版社，1998：298.

中国数学没有纯粹数学，都是应用数学。这是中国科学的一个缺点（注意：还不仅仅是"中国数学"的缺点——引者注），这个缺点到现在还存在……"[1]——再加上现代中国对致用之学的推崇，所以至今，我们还在中学和小学的数学考试卷中，看到分值最大的一题名曰"应用题"，而不是"纯理论反思题"。

撇开孰优孰劣的问题不谈，中西方数学的哲学背景，显然具有重大的差异性：中国数学的主流是沉湎于生活，而西方数学的雄心则是超拔至彼岸。前者是世俗性的，后者是形而上的。这一点当可无疑。而这就决定了：以西方数学为基石的西方科学，从其根本上带有强烈的形而上学的基调。这是中世纪"毕达哥拉斯—柏拉图主义"之所以能够得到社会土壤而迅速崛起的根源之一。所以，"近代科学之所以不能在中国形成"，也许根本上不是一个知识问题，甚至也不是一个方法问题，而是一个关于科学确定性的信念问题（从研究者主观角度讲）或真理性的担保问题（从形而上学对真理性知识的"客观"赋予角度讲）。

也许恰恰是这一点，更加佐证了"科学"是一个社会—文化产物，而不是一个超越于人之外的、直接的、天启的真理产物。

科学"信念"问题的凸显，也附带地牵引出了科学"民族性"问题的凸显。科学知识赖以建立的那个"自明的公理"，也许并不是基于自然真相的，而是基于民族无意识共识的。所以，也就是从来没有什么脱离于人而存在的"自明的公理"。

正如苏国勋先生所言：今天的科学哲学，总体上处在一个"反原教旨主义"的大气氛里。[2] 但是，我们之所以要做以上论述，并不是为了表明科学的相对性和无效性，进而"解构"科学，说到底，那是西方思想界应该考虑的问题。我们在这里提及上述问题的真正目的，在于表明：科学的"信念"问题，支撑着科学的"知识"和"方法"能够获得成立并被从事科学研究工作的专识者（科学工作者）与承受科学成果的通识者（科学时代的大众）所普遍认可。现在的问题是：如果这个"信念"层面一旦缺失或与另一个民族的"地方性知识"（既然科学被认为是西方的"地方性知识"）不能对接和兼容，那么会出现什么情况？或者反过来说：如果一个非西方的文化共同体，比如纳西民族或汉民族，他们拥有与西方当代相同或相似的"科学知识"，但是他们获得并理解这些知识的"方法"却与西方完全不同，进而，在最根本的层面上，他们对这一知识的真实性加以"确信"的依据、也就是信任该知识为"真"的那个"信念"，也与西方迥然而异；与此同时，西方科学文明对非西方民族

① 陈省身. 陈省身文集［C］. 上海：华东师范大学出版社，2002：268.

② 苏国勋. 社会学与社会建构论［J］. 国外社会科学，2002（1）：4—13.

的渗入，也是依照"科学知识""科学方法""科学信念"逐级递升，而非齐头并进的。那么，在传统生活信念已经被科学知识所摧垮、科学本身的信念又尚未传入或它本身也面临危机的时候，社会就有可能出现失调，我们姑且称这种现象为"社会信念失灵"。这才是本书后面各章节所关心的问题。

也正因为如此，本书对"科学"问题的关注，主要集中在"信念"这一观念层次。

四、知识的文化边界与科学的有限共享性问题

通过上述三节的描述，我们基本上可以得出这样一个假设：西方自然科学，在知识上的有效性和技术普适性，导致人们在很长一段时间里忽视了科学本身作为一种"欧洲民族的地方性知识"这一起码的事实。原因既不在于科学的知识、也不在于方法，而在于西方人对"不变的世界本质"的独特的确信，也就是"科学信念"。

这就涉及另一个问题：不同的民族，对于知识的确信方式，也就是建立"信念"的出发点，都是不同的。比如，柏拉图—奥古斯丁主义垄断下的近代早期的西方，他们对本质主义的追求来自于中世纪信念对古希腊本质主义哲学的微妙的支撑作用，也就是说，西方科学是"人神之约"的产物；但是，例如本书所关注的纳西族地方性知识，它并不承认"人神之约"，也没有古希腊式的本质主义，支撑纳西先民的确定性生活信念的，是"兄弟之约"，这种兄弟之约是建立在他们的"偿债"观念之上，并与其民族古老的南迁记忆和灵魂北归信仰联系在一起的。对此，还是韦伯说得最清楚："一种从其他生活领域的观点看来特别'非理性'的行为方式也有其'理性'……从此一观点视之为'合理'者，从彼观点看来却可能'不合理'。因此，极为不同的合理化曾存在于所有文明的各个不同的生活领域中。"[1]

回到本章第二节，我们有一个基本的论断：知识本身并不能产生信念，无论它是多么"正确"和"科学"的知识（况且，科学元勘的一个基本命题就是知识的"对衬性"，也就是说科学知识与其他"错误的知识"一样，实际上处于各自的处境中，那就是它们的形成过程都是受当时当地的社会条件的合理塑造[2]）。相反，信念是在情感或精神层面形成的，而近代自然科学自认为是排斥情感的，或者说，是自诩不包含情感因素的。这是实证主义（positivism）的最基本的自我假设。事实

---

① 韦伯. 韦伯作品集（Ⅴ）[C]. 桂林：广西师范大学出版社，2004：460.

② David Bloor. Knowledge and Social Imagery [M]. The University of Chicago Press, 1991: 79.

上，至少今天的我们发现，实证主义的这个自夸，其实是不可能的。

在西方人用科学的方式探索自然世界并获得巨大成功之后，科学开始向社会生活领域扩张，[①] 从而产生出实证主义。以致西方的科学文明俨然成为了一切非西方文明的典范，而非西方文明则不过是世界历史向西方式文明"进化"的某种"残余"。[②] 这样一来，"世界历史"就在历史哲学和人类学这双重的学科面目的掩护下，建立起了一种线性秩序，他们管这个叫做"文明进化"。首先是历史哲学，这一点体现在黑格尔哲学的庞大体系之中。他明确地说：世界历史不过是"绝对精神"这一粒"唯一的种子"栽种生长和自我成全的过程而已。[③] 所以，伟大的哲学家黑格尔，竟然像个拙劣的通俗童话作家那样，勾画了一幅文明的"进化路线图"：从人类幼年的象征（东方文明），到青年象征（希腊文明），再到壮年的象征（罗马文明），最后发展到最为成熟和负载教化世界历史之责任的老年时代（日耳曼文明）。[④] 有证据表明，这一思想对后世的纳粹主义不无影响。[⑤] 受其影响，西方早期人类学的研究，也是在很大程度上假设了一种"从蒙昧到野蛮、再从野蛮到文明"的进化历程。[⑥] 那么，很显然，例如中国的汉族或者纳西族，就属于"野蛮民族"的行列。正是在这种明显的对非西方文明的歧视中，我们看到了历史哲学和早期人类学的实证主义"科学"面目显露出了不言而喻的情感色彩，即西方学者对于西方文明的强烈而不加严格论证的优越感。正是这种优越感，导致历史哲学和早期人类学成为了殖民主义全球扩张的合理性依据和理论先导。事实上，原祖杰先生的相关研究，曾经十分精彩地发现：西方国家那种自命的"文明拓荒者"意识，在历史上曾经很容易引起针对"外人"（他者）的排斥力。[⑦] 在很大程度上受黑格尔历史哲学影响的早期文化人类学，也因此把世界上各种民族文化串联出"自然崇拜——祖先崇拜——抽象观念崇拜"这样一条"进化"线索（见本书导论）。但是，正如洪俊、董绍禹两位先生的研究：在独龙族的"灵魂消亡论"中，就未曾、也无法产生出"祖先崇拜"这一结构。[⑧] 这也有力地打破了"自然崇拜——祖先崇拜——抽象观念崇拜"这一

① 哈耶克. 科学的反革命——理性滥用之研究 [M]. 南京：译林出版社，2003：140.

② 国内学界翻译为"遗留物"。见：泰勒. 原始文化 [M]. 上海：上海文化出版社，1992：5.

③ 黑格尔. 哲学史讲演录（第 4 卷）[M]. 北京：商务印书馆，1978：311.

④ 黑格尔. 历史哲学 [M]. 上海：上海书店出版社，1995：115.

⑤ 夏伊勒. 第三帝国的兴亡 [M]. 北京：世界知识出版社，1979：162.

⑥ 泰勒. 原始文化 [M]. 上海：上海文化出版社，1992：32.

⑦ 原祖杰. 从上帝选民到社区公民：新英格兰殖民地早期公民意识的形成 [J]. 中国社会科学，2012（1）：183—205.

⑧ 洪俊，董绍禹. 宗教起源新证 [J]. 中央民族学院学报，1986（4）：24—30.

想象的"文明进化"的历史链条。

由此可见：科学知识（至少西方早期的人类学和社会学都标榜自己是"科学的"、实证的）本身并不产生信念，也未能涤除情感；相反，信念在知识的构成过程中、情感在理论的话语偏好上，强烈地影响着科学知识的形成，无论是自然科学知识，还是社会科学知识。

这一点至少允许我们像对待西方自然科学知识那样，以相同的尊重态度来看待纳西族地方性知识"兄弟之约"对纳西先民生活的"确定性"担保。因此，在后面的讨论中，类似"纳西先民的某些观念是否科学"的说法，与"西方解剖学是否符合阴阳观念"一样，是没有意义的。其实，这个论断的背后有一个前提，那就是："知识"只能在同一个文化系统内共享。对此，德国哲学家卡西尔有着精彩的论述，他指出："所有文化形式的根本目标即在于着手去建立一个思维和情感的共同世界"，并"服从一个普遍的哲学目的"[1]。这里的"普遍的哲学目的"，也仅对这个特定的"文化形式"之内的人们有效，而不是"无限普遍"；或者说，这个"文化形式"提供了这个"普遍哲学目的"的适用边界。这样，人就生活在这个边界之内，而并不超出其外。从这个意义上讲，正如卡西尔所说："人不再生活在一个单纯的物理宇宙之中，而是生活在一个符号宇宙之中。……人不再直接地面对实在，他不可能仿佛是面对面地直观实在了。人的符号获得能力进展多少，物理实在似乎也就相应地退却多少。"[2] 其实，马克思的"人化自然"思想早有类似的见解。他指出：自然界表现为人的作品和人的现实。[3] 因为"被抽象地孤立地理解的、被固定为与人分离的自然界，对人来说也是无"[4]。对此，也许那些从科学自然主义或实证主义的方面来理解马克思的学者会感到困惑。但是，最前沿的科学成果恰恰支持了马克思的这一思想。量子力学的创立者发现，在极度微观领域，客体呈献给科学家的形象，完全依赖于科学家本人的观测方法。因此，在这个层面上，理论永远无法排除主观性的渗透，实验观测中的主客体并没有明显的界限。[5] 与此相似，马克思也断言：自然界必须是"人的现实的自然界"，是"人类学的自然界"。[6] 他进一步强调，那种"把人对自然界的关系从历史中排除出去"的做法，"造成了自然界和历史之间的

---

① 卡西尔. 符号·神话·文化 [M]. 北京：东方出版社，1988：25，29.

② 卡西尔. 人论 [M]. 上海：上海译文出版社，1985：33.

③ 马克思，恩格斯. 马克思恩格斯选集（第1卷）[M]. 北京：人民出版社，1995，58.

④ 马克思，恩格斯. 马克思恩格斯全集（第42卷）[M]. 北京：人民出版社，1962：128.

⑤ 玻恩. 我这一代的物理学 [M]. 北京：商务印书馆，1964：50及以次.

⑥ 同④。

对立"①。在此基础上,马克思得出了一个极为精彩的结论:"动物和自己的生命活动直接同一的。动物不能把自己同自己的生命活动区别开来。它就是自己的生命活动。人则使自己的生命活动本身变成自己意志和自己意识的对象。他具有有意识的生命活动。这不是人与之直接融为一体的那种规定性。有意识的生命活动直接把人同动物的生命活动区别开来。正是由于这一点,人才是类存在物。或者说,正因为人是类的存在物,他才是有意识的存在物,就是说,他自己的生活对他来说才是对象。仅仅由于这一点,他的活动才是自由的活动。"② 人与自身所身处其中的文化的相对性,正是在"人与物质世界的非直接同一"之中建立起来的,或者说,人的生活是通过文化的"中介"而与物理世界发生关系的。因此人与动物的不同之处就在于:动物生活在物理世界之中,而人类生活在文化世界之中(图4-2、图4-3)。因此,人是"类存在物",而不是"普遍存在物"。

图4-2 复杂精美的民居雕刻,承载着古老民族深远的历史记忆

但是,马克思并没有明确点明"人化自然"因此所可能具有的知识谱系的多元性和非终极性(尽管他说"人是类存在物"的时候,可能已经包含了"人是类别性的存在物"的意思)。也就是说,基于文化对人的生活的中介,有可能得出这样的结论:因为文化的多样性,各种文化之下的人们,对物理(物质)世界的"统一""普遍""标准""客观"的把握,将是不可能的。对此,卡西尔却有着十分明确的断言。他指出:"即使是知识也永远无法按照原样来复现事物的真实性质,而必得用'概念'来框定事物的性质。'概念'又是什么东西呢?概念只不过是思维的表述,只不过是思维创造出来的东西罢了;概念根本无法向我们提供客观的真实形态,概念向我们展现的只是思维自身的形式而已。"③ 对此,20世纪法国后现代主义哲学家德勒兹有着更进一步的阐发,"世界的多元性在于:这些符号不属于同一个类型,也不拥有同样的呈现

① 马克思,恩格斯. 马克思恩格斯选集(第1卷)[M]. 北京:人民出版社,1995:93.

② 马克思,恩格斯. 马克思恩格斯选集(第1卷)[M]. 北京:人民出版社,1995:46.

③ 卡西尔. 语言与神话[M]. 北京:生活·读书·新知三联书店,1988:35.

方式，因此，不能以同样的方式对它们进行破译，而它们和意义之间也不具有同一性的关联"①。

所以，足以看出：知识（包括科学知识）的适用范围，是以文化为边界的。

在其中，无论是对纳西族、汉族，还是西方民族来说，地方性知识所提供的"信念"，往往是知识得以确立自身确定性的隐秘基础。但是，西方思想领域在 20 世纪之前，几乎一贯地把"信念"视为知识的内在组成部分。这一点的根源，可以追溯至柏拉图。他认为，一个"知识"应该包括三个要件：其一，它应该是"真实"的；其二，它被"验证"过；其三，人们对它的真实性抱有"信念"。② 所以，西方后世对"知识"（knowledge）的定

图 4-3　丽江老人跳民族舞蹈

义，就是"得到了辩护的真实信念"（justified true belief），简称"JTB"。但是，著名的"葛梯尔问题"却证明了这个定义的失当。在 1963 年发表的一篇名为《验证过的真实信念是知识吗？》的文章中，③ 葛梯尔举出这样 2 个例子：

例一，琼斯和史密斯在竞争同一份工作，而史密斯认定：

A1，琼斯将得到那份工作；

B1，琼斯的衣袋里有 10 枚硬币；

于是 A 和 B 的综合命题就成了：C1，琼斯有 10 个硬币，并且他将获得工作机会。

这个命题的抽象表述将是：D1，兜里有 10 枚硬币的人将获得工作。

问题是，最后，琼斯并没有得到工作，史密斯本人得到了工作机会，而且碰巧，他的衣兜里也不多不少正好有 10 枚硬币。结果"D1，兜里有 10 枚硬币的人将获得工作"无巧不巧地成了一个"验证过的真信念"。但是，史密斯本人（包括其他任何

---

① 德勒兹. 普鲁斯特与符号［M］. 上海：上海译文出版社，2008：5.

② R. Chisholm. *The Foundation of Knowing*［M］. Sussex: The Harvester Press, 1982: 43.

③ Edmund L. Gettier. *Is Justified True Belief Knowledge*?［A］. Alvin Goldman. *A Causal Theory of Knowing*［A］. in Seven Bernecker & Fred Dretske（eds.）. *Knowledge: Reading in Contemporary Epistemology*［C］. Oxford: Oxford University Press, 2000: 15, 19, 30.

人）并没有"兜里有10枚硬币的人将获得工作机会"这样一个"知识"。

例二，史密斯看见琼斯每天开着一辆福特牌小汽车上班，所以他得出一个推测：

A2，琼斯有一辆福特牌小汽车；

史密斯的另一个朋友名叫布朗，他现在有可能在3个地方：波士顿、巴塞罗那或者伦敦。于是，A2命题就可能与关于布朗现在的位置这3个推论结合成3个可能的命题：

B2，琼斯有一辆福特牌小汽车，或者布朗现在在波士顿；

C2，琼斯有一辆福特牌小汽车，或者布朗现在在巴塞罗那；

D2，琼斯有一辆福特牌小汽车，或者布朗现在在伦敦。

问题是，琼斯其实并没有福特牌小汽车，他开的车是租来的；而现在布朗却正好在巴塞罗那。这样一来，C2就成了一个"真信念"：要么琼斯有一辆福特牌小汽车，要么布朗现在在巴塞罗那。然而，这个"真实的、令人确信的、验证过的"命题，谁也不会认为它是一个"知识"。

也就是说，"JTB"并不是"知识"的充要条件。[①] 这其中的关键又在于：那个关于科学知识的"信念"，本身有可能是缺乏可靠性的。经过上述分析，足以看出，一个知识本身并不包含信念，而是建立在一个前在的、先于知识而被"默会"了的信念之上。这个信念（如纳西族的人与山林"兄弟之约"），在一些简单或偶然的条件下，如果运气好的话，我们可以察觉到它，并对其普遍性提出质疑。但是，在另外一些时候，比如在科学家们自己也身处其中的文化中，我们却往往处于对这种虚构的信念的"无意识状态"。

对此，现代心理学的三位大师，弗洛伊德、荣格和拉康，各有论述。例如，弗洛伊德指出人的精神领域存在着一个"无意识层面"，[②] 荣格进而将无意识结构划分为"个体无意识"与"集体无意识"，[③] 拉康则把无意识结构与"大他者"联系在一起。[④] 但是，西方马克思主义学者对无意识的分析，则将"无意识"问题带出了心理层次并引向了社会生活的场景之中。例如，霍克海默认为：社会存在（社会生活过程）是某种无意识的"盲目的事实总和"。[⑤] 弗洛姆也指出："人的自身利益"和"真

---

① 陈晓平. 知识定义与默会知识——从"盖梯尔问题"谈起 [J]. 现代哲学，2013（6）：78—83.

② 弗洛伊德. 弗洛伊德文集（第3卷）[M]. 长春：长春出版社，2004：339.

③ 荣格. 让我们重返精神的家园——荣格文集 [M]. 北京：改革出版社，1997：5.

④ 马元龙. 无意识就是大他者的话语——论拉康的无意识理论 [J]. 中国人民大学学报，2014（5）：137—148.

⑤ 霍克海默. 霍克海默集 [M]. 上海：上海远东出版社，1997：176.

实自我（real-self）的需要"是两回事，[1] 由此可知人对"真实的自我"缺乏意识。以此为基础，20 世纪 30 年代的法兰克福学派的理论家们，从社会哲学的角度，得出了一个至今令经济学领域普遍信服的观点：现代经济已经不再是"自由个体的有意识活动的结果"，[2] 而是资本逻辑本身的盲目自我持存（Selbsterhaltung）的产物。[3] 这就导致资本主义的"日常生活"是缺乏意识的："这种生活既不能归结为他人的意识，也无法归结为自己的意识。"[4] 可见，早期法兰克福学派的一个突出贡献，就在于他们把"无意识问题"从纯粹的、专属于精神病医生的心理学层面，合理地、精彩地拓展和申发到了社会生活领域，包括科学知识领域。在此基础上，这个学派的最重要的继承者哈贝马斯，才得出了这样一个结论：社会生活是"科学理解的史前史"。[5]

所以，一切知识，包括自然科学知识（在整个世界进入"西方化"进程之前），都受到其自身的民族—文化"信念"基础的钳制，而仅对本文化、本民族内部的成员有效。也就是说，知识是"有限共享"的——所以知识才是"地方性"的。

这里，我们不妨来看一个例子。在《白鹿原》里，有这样一段故事：白鹿原暴发了瘟疫，患者"两头放花"，即又吐又泄，死了很多人。整个原上只有鹿子霖家没有死人，原因是他们家做了这样一件事：

> 正在家家扎下桃木辟邪的风潮里，鹿子霖家的长工刘谋儿驾着牛车拉回来一大堆生石灰，又挑来几担水浇在石灰堆上，块状的石灰咋咋咋爆裂成雪白的粉末儿，腾起一片呛人刺鼻的白烟。鹿子霖亲自拟锨，把白灰粉末铺垫到院子里脚地上，连供奉祖宗神位的方桌下也铺上了半尺厚的白灰。街门里外一片耀眼的白色；刘谋儿经管的牛棚马号里里外外也都撒上了白灰。村人们迷惑不解问鹿子霖，鹿子霖说："这瘟病是病菌传染的，石灰杀它哩！"人们睁着眼听着这些奇怪的名词更加迷糊，有人甚至背过身就撂出杂话儿："那咱干脆搬到石灰窑里去住！"白嘉轩又去请教冷先生："要是子霖用的办法管用，咱也去拉一车石灰回来。"冷先生说："子霖前日跟

---

① 弗洛姆. 为自己的人［M］. 北京：生活·读书·新知三联书店，1988：136.（译文根据 E.Fromm, Man for Himself, Rinehart,1947 有所改动。）

② 霍克海默. 霍克海默集［M］. 上海：上海远东出版社，1997：176.

③ Horkheimer, Vernunft und Selbsterhaltung. *Ebeling, Subjektivität und Selbsterhaltung: Beträge zur Diagnose der Moderne*［M］. Frankfurt am Main: Suhrkamp 1976, S. 66.

④ Horkheimer. *Kritische Theorie*［M］. Frankfurt am Main: Suhrkamp 1968, S. 319.

⑤ 哈贝马斯. 认识与兴趣［M］. 上海：学林出版社，1999：致中国读者 2.

我说了，是他那个二货捎信回来给他开的方子喀！子霖这二年洋了，说洋话办洋事出洋党！"①（这里所谓"出洋党"，指的是鹿子霖的大儿子鹿兆鹏参加了共产党，这在白鹿原上，被认为是"要杀头的事"——引者注）

在这个细节里，鹿子霖的所作所为显然是遭到耻笑的，因为在白鹿原的乡土知识体系里，不承认"细菌"与瘟疫之间的关系。"用石灰杀病菌"被视为一种"洋玩意儿"，是鹿子霖的一种佻达无德的"赶时髦"行为。这种行为，也只有发生在鹿子霖这个"老浪荡子"身上才是合理的。因为鹿子霖的一贯形象就是轻佻、浮浪和缺乏起码的道德感（例如，他在"原上"有无数个私生子，他与名声很坏的外族女子"小娥"之间有奸情，甚至还有他与他儿媳妇——也就是上文提到的冷先生的女儿——之间"扒灰"的丑事）。这也隐约地解释了一个十分奇怪的现象：既然鹿子霖的家在撒满了石灰后竟然没有死人，那么为什么白鹿原上的乡亲们不效仿他，反而"撂下杂话儿"？从文化人类学的角度讲，对一个文化系统内的成员来说，随便接受"外来的知识"，是一件"不洁"的事情，因为这种行为不尊重地方上的种种禁忌（米利都法庭审判苏格拉底的罪名之一就是"引入异端学说"）。②鹿子霖这种"办洋事"的行为，和他与各种女人发生不正当的性关系一样是"不洁"的，甚至和他家"出洋党"一样，被认为是应该十分危险的。

这也作为一个旁证，说明了知识（包括科学知识），在自然状态下，应该是"有限共享"的。一个文化传统内的社会成员贸然与其他民族的人"共享"别人的知识，即使他是"正确"的、"科学"的，甚至哪怕这种"正确的"、"科学的"知识可以避免瘟疫、挽救生命，也将引起他的族胞的恐慌和厌弃。

人类学上的"本地人"知识（或者叫"地方性知识"），对外来知识的排斥，实际上其基础是文化之间的排异性。当科学知识作为一种"西方的"知识，进入中国各民族的生活场景时，它所遭到的局面因此也并非是"知识排异"，而是"文化排异"。正是由于科学知识与其他类型的一切知识一样有"地方性"，所以，在西方文化入侵之前，它也有其有限的"共享"范围，那就是形而上学文化曾经浸染过的欧洲。包括科学知识在内的一切知识，其"有限共享"的边界就是建构这套知识体系的那个文化的边界；而这个文化之所以与这套知识体系相重合，则就是因为知识赖以建构而成的那个确定性的"信念"，是不能从知识本身来推导的，而必须从文化生

---

① 陈忠实. 白鹿原［M］. 北京：人民文学出版社，1993：431.

② Mary Douglas. *Purity and Danger: An Analysis of the Concepts of Pollution and Taboo*［M］. London and Henley: Routledge and Kegan Paul, 1966: 6.

活中获得，他们的"乡土"信念往往起到支撑性的作用。

五、近代纳西族：知识命题与知识信念的不对称问题……○

纳西族的地方性知识，体现在纳西族文学作品和纳西先民的传统生活方式中。这种文化在他们的知识世界里同样提供着"信念"这一支撑性的层次，使人们的行为和言谈被"邻人"们认可为是合理的，同时也使"外人"在一定程度上仍然保持为"外人"。

首先，与世界上大多数民族的观念不同，纳西族的"兄弟之约"并不划定一个"人与神"或者"人与自然"的严格的边界。这一点在本书的第二章和第三章有着突出的强调。单就这一点来说，纳西族甚至与同属于古羌人后裔的藏族也大不相同。例如，在明永和雨崩两个藏区村庄，寺庙里的僧人和地方官员要根据地势高低、距离人居村落远近等条件，划定一条人与"卡瓦格博神山"之间的"封山线"，称为"日卦"。人类的打猎、伐木等行为皆不得越过此线之上。[①] 也就是说，人与神、人与自然之间的界限是分明的。而纳西族则在必要的时候允许人类在山上伐木、狩猎、采摘、汲水、盥洗等，而后则要人类向山神"署"偿债。可见纳西人与神、人与自然的观念边界是模糊的（图4-4）。

图4-4　林郭相望：古老丽江的城镇与山林的空间边界并不清晰

世界上很多民族的文化都特别强调，人的起源与其他任何生物、事物的起源是不同的，人与万物之间的界限是森严而分明的。从中也可见人与这个外部世界，从一定程度上讲是对立的。在他们的眼中，"人"从一开始就是与世界相对照、相区隔的。但是，在纳西族先民的大众记忆里，从"恨时恨仁"到"崇仁利恩"，人类的十世远祖却经历了一个明显的从兽到人的"进化"过程：从一开始的五官不全，到后

---

① 杨福泉. 藏族、纳西族的人与自然观以及神山崇拜的初步比较研究［J］. 西南民族大学学报（人文社会科学版），2004（12）：1—4.

来的牛羊面目、肋生双翼，再到后来彻底变成人的模样。[①] 人是从世界中来的，并且死后肉体在山林中火化，灵魂回到祖先之来的"北方"，因此人与世界的界限并不分明（图4-5）。正是从这个意义上讲，西方"主体与客体二分"的对立性，以及形而上学观念在"主客二分"的背后所起到的担保作用，在纳西先民那里是不存在的。

图4-5　人的领地"村寨"与署的领地"山林"，在空间上相互交融-2

在此基础上，主客二分所要求的人在知识上的客观中立性（也就是"人"相对于世界的外在性），也是不成立的。值得注意的是，当20世纪的西方自然科学遭遇"主体与客体"事实上的无法二分这一方法论的尴尬时，这个知识学上的危机本质上是"西方式"的，但是西方思想家却强调它是"全人类"的，这一点其实说不通。在20世纪的广义相对论、量子力学、非欧几何学等重大科学成就打破了主客体绝对界限的今天，一些非西方民族的古老观念，例如纳西先民的这种强调人与自然"模糊边界"的古老哲学观点，显得尤其具有启发意义。

其次，在"科学元勘"思想崛起的今天，那种把科学直接等同于普遍真理的想法已经被动摇。从方法论的角度上消除知识的文化属性或社会属性的企图，已经被断定为是有问题的。这一点令人尤其感佩马克思的先见，他关于"人不可能像动物一样与物理世界直接同一"的观点，[②] 越来越被20世纪70年代之后的社会学和人类学所证实。人首先生活在文化所设定的人对世界的理解方式中以及这种符号意义的网络里。所以，韦伯干脆说：人是悬挂在自己编织的意义之网上的动物。受其影响，格尔茨则指出：人类学就是"对理解的理解。"[③] 也就是说，人对世界的"理解"，并非是"直接"面对世界、面对真理的，而总是要经由文化符号系统对知识的中转，所以需要再理解。科学与其他类型或谱系的知识一样，并非是对外部自然世

---

① 和芳，周耀华. 崇摆图［M］. 丽江县文化馆石印本，1964：30—37.

② 马克思，恩格斯. 马克思恩格斯选集（第1卷）［M］. 北京：人民出版社，1995：46.

③ 吉尔兹. 地方性知识——阐释人类学论文集［C］. 北京：中央编译出版社，2000：英译本导言4.

界的直接的、普遍共享的"反映"，而是特定社会下的一种特定的知识操作。[①] 换句话说，科学具有"社会属性"，它是西方社会的一个特殊成果，而非一切人类文化的普遍的"高级知识阶段"，更不是什么落后民族迟早有一天必然达到的"真理形态"。对此，梁漱溟先生在完全没有借鉴西方思想的情况下，独立提出了"由玄学的方法去求知识而说出来的话，与由科学的方法去求知识而说出来的话，全然不能等同看待"的结论，是非常深刻的。[②] 一如韦伯所作出的透辟的论断："不同的理念系统之间的差异，与其说是理性化程度上的差异，倒不如看作是个别的理性化过程在方向上的差异。"[③]

因此，一个非西方的民族，其文化和知识无论在科学的体系内显得多么"幼稚"和"错误"，但是它的合理性是由这个民族的日常生活文化系统提供的，在这一点上没有"进步"与否的问题。纳西族的山林观念，就是如此例如图4-6、图4-7。

图4-6 人类与自然和平谦让的生活方式，蕴含着纳西东巴文化的独特哲学

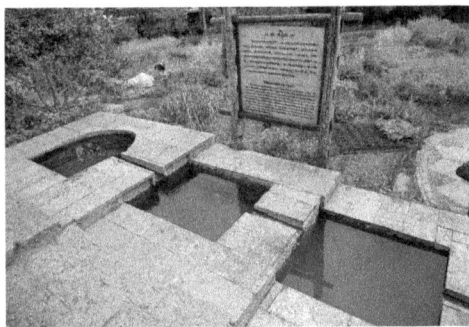

图4-7 三眼井：第一眼饮用，第二眼洗菜，第三眼涤衣

但是，在最表浅的技术层面上，不同文化有可能在知识内容上出现一致，而且这并非巧合。例如，在本书前面章节中提到的兄妹婚或姐弟婚的上古习俗，无论是在古羌人先民的记忆里[④]（例如，斯巴贡布和斯巴吉姆两兄妹乱伦生下了人类的最早的祖先"恨时恨仁"[⑤]），还是在现代基因选择科学的意义上，都是被禁止的。因为这种习俗有一个现实的、经验层面的问题，那就是他们的孩子会出现不可逆转的身

---

① 王俊敏. 韦伯的理性"进步"及其意义问题［J］. 社会学研究，2011（2）：102—133.

② 梁漱溟. 东西文化及其哲学［M］. 北京：商务印书馆，2000：38.

③ 韦伯. 社会学的基本概念［M］. 桂林：广西师范大学出版社，2005：41.

④ 《后汉书·西羌传》。

⑤ 李国文. 纳西族象形文字东巴经中关于人类自然产生的朴素观［J］. 社会科学战线，1984（3）：48—55.

体素质缺陷。但是，西方科学与古羌人对"兄妹婚"加以禁止的理由，却是不同的：孩子之所以会出现体质上的缺陷，在科学家那里被解释为"等位基因相同而导致遗传上的疾病"；但是，在纳西先民那里，生出怪胎的原因则被解释为因父母双方发生不伦之恋而遭到诅咒。① 所以，知识的信念基础不在知识之内，而存在于知识之前。尽管不同民族、不同文化的知识，就其内容而言可能一致，因为经验取向使然；但是不同民族的人们，对这一知识的理解方式和信念方式，却是截然不同的。恰恰是在这个意义上讲，所谓的"少数民族科技"或"科技人类学"这些学科名称，实际上是一些比喻性的、附会性的称谓。

其三，科学（以及任何一种人类知识）之所以不能等同于真理，就是因为从哲学上讲，人类不可能直接面对物理世界，而必须中介于文化。所以，人类的任何知识，都不可豁免地具有民族属性。这一点也确实印证了奥古斯丁的断言：没有"信"就没有"知"。② 奥古斯丁所指的"信"，就其本意而言当然仅限于是对"纯粹形式真理"担保人获得真实可靠之知识的信念，或信仰。但是，这个断言背后却道出了知识的一个一般性的认知结构：信念本身不是知识的一个组成部分，而是其前提或背景。人不可能像近代自然科学所自诩的那样，在纯粹的"怀疑"之中直接获得知识，人对自己获得知识之途径的方法论确信，一定建立在某种坚固的文化"前见"（prejudice）之上。正如伽达默尔所说："不管情况有多少现实性，这种情况本身不能决定把所有决定都划归科学负责这个目的本身的合理性。"③

纳西族的地方性知识，也是建立在文化信念的前见之上的。这些信念的具体内容，在本书"上篇"的各章中已经详细讨论，而在后面的部分也将深入探究。这里仅试举一例：纳西族先民对"山林"的保护，不是基于现代社会的"生态"观念，而是基于"偿债"观念和祖先南迁、灵魂北归信念。"山林"或"木石"观念，在纳西族的传统视野中，有着强烈的"性"的含义。人们认为"山林"是男女（阴阳）旺盛生育能力的象征，同时也是财富汇聚的地方，因为在农业社会，一切物质财富都要靠种植或养殖来完成，而种植和养殖都是通过"性"和"繁育"来实现的。正因为如此，纳西先民的性爱之神和财富之神，都是"仁"（"🐀"，读作"sseiq"）。④但是，纳西先民的"偿债"观念又节制了人对欲望的追求，甚至连米利董主猎获了

---

① 这在纳西族文学作品中十分常见，如斯巴贡布和斯巴吉姆、董神与色神、崇仁利恩与衬红褒白咪、若阿路与格饶茨姆、崇仁利恩与猛鬼、衬红褒白咪与长臂猿，等等。

② 奥古斯丁. 论三位一体［M］. 上海：上海人民出版社，2005：213.

③ 伽达默尔. 科学时代的理性［M］. 北京：国际文化出版社公司，1988：131.

④ 杨福泉. 东巴教通论［M］. 北京：中华书局，2012：292.

山中的红麂子、黑驴子，也不能例外。①
所以，尽管人对山林有着"兄弟"和"对
手"双重情感，但是最终，作为"父亲
的灵魂"的修曲神鸟（图4-8），指引他
们找到了一种融合与和解之道，那就是
在人和"署"兄弟俩打完仗之后，人要
向"署"（也就是"山林"）施药：一种从
玛米巴罗（Ma-mi-bpo-lo）神山（"Ma-
mi"一词意思就是"酥油"②）中获取
的、以酥油为主要成分的"药"。而"酥
油"暗指"精液"，是"性"和"旺盛精
力"的象征。因此，纳西族先民关于"山
林"的人格化想象，导致丽江地区植被的
保持成为了一个典范：到1947年，丽江
县的森林覆盖率是63%。③ 这样高的比例，
在一个对人类的砍伐行为没有刑法禁忌的

图4-8　山林掩映中的修曲神鸟

传统社会中，是十分罕见的。它实际上起到了自然科学所谓的"保护生态"的效果，
但纳西先民并不以科学意义上的"生态观念"为出发点。相反，"生态学"或少数民
族保护自然的观念，作为一种系统的知识，其背后各有认知发生的信念根据，或者
说，一切知识都有其"民族性"；目前，大量的所谓"少数民族生态观念"研究，从
知识论的角度讲，是一种科学中心论的附会。

其四，信念在知识之外或之前，意味着知识的生产，本身不仅不提供信念，而
且相反，知识还要建立在信念的基础之上。也就是说，社会生活是知识的"史前
史"。④ 这一点是20世纪知识学与柏拉图主义的根本区别之一。所以，全球的现代
化进程，对于非西方的民族而言，不仅有一个知识更迭和方法论更替的问题，而且

---

① 和云章口述，和力民翻译. 驮达给金布马超度吊死鬼（上卷）[M]. 云南省社会科学院东巴文
化研究室1983年油印本：467.

② 杨福泉. 东巴教通论 [M]. 北京：中华书局，2012：584.

③ 郭大烈，周智生. 长江文化丛书：家住长江第一湾的纳西族 [M]. 长沙：湖北教育出版社，
2006：61.

④ 哈贝马斯. 认识与兴趣 [M]. 上海：学林出版社，1999：致中国读者2.

有一个对知识之确定性的"信念重建"问题。① 而往往在科学知识不仅作为一个知识体系，而且作为一种生活方式和意识形态，② 强行袭入另一种相对弱势生活方式的时候，由于传统信念的动摇和替代性信念的缺位，就极有可能导致"社会信念失灵"。③ 在社会信念失灵的情况下，很多传统道德、伦理将会出现决堤一般的、雪崩般的崩溃，表现为社会道德坍塌的"破窗效应"，④ 即社会中的个别失范行为迅速演变为集体失范或普遍失范，也就是社会失范行为的从众现象。这种情况往往伴随着社会利益的不道义分配和干预无能。⑤ 有学者认为，"破窗理论"的一个问题是：它过分强调在社会规范缺乏有效修复的情况下，人们会对社会公共资源加以无节制的损害。所以，"破窗理论"的问题就在于其前提：近代经济学的"理性人"假设。他们认为，实际上，社会中存在"道德高尚"而不为不义之利所动的人，这是一个"社会事实"，这个事实的存在恰恰表明了非经济因素对人们行为的约束力量。⑥ 问题是，这一派学者没有注意到以下两个事实：第一，在一般大众在不当利益的诱惑下陷入"破窗效应"之后，个别坚持高尚道德操守并能够自我约束的人，他对"破窗效应"的拒绝，将变成一种"私人事件"，因此在公共空间内，并不抵消"破窗效应"的发生，所以这些"高尚之士"的存在，只具有伦理学意义，而不具有社会学意义；第二，也是更加重要的一点，即现在本书的前提恰恰在于社会信念已经在普遍意义上出现了系统性的动摇，传统生活的确定性已经面临本体层次的质疑，那么高尚之士奉行高尚的基础也就相应地被消耗了。

在一个信念失灵的社会里，重建社会信念的迫切性是显著的。但是问题在于，打破传统社会信念的科学（包括孕育了科学的那个"纯粹形式真理"信念，最终也被科学亲手破除了⑦），它本身并不产生新的社会信念。也就是说，在社会信念层面，科学——和其他任何一种知识一样——只能"破"，而不能"立"。所以，即使

---

① Jurgen Habermas. *Reconciliation through the Public Use of Reason:Remarks on John Rawls's Political Liberalism* [J]. The Journal of Philosophy, Vol. XCⅡ, Number3, March 1995.

② 哈贝马斯. 作为"意识形态"的技术与科学 [M]. 上海：学林出版社，1999：7.

③ 弗兰克. 社会的精神基础 [M]. 北京：生活·读书·新知三联书店，2003：124.

④ James Q. Wilson and George L. Kelling. Broken Windows: The Police and Neighborhood Safety[J]. The Atlantic Monthly, vol. 249, no.3（March 1982）：29—38.

⑤ 李本森. 破窗理论与美国的犯罪控制 [J]. 中国社会科学，2010（5）：154—164.

⑥ 朱力. 社会规范建设的困境——三种理性人的策略性选择 [J]. 探索与争鸣，2009（10）：44—48.

⑦ 库恩. 科学革命的结构 [M]. 北京：北京大学出版社，2003：147.

是在科学的故乡——西方，也出现了"上帝是否用世界来掷骰子"的问题。① 这反映了科学时代的人们对"确定性"的深深怀疑。既然不可能用科学来塑造社会信念，那么所有非西方的民族，例如纳西族，甚至包括汉族，就面临在放弃传统与放弃现代化之间进行选择。由于科学本身已经是一种普遍主义，因此科学对各个民族的生活信念的破坏，也是一种普遍主义。这就正如沃勒斯坦所说："普遍主义是强者给弱者的一种礼物，它以双重的约束出现在后者面前：拒绝这种礼物是失败；接受这种礼物也是失败。"②

丽江地区纳西族的生活，也是在近 50 年间，经历了科学的袭入。在知识和技术层面，进而在生活信念层面，这种袭入的一个最直接的效果，就是地方性知识丧失了对社会生活的解释权。而正如本书"上篇"各章及第四章所详细论述的那样：纳西族地方性知识的核心精神是节制人的欲望，所以古老纳西族的生活方式的崩溃，首先就反映为人的欲望堤坝的决毁。

---

① 爱因斯坦. 爱因斯坦文集（第一卷）[M]. 北京：商务印书馆，1976：191 及以次.
② 沃勒斯坦. 作为一种文明的近现代世界体系 [J]. 国外社会学，1991（5）：36—52.

第五章

"文化的相遇"：知识信念问题的历史与哲学解释

一、纳西族"山林"观念中的知识信念问题：回顾与梳理

纳西民族的历史，与其地方性知识在其漫长的历史演变中不断赋予纳西先民的生活信念，是相互影响的。这在本书"上篇"的各章中已经罗列出来，现加以归纳分析。

（一）从古羌人那里继承的"兄弟民族"观念，是纳西先民最早的集体记忆之一

尽管有学者不断提出质疑，但是学界主流认为，纳西族的主体先民来自于古羌人。[1] 近年来，也有学者提出，纳西族是南迁至金沙江上游地区的古羌人与当地土著居民杂居而成的新民族。[2] 古羌人的初祖就是炎帝神农氏，而据《国语》载，炎帝姓"姜"，"以姜水成"。[3] "羌"就是"姜"的变体。[4] 藏民族的史诗《格萨尔王传》也印证了这一点。[5] 即使部分青年学者提出关于"纳西"古称谓"麽些"到

---

① 方国瑜. 麽些民族考 [J]. 民族学研究集刊，1944（4）：23—35.

② 杨福泉. 纳西族文化史论 [M]. 昆明：云南大学出版社，2006：24.

③ 《国语·晋语》。

④ 《后汉书·西羌传》。

⑤ 《格萨尔·姜岭大战之部》。

底是"牦牛羌"还是"祭天之人"的争辩，[①]但此说也不影响旧说之成立。而古羌人有一个十分突出的"记忆特征"，如王明珂先生称之为"历史心性"，即认为自己的祖先与其他民族的祖先之间有着兄弟关系。例如，《国语》记载："昔少典娶于有蟜氏，生黄帝、炎帝。"[②]但司马迁《史记》不再认可炎黄之间的兄弟关系。[③]纳西先民也一般强调自己的祖先与藏族、白族的祖先为三兄弟，都是崇仁利恩和衬红褒白咪的孩子。[④]另有一说认为纳西族、藏族、白族、普米族的祖先为四兄弟，他们的共同母亲名曰"克都木斯"。[⑤]还有一种观点来自方国瑜、和志武两位先生，他们发现纳西先民认为自己与汉、藏两民族为兄弟。[⑥]这一点，似乎藏族人也认可：在《创世纪》中，他们认为人类的始祖是三兄弟，他们是猴子的后代，从天神那里学会了语言，并分别成为汉族、藏族、纳西族的祖先。[⑦]

（二）在这种"兄弟心性"的基础上，纳西族先民南迁的历史，与他们的生产方式变迁过程相伴生，导致了"山林"观念的隐喻化和拟人化

据学者研究，古羌人因绍炎帝，故别姓"姜"，史称"姜戎"。[⑧]这个古老的民族向南、向东、向西都有大规模的民族迁徙。[⑨]其中，从甘青高原南迁至今天纳西族世居之地的路线，学界经过多年考证，已大体有所定论，即基本上是先在大渡河流域定居，后在大约西晋时期，因"仲由蒙夺其地"（仲由蒙即彝族人之祖先）而迁至雅砻江的"东泸之地"，即今盐源、盐边、木里、永宁等县，是为雅砻江与金沙江的交汇地。此时所形成的纳西语言为"蒙语"。这些地区的纳西族人也自称"蒙族人"，但经专家考辨，实为纳西语东部方言的一支，并非一独立的民族。[⑩]然后迁至洱海以东的西洱河越析诏地区，并在唐朝开元年间形成强大势力。之后经由越析

① 杨杰宏. "麽些"考释［J］. 中央民族大学学报（哲学社会科学版），2013（3）：69—77.

② 《国语·晋语》。

③ 王明珂. 英雄祖先与弟兄民族［M］. 北京：中华书局，2012：54.

④ 和芳，周耀华. 崇摆图［M］. 丽江县文化馆石印本，1964：46.

⑤ 和湛. 丽江文化荟萃［M］. 北京：宗教文化出版社，2000：159.

⑥ 方国瑜，和志武. 纳西族的渊源、迁徙和分布［J］. 民族研究，1979（1）：33—41.

⑦ 杨福泉. 东巴教通论［M］. 北京：中华书局，2012：66.

⑧ 《左传·襄十四年》。

⑨ 《新唐书·吐蕃传》。

⑩ 可见方国瑜先生考。

诏再迁徙至今天的丽江。[①] 从陶云逵、[②] 李霖灿[③] 两位先生开始，即形成"永宁以东无文字"的学界通说，进而形成纳西族文字随着该民族自北而南迁徙的过程而创造，即大体是"无文字地区（木里、永宁、盐源等地）→有象形文字地区（若喀地区、北地地区）→有象形文字和标音文字地区（丽江南山地区、维西鲁甸地区）"的观点。但是，20 世纪 80 年代后，有学者认为：首先，一些文物表明，木里、永宁地区并非没有东巴象形文字；其次，认为中甸（今香格里拉市）三坝乡白地是纳西东巴文字的发祥地，然后再向丽江等地，进而向木里、永宁地区传播。所以，纳西族象形文字和标音文字的产生，与民族大迁徙无关。[④] 此议待考。

这个大迁徙过程，与东巴文字的形成过程之间的关系，决定了纳西族观念中的"兄弟意识"变迁过程的性质问题。杨启昌先生认为纳西族的象形文字起源于春秋战国之际，[⑤] 而据和志武先生研究，纳西族象形文字大约在公元 7 世纪，也就是唐初时期，是因应社会统治的需要，伴随着纳西族民间知识阶层人士——"东巴"队伍的形成而形成，并且据传说就是纳西族神话人物丁巴什罗大师所创（当然，和先生指出此说必不可信，但说明纳西族人普遍认同文字与精神生活之间的关系），因此纳西族象形文字常常被称为"东巴文"。[⑥] 但无论哪种观点，都一致认为，这种文字最初的作用，就是书写东巴文化典籍。纳西象形文字是图画式文字，见石画石，见木画木，所以纳西语称为"森究鲁究"，意为"木迹和石迹"。以东巴象形文字书写而成的纳西族文献，记有一千册之多。另一方面，纳西族的另一种文字，即标音文字，在纳西语里也叫做"哥巴文字"，有"弟子之文字"的意思。这就暗示了这种文字是后世的东巴们所创制。这种文字的起源时间大约在元、明两代，凡是同一读音都用同一符号来代表，而不根据含义上的区别做出区分（方国瑜、和志武等学者认为，这一点类似彝文），因此仅有"标音"之功能，在经书写作中大多数仅起到辅助象形文字的作用。据方国瑜先生考证，在丽江和维西地区，也有专门用标音文字写成的古籍。[⑦] 纳西族的两种文字，是纳西族古老的民族集体记忆和地方性知识的主要承载工具。

---

① 以上考证，见：方国瑜，和志武. 纳西族的渊源、迁徙和分布 [J]. 民族研究，1979（1）：33—41.

② 陶逵云. 关于么些之名称分布与迁移 [J]. 历史语言研究集刊，1936：7—11.

③ 李霖灿. 与骆克博士论么些族形字音字之先后 [J]. 大陆杂志，9（10）：167.

④ 朱宝田. 纳西族象形文字的分布与传播问题新探 [J]. 云南社会科学，1984（3）：74—79.

⑤ 杨启昌. 东巴教及象形文字的产生年代问题 [J]. 云南社会科学，1994（1）：70—73.

⑥ 和志武. 纳西族古文字概论 [J]. 云南社会科学，1982（5）：84—91.

⑦ 方国瑜，和志武. 纳西族古文字的创始和构造 [J]. 中央民族学院学报，1981（1）：57—68.

古羌人的"兄弟观念"，也转化地体现在了纳西族传统典籍之中。随着纳西先民的南迁，古老的草原游牧业经济方式，被新颖的坝区农耕业和山区狩猎、采摘业所取代。这种生产方式上的变迁，也自然在纳西民间史诗等典籍中得到了曲折的反映。其中，如本书第二章所提到的牛生许罗、多者许玛命、多萨欧吐三人的故事，其矛盾斗争的核心，正好发生在一个牧人（丈夫）和一个山林之神"署"（奸夫）之间，而人和署是兄弟；而且，是作为牧人的丈夫放牧期间，妻子在家与人偷情，则也曲折地反映出"游牧"与"定居"、牧业与农业之间的矛盾。这很可能反映了生产方式在转变过程中引发的思想观念领域的斗争。在这个故事中，女人的繁衍功能和劳动的生产功能，作为故事的两个主要线索交织在一起，反映出纳西族先民的一个十分重要的观念转变：女人（性）与财富，对男人来说都隐藏着一个重要的心理体验，那就是"占有"。也就是说，对女人的性权力的独享，与物质财富的个人独断，其在观念上具有相关性，甚至具有因果性。恩格斯在《家庭、私有制和国家的起源》中，明确提到女性作为一个性别，在整体上"被击败"的历史。[①] 对女人的私人占有和对财富的私人占有，两种观念都可以引起男人之间的对抗甚至冲突，特别是兄弟之间的冲突。正是因为这个原因，所以本书在前面的章节中一再强调，这个故事与其他有关人与"署"冲突的故事不同，它不仅具有男人之间争夺女性和财富的结构，而且具有两种生产方式之间的历史性冲突这一第二结构。

同时，"女人"是"性和繁衍"的象征，而在农业社会，"性和繁衍"同时也意味着"财富"，所以女人对"山林之神"的青睐，显然也曲折地反映了纳西民族经济生活的微妙变迁。这个故事在一开始的时候是以"背叛"的主题出现的，这似乎也隐约体现出经济生活方式的变迁在先民伦理—精神生活层面引起的波澜。所以，以往的纳西学研究，把"人与自然为兄弟"的观念首先理解为二者之间的"友爱、团结、亲近"关系，实则是不妥的。从性心理学和象征人类学的角度看，男性家庭成员之间的关系，除了稳定的社会秩序所赋予的共同生活责任外，还有一种隐秘不宣的"性"的嫉妒。这种性的嫉妒，在农耕经济和狩猎—采摘经济的时代，与古羌人源远传统中根深蒂固的"兄弟观念"相结合，就演化成了人对"山林兄弟"的复杂感情。至此，"山林"就向"兄弟"的人格化方向进行转化。这是古老的羌人传统、新颖的农耕—定居文明、男性家庭成员间的性心理隐喻，三方面共同作用的结果。

实际上，如果从象征人类学的视角出发，那么纳西族古老史诗中记录的两场重大战事，都与男性家庭成员之间的"性权利分配"有关。简单而言，"董埃术埃"也

---

① 恩格斯. 家庭、私有制和国家的起源 [M]. 北京：中国社会出版社，2001：51.

就是董神与术鬼之间的"黑白战争"，把主题集中在了"父与子"的"性权利分配"问题上；而"修曲署埃"也就是由大鹏鸟出面斡旋调停的"人署之战"，则体现了"兄与弟"之间的"性垄断猜忌"与"同谋杀父之后的心灵秩序修复"这双重关系。并且后一个关系需要在前一个关系的背景下才能被完整地得到理解。这样，人与山林之神"署"之间的兄弟关系，实则隐含地指涉着男性亲人之间心灵秩序的破坏与修复问题。

一方面，"董埃术埃"故事中，有一个细节就是米利董主的九子九女，都必须与含英巴达神树一起成长。据说，在米利达吉神海上，米利董主向悬崖和白土中吐唾，于是从三滴白露中长出了一株神树"含英巴达"（haiq yi bba ddaq zzerq），董神想要培植它，术鬼想要砍伐它，因此爆发黑白战争。① 如果宣科先生的研究不错，"吐唾"讳指男性精液，那么父亲赋予儿子生命和限制儿子欲望，这两个相反的方面，恰恰构成了米利董主"培植神树"与米利术主"砍倒神树"之间的悖反关系。此外，关于米利董主的长子董若阿路的头颅，被其妻子格饶次姆反复称赞为"像太阳月亮一样好看。"② 而"日月"显然有着鲜明的"性"的含义，王闰吉就曾猜测，在纳西东巴文中，"日"字写作"✦"，当表示男性生殖器的前端，呈圆形中空之状。③至于"闪闪的太阳是天神的父亲，皓皓的月亮是天神的母亲"④ 之说，则已直白，无需赘解。尤其值得强调的是瞿明安先生的研究，正如在本书第一章中所提到，瞿明安发现：在很多民族先民的观念中，"头颅"往往象征着"男性生殖器"，代表男性的性能力（头发象征精液，因此男女结婚就是"结发夫妻"，和尚剃光头则象征"禁欲"）。⑤ 所以，说董若阿路的头颅"像日月一样"，并且术鬼的长子安生米温曾经来到董神的世界，并坦诚请求董神的儿子董若阿路去术地，去做那里的太阳和月亮，⑥ 说到底都是儿子与父亲之间关于"性"的话题的曲折隐晦的表达。"黑白战争"基本上就是一场父子之间、特别是儿子对待父亲的战争。在这个问题上，对父亲的强大神奇的性能力的崇拜与对父亲强迫自己禁欲的痛苦，即对性的肯定与否定二者之间的艰难挣扎和最终欲望的爆发，最终导致了战端。

---

① 和士诚解读，和力民翻译. 董术战争 [M] // 纳西东巴古籍译注（第三卷）. 昆明：云南民族出版社，1989：45.

② 和正才讲述，李即善翻译. 懂述战争 [M]. 丽江县文化馆，1963 年石印本.

③ 王闰吉. "日""月"形义新证 [M]. 西北民族研究，2006（2）：145—149.

④ 和芳，周耀华. 超度沙劳阿包 [M]. 丽江县文化馆石印本，1964.

⑤ 瞿明安等. 身体部位的象征人类学研究 [J]. 世界民族，2009（1）：33—42.

⑥ 同②。

　　另一方面，纳西族神话体系中的第二场大战，也就是"修曲署埃"，则反映出来兄弟之间在"性权利"争夺过程中既有争斗、也有节制的特征。前文反复指出，人类的兄弟"署"是山林之神，而"山林"的具象化是"木石"，"木"和"石"都有着强烈的"性"的象征。关于这一点，本书的第一章已经有了详细的交代。这里需要补充的是，纳西先民的"石崇拜"可能与古羌人的古老民族记忆有关，其中就涉及大禹和《羌戈大战》。其一，《史记》认为"禹兴于西羌"，[①]《集解》也引《帝王世纪》曰："禹生于西羌。"[②]《后汉书》也有"仲尼长东鲁，大禹出西羌"的说法。[③] 此西羌者，就是《说文解字》中"羌，西戎牧羊人也"的西羌是也，[④] 也就是纳西族人民的祖先。可见，大禹与纳西族同源。而在有关大禹的种种神奇传说中，"石"与"性"显然有着各种匪夷所思的明暗关系。例如，关于大禹的出生，就有《太平御览》言："女狄暮汲石纽山下泉水中，得月精如鸡子，爱而含之，不觉而吞，遂有娠。十四月生夏禹。"[⑤] 说的是：大禹的家乡名曰"石纽"（今为四川省汶川县境内一乡镇），此处就是一个羌人聚居地。说大禹的母亲女狄（"狄"一般也是用来表示少数民族的字眼）夜晚在石纽的山下打水，吞食了一颗月精聚化而成的石头，因而怀孕，十四个月才生下大禹。此说固然可疑，例如大禹的真正出生地、大禹母亲怀孕和吞石子之间的关系，已不可考；但后人形成"石纽"、"月经石"与大禹出生之间的集体记忆，则赋予了"石头"以生育繁衍的暗示。这还不算完，就连大禹的儿子启的出生，也被描述为与石头有关：禹的妻子涂山氏陪同大禹治水，"禹治洪水，通轩辕山，化为熊，为涂山氏曰'欲饷，闻鼓声乃来。'禹跳石，误中鼓，涂山氏往，见禹方作熊，而去。至嵩高山下，化为石，方生启。禹曰'归我子'，石破北方而启生。"[⑥] 说大禹为了治水，要挖通轩辕山，就告诉妻子涂山氏说："听见鼓声你就来。"然后，变成一头熊，开始挖山。山上掉下来的石头碎块，不小心打中了鼓，怀孕中的妻子涂山氏听见鼓声，就去见禹，却看见了熊，赶紧走了（不知是因为害怕，还是因为气恼），并变成了石头，大禹对石头说："还我儿子。"于是石头从北向破裂，生出了启。可以认为，"石"与"性"之间的符号关联，是古羌人的一个重要

　　① 《史记·六国年表序》。

　　② 转引自：方国瑜，和志武. 纳西族古文字的创始和构造 [J]. 中央民族学院学报，1981（1）：57—68.

　　③ 《后汉书·戴良传》。

　　④ 《说文解字·羊部》。

　　⑤ 《太平御览·卷四：遁甲开山图荣氏解》。

　　⑥ 《汉书·武帝记》。

的传统记忆。其二，则是关于古羌人公认的女性祖先木姐珠与"白色石头"之间的关系。据古羌人史诗《羌戈大战》记录：羌人的祖先追逐丰美水草，来到了岷江与湔江交汇的河谷地带补尕山。可是，一个名叫"戈基"的部落（被描述为"魔兵"）却想霸占这片土地，双方发生了争战，结果羌人溃败而退，戈基人步步紧逼。就在危急之时，羌人的女祖、天女"木姐珠"扔下三块白石，化作三座雪山，挡住了敌人。后来，人们又用木姐珠所赐的白石作为武器，打败了戈基人。[①] 可见，"石头"与"母亲"有某种隐秘的联系（从中又呼应禹和启的出生都与石头有密切关系），甚至古羌人去世后，有用白石（或砾石）"随葬"的习俗。[②] 综上可见，纳西族"石"与"性和繁衍"之间的关系，可能来自古羌人的古老记忆，以至于纳西民间有"石由东色（这里的'东色'，即纳西族的东神与色神——东神即董神，引者注）养，白石亿年岁，东色身托石，东色声传石，东色魂附石，东色事传石，白石永佑人"的说法。[③] 而纳西族传统观念中象征"生育"的神祇"华"（🐍），据说其形象就是"肩扛银河的木，怀揣银河的石。"[④] 所以"木"和"石"都是性爱繁衍的象征。至于"山林"之神"署"的原形，也就是"蛇"和"蛙"，其与性有关的暗示在前文中已有详细论述，此不重复。

在人与署的这一场争斗中，不仅没有出现"董埃术埃"中那样砍下董若阿路头颅来献祭、吃他的肉、喝他的血这样的血腥场面；而且，在人署争斗结束后，还发生了人向署"施药"的缓和局面。正如我们所提到，这个药的主要成分是"酥油"，而它象征男性的精液，是"性"和"旺盛精力"的代表。所以，"山林"观念中最终和最重要的环节，就是兄弟之间施药的环节，它隐晦地说明了兄弟们在"性权利分割"问题上的自我克制与和解。而促成这一和解的，一个是纳西族重要的神话人物丁巴什罗，另一个则是居那什罗神山之上、含英巴达神树之巅的神鸟"修曲"。前者代表冲突双方对外在社会秩序的服从；后者，如果从弗洛伊德经典象征人类学出发，那么各种文明都不约而同地用"神鸟"来比喻死去的父亲，[⑤] 则是一个不争的事实。也就是说，是在那场与父亲的争斗之后，儿子们学会了克制自己的欲望，从而维护族群的生活秩序，同时也修复儿子对父亲满怀愧疚的心灵秩序。所以"山林"不仅是财富膏腴之地，而且也是对兄弟和解与对自我约束的见证之地。

---

① 罗世泽等整理. 木姐珠与斗安珠·羌戈大战 [M]. 成都：四川民族出版社，1983：12.

② 钱安靖. 试论以白石崇拜为表征的羌文化 [J]. 宗教学研究，1988（4）：57—60.

③ 转引自周源. 试论纳西族白石崇拜 [J]. 云南师范大学学报，2001（5）：80—83.

④ 杨福泉. 纳西族木石崇拜文化论 [J]. 思想战线，1989（3）：49—55.

⑤ 弗洛伊德. 论文学与艺术 [M]. 北京：国际文化出版公司，2001：137.

也就是说，"施药"或"偿债"，这两个纳西东巴文化中最核心的观念，意味着：社会秩序和心灵秩序的基础，是对欲望的克制。

（三）这就引出了纳西先民的生活信念问题：如果从象征人类学的角度看，那么纳西古代文献的字里行间，处处都充斥着"性"和"生衍欲望"的隐喻；但是在所有这些之后，纳西民族的生活智慧却是"对欲望的节制"

这个态度，首先发轫于纳西先民的极为朴素的甚至是生物学层面的原始心理现象，那就是如何面对自己的欲望。但是，欲望的肆意决堤，不仅在社会生活层面，而且在精神和心灵层面，都造成了难以敉平的混乱和痛苦（其最强烈的记忆就是杀父）。这一可怕的经历也迫使儿子们学会管理自己的欲望，甚至在再次因欲望而相互陷入冲突的时候，能够克制欲望并修复秩序，从而避免了"刚刚建立起来的新秩序面临再次瓦解"的危险。① 更为重要的是，在修复心灵秩序的过程中，一种"生活意义"的结构开始构建起来。根据胡塞尔的理论，任何人都是生活在一个由"非课题性的知识"（unthematisches Wissen）组成的"模糊背景"（Umgebung）之中。② 也就是说，一切知识，包括自然科学知识，严格说来，都不是什么"客观真相的直接复现"（这是一种典型的、过时的反映论真理观），而是人在自己的"知识背景"中对外来信号加以处理的结果。但是，由于这个知识背景是存在于无意识层面，即人们在一般情况下感觉不到这个背景的存在和影响，所以胡塞尔说：这个背景"不在目光之内"。③ 舒茨同样认为：人处在他自己的"手头上的知识库"当中，他自己也感觉不到这个"知识库"的存在，但是却处处受到这个"知识库"的摆布。④ 生活意义就是在这个"手头上的知识库"中得以成立。⑤ 这就意味着，生活意义存在于一种"日用而不知"的文化规则之中，人们在共同生活的过程中，集体遵循这个规则，却并不意识到这个规则的存在，而这个作为文化规范的规则，就是

---

① 弗洛伊德. 图腾与禁忌 [M]. 北京：中央编译出版社，2005：155.

② 胡塞尔. 生活世界现象学 [M]. 上海：上海译文出版社，2002：108.

③ E. Husserl. *I deen zu einer Reinen Phanomenologie und Phanomenologischen Philosophie* [M]. Allgemeine Einführung in die Reine Phanomenologie, 1976: 145.

④ Schutz. *The Phenomenology of the Social World* [M]. Trans. by George Walsh and Frederick Lehnert. London: Heinemann Educational Books, 1967: 78.

⑤ Schutz. *The Phenomenology of the Social World* [M]. Trans. by George Walsh and Frederick Lehnert. London: Heinemann Educational Books, 1967: 169.

前文所说的"非课题性"的背景知识。[①] 这也是马克思所说的"人的现实的自然界"或"人类学的自然界"，[②] 与物理自然之间的根本区别。那么，纳西民族的先民在经历了可怕的同谋之后，"对欲望的克制"已经成为了一个相互依存、共同生活的"背景"，所以这个背景的主要特征之一就是兄弟之间的相互需要，实际上也就是"互为文化背景的一部分"。正是这一结构决定了本书"上篇"所提到的那种情况，即在冲突升级的时候，一种"克制欲望"的需要从冲突各方的心理世界深处开始浮现。

因此，一个如此突出"性"的含义的民族文化，其在日常生活知识（此处的知识当然并不限于"自然科学知识"，而是泛指各种知识）的信念层面，却是节制欲望的。无论是"木"、"石"（也就是"山林"）还是"蛇"、"蛙"的象征，最终都暗含了人对自然的攫取要有一个限度，那就是敬畏心。

由上可知，我们的结论是：一种文化能够引导和限制处于这个文化中的人们，并不因为这个文化所提供的知识是"科学的"，而是因为这个知识获得了人们的确信，从而成为一种普遍的生活信念。从中也可以提醒我们注意一个容易被忽视的反面现象：我们"知道"某种行为从"科学"的角度是有害无益的，但是这并不妨碍我们在"集体无意识"的掩护下乐此不疲，例如——还是在林业保护的话题下举例——人们都"知道"一次性筷子的产业化导致森林毁坏，但是我们都希望别人、而不是自己首先受到约束。所以，一个知识的社会有效性，往往不在于它客观上有多大的正确性，而在于它主观上的普遍可接受性。这就带出了一个基本的命题：一个知识，包括看起来最客观、最中立的科学知识，是它的文化属性决定了人们能够接受它。

二、文化相遇与知识可错性的哲学反思：哈贝马斯的文化知识学

在这里，需要首先借鉴知识社会学的一般理论，来进行抽象层次的学理探讨。纳西族先民的"山林"观念，作为一种"地方性知识"（local knowledge），[③] 自有

---

① J. Habermas. *Communication and the Evolution of Society* [M]. translated by Thomas McCarthy, Boston: Beacon Press, 1979: 13.

② 马克思，恩格斯. 马克思恩格斯全集（第42卷）[M]. 北京：人民出版社，1962：128.

③ Robertson, David P, Hull R Bruce. *Public Ecology: An Env-ironmental Science and Policy for Global Society* [J]. Environ-mental Science & Policy, 2003, 6(5): 399-410.

图 5-1 明显受到汉文化影响的丽江木雕牙床

图 5-2 木氏土司的夏宫充满了汉族庭院风格

其在纳西族人日常生活中被普遍承认的有效性，也就是这种知识的特定的"信念"层面（图 5-1、图 5-2）。但是，当西方文明——具体来说就是"科技文明"——突然进驻的时候，这种知识在特定区域和特定族群中间的有效性就丧失了。但是，一种高效的、强大的"科学技术"知识，又没有能够在当地人中间重新建立起新的知识信念，也就是科学信念（相关理论问题，可参见本书第四章）。而不应该忘记，无论是从西方引进的科学技术知识，还是纳西族本土的地方性知识，从科学知识社会学（Sociology of Scientific Knowledge）的意义上，[①] 都具有各自的民族——文化属性。正如西斯蒙多指出："在科学家的结论与物理世界之间，存在着某种特殊的联系方式或语言学关系。"[②] 所以，任何知识都不是人对世界的"纯客观的反映"，而是人的生理感官与文化前见共同作用的产物，是民族文化对感官信息加以中介的结果。由此可见：两种不同文化背景的知识的相遇，本质上就是两种文化的相遇。所以，在这里，我们需要从"文化际"或"文化间性"学说中获取一些必要的理论准备。

如上文所述，一般来说，在一个文化内部，领受这个文化濡染熏陶的人们很少会怀疑他们自己世代相传的知识。所以舒茨认为，只有文化上处在"自己人群落"内部的人们，才可能实现真正意义上的相互理解；而对于"其他人群落"，也就是与我们有着不同文化的人们，我们则"无法理解他的存在"。[③]

但是，作为受舒茨影响成长起来的思想家，哈贝马斯却有着不同的观点。他的学说，在文化相遇和跨文化交往的研究领域，具有举足轻重的地位。他提出，只有在文化相遇的情况下，一个文化中的人才会感觉到自己的"知识"是可错的

① David Bloor. *Knowledge and Social Imagery* [M]. The University of Chicago Press, 1991: 3.

② Sismondo. *Science without Myth* [M]. State University of New York Press. 1996: 8.

③ Schutz. *The Phenomenology of the Social World* [M]. Trans. by George Walsh and Frederick Lehnert. London: Heinemann Educational Books, 1967: 181.

（faillibilisme）。

他认为，任何交往行为都以交往者之间的文化上的"异质性"（heterogeneität，此概念与"非同一性"das nichtidentische、"他者"anderen 大体同义）为背景。有着不同文化背景和知识背景的人们，也完全可能实现交往。具体来说，哈贝马斯是把异质性作为社会生活"同一性"的基本资源，来加以尊重和保护，同一性是建立在个体异质性之上的一种临时的建构。哈贝马斯说："只有在理性的多元声音中，才能识别出理性的同一，"[①] 而这个同一性"不仅支持、而且促成和加速人们生活方式的多样化和生活风格的个性化。"[②] 可见，同一性是在异质性的基础上得以成全的，反之亦然，二者之间正是黑格尔所说的"中介"（Vermittlung）关系，即"只由于对方存在，它自己才存在。"[③] 所以，哈贝马斯说：在"同"与"异"的问题上，任何偏执于一端的立场，本质上都是"一元思维"的某种形态的变种，所以"极端的语境主义"（多）和"极端的形而上学"（一）是一对"反向的同谋"。[④] 与之不同，他本人的观点是：异质性"多"与同一性"一"总是处于某种辩证的、动态的平衡当中，那么交往理论所可期、可欲的"文化间的共识"，也就只能是一种"暂时"的、立刻就会被打破重建的"动态"共识；而绝非康德式的固态的、先验的"稳定同一"（这一点显然继承了阿多诺，后者也反对康德式的"固定"观念。[⑤]）。为了解释这一立场，一贯不用修辞、曾被指责为"枯燥"的哈贝马斯，还罕见地做了一番比喻：人们之间的交往，就像一艘"摇曳的海船"，脚下没有一个"固定的基础"，只是在偶然性的汪洋大海（"多"）上，在颠簸中维持着瞬时的平衡（"一"）；每一次平衡都是对上一次平衡的辩证否定。但也正是这种瞬时平衡，却是同一性不被异质性所淹没的唯一途径。[⑥]

这一思想也与黑格尔"中介辩证法"相似，后者认为："中介不是别的，只是运动着的自身同一。"[⑦]"异质性"作为交往实践中对"理想状态"的一个干扰，不仅是不可回避的，而且恰恰是重建生活世界"同一性"的资源。正是"异质性"这个不速之客，迫使每一个参与交往的人，反思自己的本已习以为常的知识背景，使这些无意识的知识，从实践层面（"从来都是如此"）恢复到命题层面（"为什么要如

---

① J. Habermas. *Nachmetaphysisches Denken* [M]. Frankfurt am Main: Suhrkamp 1988: 154.

② J. Habermas. *Nachmetaphysisches Denken* [M]. Frankfurt am Main: Suhrkamp 1988: 179.

③ 黑格尔. 小逻辑 [M]. 北京：商务印书馆，1980：254.

④ J. Habermas. *Nachmetaphysisches Denken* [M]. Frankfurt am Main: Suhrkamp 1988: 153.

⑤ 阿多尔诺. 否定的辩证法 [M]. 重庆：重庆出版社，1993：217.

⑥ J. Habermas. *Nachmetaphysisches Denken* [M]. Frankfurt am Main: Suhrkamp 1988: 184.

⑦ 黑格尔. 精神现象学（上卷）[M]. 北京：商务印书馆，1997：12.

此"）。① 但是，到此为止，哈贝马斯仅仅说明了一个人的无意识的背景知识如何被"异质性"所激发，从而引起他对自己的生活世界的反思和重建；却没有解决另一个问题：人们的生活世界，是如何从"一开始"（这里只是从逻辑上表述方便起见，实际上哈贝马斯认为交往过程与生活世界的重构过程随时交织，本没有什么"一开始"状态）就彼此呈现出"异质性"？换句话说，"异质性从哪里来"的问题被回避了。这样，"异质性"本身保留了一定的先验色彩。

究其原因，在"普遍语用学"阶段，哈贝马斯的主要关注点是如何把"言语"从表意工具的角色中挽救出来，并恢复其作为一种"行动"的本来面目，从而为"交往行动理论"铺平道路。这个迫切的任务，允许哈贝马斯暂缓回答"文化之间的异质性从哪里来"的问题。在这一阶段，他关心的是"语言的语用维度是逻辑和语言的分析工作所无法达到的"，② 换句话说，交往即语言的实用维度，它作为一种"以言行事"（illocutionary act）的现实的日常行动，是"非分析"（非科学）的，也就是无意识的。也就是说，各个文化之间的人们的交往，是在一种特殊的背景知识下发生的，那就是"规则"（西方学界一般认为，知识，包括"科学"知识，都体现在"语言规则"的逻辑里）。一方面，哈贝马斯继承和发展了英国日常语言学派的先驱奥斯汀的思想，后者把"说话"分为"以言表意"和"以言行事"两大类，由此区分出"记述句"与"施为句"两种不同的语句类型。③ 显然，在哈贝马斯看来，前者作为一种传达信息的工具行为，是有意识的；然而，当人们说出"施为句"的时候（比如市长宣布仪式"开幕"，就不仅是在传达信息，而且是在实施开幕这个事件），虽然遵循了规则，但他/她并不意识到这个规则的存在。④ 这一点受到乔姆斯基的"无意识的深层语法"理论的启发。另一方面，哈贝马斯同意维特根斯坦的观点："人们不可能'私人地'遵守规则"，⑤ 也就是说：规则只存在于主体之间，亦或如童世骏先生所说："没有主体间性就没有规则。"⑥ 综合上述两个方面：对哈

① J. Habermas. *Communication and the Evolution of Society*［C］. translated by Thomas McCarthy: Beacon Press, 1979: 12.

② J. Habermas. *What is Universal Pragmatics?*［C］// *Communication and the Evolution of Society*, translated by Thomas McCarthy. Boston: Beacon Press, 1979: 6.

③ 奥斯汀. 如何以言行事［M］. 北京：商务印书馆，2012：5.

④ J. Habermas. *Communication and the Evolution of Society*［C］. translated by Thomas McCarthy, Boston: Beacon Press, 1979: 13.

⑤ 维特根斯坦. 哲学研究［M］. 北京：商务印书馆，2000：121.

⑥ 童世骏. 没有"主体间性"就没有"规则"——论哈贝马斯的规则观［J］. 复旦学报（社会科学版），2002（5）：23—32.

贝马斯来说，"交往"就是多个人在没有意识到规则的情况下遵循同一规则的言语行动。① 例如，两个没有受过教育的德国人，他们虽然不懂什么语法，却可以用流利的德语表达问候。②

这样一来，"规则"这种特殊的背景知识，就成为了生活世界的无意识性或"非课题"性的集中体现。交往就是在这个无意识的境域里发生。这一点与批判理论的传统态度十分不同。在霍克海默看来，社会生活的无意识性是一种麻痹人的、压迫性的现代病症，而批判理论之所以充当着"一种批判的进步因素"，③ 就在于理论家能够发现并破除无意识生活结构所造成的"歪曲的意义"，④ 从而回归"真实的自然现实"。与之不同，哈贝马斯却认为，任何人，包括理论家，都不可能直接生活在物理自然之中，而是生活在他自己的"知识背景"里，生活在一个对他来说作为"第二自然"而存在的"文化规则"世界里，而且他自己也意识不到这些"文化规则"。第二自然既是胡塞尔所谓的"地平线"，也是马克思所说的"人的现实的自然界"或"人类学的自然界"。⑤ 人不可能绕过第二自然（生活世界）而直接面对第一自然（物理世界）。正如马克思所说："被抽象地孤立地理解的、被固定为与人分离的自然界，对人来说也是无。"⑥ 既然如此，那么作为第二自然的"无意识的日常生活"，主要是"无意识的文化规则"，就是不可避免的，因此理论家们的任务，就不再是破除这个第二自然，而是反思和理性地重建这个文化规则。胡塞尔认为，重返生活世界，是避免"欧洲科学的危机"的必由之路。

也就是说，"普遍语用学"和"交往行动理论"阶段的哈贝马斯，关心的是规则（作为"第二自然"的无意识的生活世界的一部分）的不断重建问题。但是，在进入新世纪之后，哈贝马斯开始思考：人们之间异质性的、同时也是无意识的生活世界，包括"规则"，是如何成立的？所以，如果说，他此前的学说更多地回答异质性的"功能"问题，那么此时则转向了对异质性本身的"描述"。

与"普遍语用学"阶段一样，这一时期的哈贝马斯仍然认为：语言的最重要的作用在于发起行动，所以语言的主要特征是其在日常生活中的实用性，也就是"施

---

① J. Habermas. *Communication and the Evolution of Society* [C]. translated by Thomas McCarthy, Boston: Beacon Press, 1979: 209.

② J. Habermas. *Theory and Practice, trans by John Viertel* [M]. Boston: Beacon Press, 1976: 22.

③ 霍克海默. 霍克海默集 [C]. 上海：上海远东出版社，1997：188—189.

④ Horkheimer. *Geschichte und Psychologie* [J]. Zeitschrift für Sozialforschung, 1932(1): 135.

⑤ 马克思，恩格斯. 马克思恩格斯全集（第42卷）[M]. 北京：人民出版社，1962：128.

⑥ 马克思，恩格斯. 马克思恩格斯全集（第42卷）[M]. 北京：人民出版社，1962：178.

事"性（performative）。^① 而"perform"一词在尼采那里指的是"表演"，呈现这项"表演"的舞台，则是萨提儿歌队那"虚构的自然状态的空中阁楼"。^② 这一隐喻与哈贝马斯的"第二自然"概念十分相似。实际上，哈贝马斯的"perform"，也就是"施事"行为，也必须发生在"潜意识的背景"之中，换句话说，人们并不意识到他／她自己种种言行的发生背景：生活世界。就如同"入戏"的演员们在表演时并不意识到"舞台"的存在，而是认为自己就生活在剧情中。也只有这时，人们才说他的表演很"自然"。

这一点之所以重要，是因为：哈贝马斯认为，只有在"行动"当中，人才是"在场"的；^③ 相反，如果从行动者的角色退却到第三者的眼光来"旁观"行动（科学就是一种典型的"旁观"态度），试图让无意识的"规则"转化到有意识领域，那么人也就退出了那个生动的生活舞台。这个局外人立场（科学家就持这个立场），正是哈贝马斯早年和阿多诺一起抨击的实证主义。^④ 所以，哈贝马斯的"行动"观念，指的是人面对生活的在场状态下的自由意识支配的行为。这就有三点需要指出：第一，自由意识体现为"意图"。也就是说，行动是在明确的意图驱动下做出的，这也是行动者能够为自己行为负责的关键。用哈贝马斯的话说，正是意图使某一行动"被归于某人名下"成为可能。^⑤ 第二，行动之所以是可理解的，是因为它建立在理由的基础上，而理由只能在主体间的公共空间内得以成立："交往理性的关键是寻求理由或依据——更好的商谈的非强制性力量——而达于对这些主张的主体间承认。"^⑥ 因此，行动的理由，不是来自某个脱离人的"客观规律"，而是依托"社会性期待"（Erwartungshorizont）而成立。^⑦ 第三，也是最重要的一点：意图和动机的区别。正如上述第一点所说，"意图"推动自由的行动，所以意图是行动者明确意识到的。但是，这些自由的人们并不知道他们被"动机"（Antrieb）所预先规定，它决定着人们"倾向于某种意图"而不自知，所以丝毫没有不自由的感觉。动机属于一个"意识

---

① 哈贝马斯. 在自然主义与宗教之间 [M]. 上海：上海人民出版社，2013：151.

② 尼采. 悲剧的诞生——尼采美学文选 [M]. 北京：生活·读书·新知三联书店，1986：50.

③ 哈贝马斯. 在自然主义与宗教之间 [M]. 上海：上海人民出版社，2013：152.

④ 童世骏. 批判与实践——论哈贝马斯的批判理论 [M]. 北京：生活·读书·新知三联书店，2007：6.

⑤ 哈贝马斯. 在自然主义与宗教之间 [M]. 上海：上海人民出版社，2013：153.

⑥ Jürgen Habermas. The Theory of Communicative Action, Volume 2[M]. translated by Thomas McCarthy, Boston: Beacon Press, 1987: 130–134

⑦ 同③。

之外"的、①"模糊不清"的生活世界背景，是人们"只缘身在此山中"的第二自然。正因为如此，所以哈贝马斯认为，自由与决定论之间的矛盾，在这里却没有出现。②

问题恰恰出在这里：人们在能够按照自由意识去追求自己意图的时候，就认为自己是自由的；但是，对于自己为什么会有"这样的意图"，却从不追问。而人与人之间的意图又是彼此不同的，那么这种"意图"方面的异质性，就根源于地方性知识的不同。纳西族"山林"观念与西方科技文明的冲突，就是在这个层面上发生的。

在此，哈贝马斯首次指出人的无意识背景的来源，也就是"知识的信仰层面"的来源问题，那就是躯体和生活史。他认为，每个人之所以具有一种"个体化（individuierende）的力量"，致使彼此之间能够发展出不同文化之间的"异质性"，就是因为人除了有理性或理由（有意识之物）这些共同的东西外，还有两个"附加的东西"。③一是我的器质性的肉体，它构成了"自我存在（Selbstsein）以及对'我的'行动的自我归因的关联基础。"这是我的种种现实经验的物理枢纽，也是我不可替代的第一自然。二是我个人的独特的生活史，"这个人只有在他的生活史的进程中，才具有了独特的个体的种种特征"④。这是我生活世界的时间轨迹，⑤也是我与众不同的第二自然。

人与人之间两个自然的差异决定了他们不可消弭的异质性。这样，哈贝马斯早年文献中的异质性概念，就脱去了其不可解释的先验色彩，而回归到"经验内部"。⑥这里值得指出的是：对批判理论家来说，"经验"一词特指那些不能被同一性所侵吞的、拒绝被物化逻辑所消耗的生动现实，因此他们说资本主义中的人是"失去经验的人"。⑦所以，这里的经验一词，本身就指向异质性，也就是格尔茨所说的"地方性知识"。

这样，哈贝马斯就提出了一个十分奇特的概念：受自然限制的自由。⑧他认为，自由与否，不在于是否存在限制（Bedingtheit），而在于到底是自由意志受到限制，还是动机背景的构建过程受到限制。如果人的意志和意图遭到了限制，那么一个社

①　哈贝马斯. 在自然主义与宗教之间［M］. 上海：上海人民出版社，2013：158.

②　哈贝马斯. 在自然主义与宗教之间［M］. 上海：上海人民出版社，2013：159.

③　哈贝马斯. 在自然主义与宗教之间［M］. 上海：上海人民出版社，2013：155.

④　哈贝马斯. 在自然主义与宗教之间［M］. 上海：上海人民出版社，2013：156.

⑤　沈云都. 生活世界的时间性——从胡塞尔到哈贝马斯［J］. 云南社会科学，2014（4）：49—53.

⑥　同④。

⑦　仰海峰. 否定的辩证法与批判理论的逻辑终结——阿多诺《否定的辩证法》解读［J］. 学习与探索，2010（2）：17—23.

⑧　哈贝马斯. 在自然主义与宗教之间［M］. 上海：上海人民出版社，2013：158.

会就趋于同一化（其典型就是现代资本主义），人就会感到自己是不自由的（当然，哈氏也承认早期批判理论的观点：即使是在资本主义的同一化规训下，人们也已经"沿着符合社会所期望的行为轨道成长起来"①，从而感觉不到自己不自由）。可是，如果是人的知识背景受到第一和第二自然的限制，那么社会将允许"异质化"（社会多元），而且这种限制是发生在无意识的结构里，因此人们不会觉得自己不自由。②从这个意义上讲，"受限制的自由"不仅是可能的，而且是各种民族文化土壤下的"地方性知识"的共同特性。只有这样的自由，才可能保存和呈现社会生活和民族—文化形态的多样性和异质性。

由此可见，文化的或者说知识的"限制"，是发生在无意识层面，即作为每个人先天不同的躯体的第一自然以及（特别是）充当着"知识背景"的生活世界作为第二自然。由于这个限制是发生在交往的背景里，而不是在交往的过程中，所以人们一般无法意识到这个限制。也可见，这个限制，恰恰以人与人的两个自然的差异为基础，从而充当了人们日常生活"异质性"的来源和保障。

通过对比可以发现：对胡塞尔来说，"生活总是在对世界的确信中的生活"③。这种"确信"或信念，意味着生活世界是不被反思的：它是一切意识得以被确信的地平线（视域），当然也是反思意识的地平线，所以生活世界是"前反思的"，它本身不作为反思的对象，"永远不被觉察"。④但是，哈贝马斯却强调生活世界恰恰是反思的最后目标："生活世界是对我们再熟悉不过的整个世界的基础加以追问的自然源头。"⑤基于同样的原因，针对伽达默尔断言反思者不可能反思其前见（pre-judice，这正是胡塞尔"生活世界的前反思性"的解释学翻版），哈贝马斯批驳道："当反思的力量看透了反思赖以产生的传统的起源时，生活实践的教义就会发生动摇。"⑥他认为，异质性偶然经验，也就是"我"与另一种文化的相遇，引起对生活世界（文化）的反思，导致我们以往的"透明的生活方式"失去透明性、变得陌生（Fremdheit）和可疑。⑦也就是说，生活世界的非课题性的背景知识通过反思被

---

① 霍耐特. 权力的批判——批判社会理论反思的几个阶段 [M]. 上海：上海人民出版社，2012：21.

② 哈贝马斯. 在自然主义与宗教之间 [M]. 上海：上海人民出版社，2013：162.

③ 胡塞尔. 欧洲科学的危机与超越论的现象学 [M]. 北京：商务印书馆，2005：171—172.

④ 胡塞尔. 欧洲科学的危机与超越论的现象学 [M]. 北京：商务印书馆，2005：213.

⑤ J. Habermas. *Nachmetaphysisches Denken* [M]. Frankfurt am Main: Suhrkamp 1988: 24.

⑥ 哈贝马斯. 评伽达默尔的《真理与方法》一书 [J]. 哲学译丛，1986（3）：71—74.

⑦ J. Habermas. *The Theory of Communicative Action, Volume 2* [M]. translated by Thomas McCarthy, Boston: Beacon Press, 1987: 134.

"课题化"。这一点是对胡塞尔生活世界的重大更正。因为这样一来，生活世界就是可错的（faillibilisme）："反思随着对物的错误认识，同时也能冲破惯常的教义式的生活方式。"① 把这一点推向极致，生活世界就有可能从总体上被动摇甚至颠覆："生活世界是没有问题的，但是它可能崩溃。"②

但是另一方面，旧的生活世界被反思冲破的过程，同时伴随着生活世界的重建，或者说文化和地方性知识的再生产。首先，随着交往的不断扩大，他者文化作为异质性偶然经验，不断促使生活世界被反思，从而为文化的重建、进而为生活世界的重建提供了动机或必要性。其次，我与他者文化通过语言进行交往，就是生活世界在反思中被重建的过程，所以哈贝马斯说：是"语言作为媒介实现了生活世界的再生产"③。再次，濡染不同文化的民族之间的交往的无限拓展和异质性他者的永续来临，决定了生活世界的重建过程是无限开放和永续未完成性的："在作为交往行动之源泉的生活世界与作为该行动之结果的生活世界之间，构成了一个循环过程。"④ 所以生活世界的同一性永远是暂时的，它只是"主体之间一瞬间的共同背景"。⑤ 最后，这种即时颠覆又即时重建的机制，恰恰构成了民族文化的连续性和传承性："再生产的过程把生活世界的现在的条件与将来的状况连接起来。"⑥

至此，哈贝马斯完整地说明了生活世界作为"知识背景"，在文化相遇的视野下可能发生改变这一事实。直到今天，哈贝马斯的思想，仍然是文化相遇问题的前沿并激发着不同学派、不同国度的学者都在某一个方面继续探讨着他开创的话题。胡塞尔在晚年时期，曾经断言"生活世界"是一切"科学"知识得以发生的"视域"；⑦ 那么，对如今也已耄耋之年的哈贝马斯来说，"生活世界"则不仅限于西方式的自然科学知识，而是人类一切知识的生活背景和得以成立的前提。这一理论，对于我们理解本书后面的内容，特别是两种不同文化背景的知识在相遇过程中的种种社会效应，具有基础性的分析纲领意义。但是，不得不说，这种文化相遇是理想化的。因为哈贝马斯假设了一个濡染不同文化的人们"平等交往"的时空，但是，

① 哈贝马斯. 认识与兴趣［M］. 上海：学林出版社，1999：14.

② J. Habermas. *The Theory of Communicative Action, Volume 2*［M］. translated by Thomas McCarthy, Boston: Beacon Press, 1987: 130.

③ J. Habermas. *The Theory of Communicative Action, Volume 2*［M］. translated by Thomas McCarthy, Boston: Beacon Press, 1987: 137.

④ J. Habermas. *Nachmetaphysisches Denken*［M］. Frankfurt am Main: Suhrkamp 1988: 50.

⑤ J. Habermas. *Nachmetaphysisches Denken*［M］. Frankfurt am Main: Suhrkamp 1988: 99.

⑥ 同③。

⑦ 周昌忠. 现象学：科学发现的认识论［J］. 哲学研究，2013（10）：81—89.

问题在于：西方科技文明（这一文明对中国的大多数少数民族来说，是通过汉族的民间和以汉族为主的政府"递延"而来的）对纳西族的知识袭入，至少在半个世纪以来至今的这段历史中，并非是"平等交往"的。这就要求我们不仅要参考哈贝马斯的理论，而且要突破和拓展另一个视角：弱势知识体系的有效性，在现代的一般命运如何？

三、纳西族先民的地方性知识与西方科技知识的相遇：一个概论

在生死、性爱、借偿等主题构成的观念结构下，纳西族古代先民世代相传的是一种限制自身欲望的知识信念。这个信念在哲学上的前提，是主体（人）与客体（自然世界）之间，不是俨然的对立关系。也就是说，人与自然（署）的界限是不明晰的。

相比之下，西方近代以来的科技文明的哲学基础，就是主体与客体的分离。从笛卡尔开始，对外部世界的感知的确定性，就是建立在一个主客体二元论的基础之上，从而"科学"的认识论基础和形而上学基础，就是主体与客体的截然的分裂关系。[1] 从自然科学方法论的角度上讲，要求研究者完全处于"客观中立"的立场，实际上也就是承认和捍卫主体与客体的分离。[2] 并且，正如本书第四章所言，当主体与客体分离之后，"绝对形式"的角色将是不可或缺的，因为主体"人"在如何真实地、正确地知晓客体"物"的问题上，必须得到"绝对形式"的担保，否则一切知识都有可能是人的幻境或臆想。所以，科学与西方知识传统的结盟，对于西方近代思想和知识领域而言，自有其不可回避的必然性。[3] 但是，正是因为这个结盟是隐蔽的，所以原产于欧洲的科技文明，在全球化浪潮的广泛延展中，向世界各个民族、各个地区、各个国家蔓延的过程中，往往是作为命题层面的科技知识得到了"移植"，而作为信念层面的科技文化，却被所谓的"科学知识的客观性和超越文化偏见的特征"所遮蔽。

与之不同，纳西族的传统观念中，人与自然之间的界限是模糊的，也是可以跨

---

① Heidegger, Nictzsche, Pfulligen, 1961, Bd.2, S.147.

② 笛卡尔. 第一哲学沉思集［M］. 北京：商务印书馆，1986：110.

③ 罗素. 西方哲学史：及其与从古代到现代的政治、社会情况的联系（下卷）［M］. 北京：商务印书馆，1976：91.

越的。这一点在前文中已经多次论证过。甚至与他们的邻居和文化上的老师藏族相比，纳西族先民也没有划定不可逾越的封山线"日卦"这样的习俗。[①] 此外，纳西族人相信，无论是董神、术鬼、署族还是人类，居于四方的各种生物在死后都要分解为黄金大蛙"含失罢美"所尸解而成的"阿哇、精要、和、哇、能"这五种元素，[②] 这说明：四个世界之间也没有什么"先验"的界限。此外，纳西文化另有一说，即在居那什罗神山的东面住着"瑟宜劳跋啤"人，也就是汉人；神山的南面住着"虚宜拙不吕"人，也就是白族人；神山的西面住着"奴微跋路休"人，也就是藏人；神山的北面住着"虚微追母聂"人，也就是纳西人。[③] 也就是说，此时的四个世界，变成了四个民族而已（在这个四个民族中，藏族、白族和纳西族都是古羌人的后裔，而汉族却不是，与这一点正好相符的是：纳西先民没有把"汉族"算作崇仁利恩的三个儿子之一），那么种属上的不同也就被民族和习俗上的不同所取代，四个世界之间的边界更加容易跨越（图5-3）。甚至在纳西族神话谱系的逻辑上的最开篇之处，就已经断言了人类从动物中"进化"而来，[④] 由此可知，人与自然之间的界限，实际上与两种一般生物之间的界限一样，是相对的。

图5-3　恬静祥和的丽江民居，各种文化交杂共生

　　正如前面所说，西方科技文明的袭入，在绝大多数情况下仅仅是科技知识在"命题"层面的袭入，而其"信念"层面则既没有被植入，而新的知识体系又不具有再造社会信念的功能。这样一来，在古老的纳西东巴文化区域中（类似于其他非西方民族在近代之后的遭遇，其中也包括汉族），人们就缺乏对知识的信念层面的反思和批判。这也正是前文中的哈贝马斯和胡塞尔所谓的"知识背景的无意识性和非课题性"问题。由此，传统文化观念和知识信念，在纳西族世居地区的解体，以及西

---

　　① 杨福泉. 藏族、纳西族的人与自然观以及神山崇拜的初步比较研究［J］. 西南民族大学学报（人文社会科学版），2004（12）：1—4.

　　② 和芳口述. 木扒卦松——找卦书［M］. 云南民族文学资料油印本（第22集），1979：32.

　　③ 杨福泉. 魂路［M］. 深圳：海天出版社；南昌：江西教育出版社，2000：32.

　　④ 和芳，周耀华. 崇摆图［M］. 丽江县文化馆石印本，1964：36—37.

方的知识信念在该地区的缺失，导致了一系列生态和文化的悲剧。而这些悲剧的发生，说到底是科技文明时代绝大多数非西方民族所共同面对的问题，因此具有一定的普遍性和结构上的一般性。本书后面的内容，对科技文明袭入后的纳西东巴文化区域生态破坏情况的梳理，其意义恐怕也正在于从中发现一些值得一般性借鉴和反思的东西。

对本书来说，值得特别注意的将是 20 世纪下半页的两次严重的砍伐浪潮，一次是在 20 世纪五六十年代丽江支援中原地区建设的时候，一次是在 1979 年林山承包到户之后的数年之间。这两次砍伐高潮，一者为"公"，一者为"私"，有着似乎相反的动机，但是它们共同暴露出地方传统知识信念的瓦解，或者与这种瓦解互为因果。

第六章

"林郭相望"：人与山林"边界"的出现及"大洪水"隐喻的现代解读

弗洛伊德认为，"文明"就是人们抵制自然的方式。[①] 或者说，文明规则与自然本能之间，存在着一种无可避免的对抗关系。文明总是要求人们放弃自身生物本能中的一部分东西，比如占有欲、侵犯性和肆意获得性爱的冲动，等等。在这里，弗洛伊德认为文明建立的过程，也就是人们逐步丧失欲望自由、特别是性欲望自由的过程。[②] 人的行为就是文明的规范由外而内地控制人们的行为和思想的过程。

值得注意的是，这一点与我们之前的结论是一致的，即一个文明内部，对人们的行为起规范和限制作用的，往往不是知识的命题本身（比如"关于这个事件的事实是什么"），而是知识的信念层面（比如"有一个不可见的力量在维持着这个事实"），而后者来自于一个文明的个性。问题是，科技文明进入其他民族生活的时候，首先破坏的恰恰是这个信念层面。

一、轮伐轮种周期计算公式及地方性知识的代际断层……○

直到今天，在很多丽江老人的记忆里，在水源地或山上砍伐树木，事后又不举行偿债仪式"子趣软"（zzerq ciul ruaq）或"朱软"（rzu ruaq），[③] 就会遭到山

---

① 弗洛伊德. 文明及其缺憾［M］. 合肥：安徽文艺出版社，1987：31.

② 弗洛伊德. 文明及其缺憾［M］. 合肥：安徽文艺出版社，1987：50.

③ 杨福泉. 略论东巴教的"还树债"及其口诵经［J］. 思想战线，2013（5）：67—71.

176

神"署"的报复而生病。[①] 直到近几年，仍然有老人严格禁止自己的孩子以卖钱为目的上山伐木，但这并不意味着纳西族像藏族一样禁止对山林的一切砍伐。事实上，纳西族的传统观念认为，为了自己的必要的生活而向"富有的兄弟"——山林之神"署"——进行有限的索取，这是可以容忍的，也是在所难免的，就如丽江地区的谚语："六畜不旺可开猎"（图6-1）。

图6-1　丰腴之年依仗劳作，荒歉之年可求诸山林

但是，在这个攫取自然的过程中，人们必须要有敬畏之心，这个敬畏之心就体现在偿债上。在与杨玉勋东巴的交谈中，笔者注意到，实际上，无论是较小规模的"子趣软"，还是较大规模的"朱软"仪式（这个仪式往往伴随着"署古"而举行），纳西先民的"偿债"观念与汉族或西方民族一般意义上的"还债"并不完全相同，只不过是因为在汉语中没有合适、对应的词来对译而已；它并非真的要求人类等值等量地向自然进行对价给付，而是仅仅为了表明人类具有"偿还"的意识和负疚感，实际上更多的是"谢罪"的意思（但是人与署的兄弟关系中，人是兄长，署是小弟，因此用"谢罪"一词显然也是不妥的）；用杨玉勋的话说，就是"要有那份心"。他举例说：现在国家颁布的《中华人民共和国环境保护法》规定，一旦某个企业或者个人污染了水源，就要"成倍"地接受国家罚款；但是，在纳西族先民的传统观念里，"山林"中流下来的水路，是和粮食一样可贵的，当地叫做"哈内吉"，意思是"水和粮食一样重要"，所以一旦水源污染，那就是"最堆"，也就是汉语"犯下大罪"的意思。这不是赔多少钱的问题，关键是内心要有悔罪的情感。这样，他的一个观点就很值得玩味，他认为：纳西族的山林观念和偿债思想，并不完全是为了维护自然，而更多的是为了维护人类自己的内心。这与本书第二章所指出的人之所以要与山林之神"署"建立起兄弟关系，就是为了修复自身的心灵秩序的观点是一致的。

实际上，丽江地区的先民们也有集体砍伐山林的有组织行为，但这些行为都是

---

① 和志武，杨福泉. 中国原始宗教资料丛编・纳西族卷［M］. 上海：上海人民出版社，1993：236.

在严格的控制和监管下开展起来，并伴随着繁复而慎重的仪式。监督和管理砍伐行为的，一般是"老民会""居瓜"和"吉瓜"这些特有的职设。例如，杨福泉教授就曾经研究过，直到 20 世纪 50 年代之前，丽江仍然普遍存在着选举"老民会"的习惯做法。其中，在丽江白沙玉湖村地区，在每三年的六月火把节期间，就要进行一次"老民会选举"，选出德高望重的"老民"七八人至十数人不等，组成老民会。三年一次的改选，目的是为了对"老民会"本身也有所约束，凡是不能恪尽职守、甚至枉徇私情的长老，有可能落选，这对老人们来说是很丢面子的。这个民间组织的职能就是依据乡规民约，制定出有责任心的管山人（称为"居瓜"，如图 6-2）和管水人（称为"吉瓜"），来监督和管理地方村民砍伐树木、劈破岩石、污染水源等等行为。[1] 一旦有人家里需要木料，应该上报老民会，由老民们决定砍伐哪棵树。管山人和管水人"居瓜""吉瓜"每天都要巡山、巡水，如果发现村民们破坏乡规民约砍伐树木，就要立即上报老民会，由老民会商议加以制裁。[2] 据笔者了解，一般在玉湖地区，如果发现一株直径 10 公分粗细的树被私自砍倒，通常要对偷

图 6-2 曾经的"居瓜"：赵有光老人

伐者处以罚款 100 元（问题是，这个价格低于丽江木材市场上一株这样树木的木材价格，所以笔者估计该手段的威慑力部分在于精神上），这个钱要交到村里，用来补助穷人家。这个习俗甚至直到今天还保留着，并且衍生出一个令人十分惊讶的制度副产品：哪家要是发现山上的某一棵树木因为自然的原因死了，就会自觉地向村里缴纳 50 元、100 元、120 元不等，最少也要交 15 元，然后才会把这株死树伐回家去。他所缴纳的钱款树木，与死亡树木的大小总是成正比关系，从未出现过"少缴少纳"的事情。

---

① 杨福泉. 略论纳西族的生态伦理观 [J]. 云南民族大学学报（哲学社会科学版），2008（1）：38—42.

② 同①。

另外，在很多地方，如白沙的龙泉村，管山人"居瓜"的职务经常由藏族人担任。这一方面是因为纳西族人认为藏族人性格耿直无私，值得信任；另一方面可能也是考虑到藏族人是外来人，人际关系比较单纯，不至于徇私舞弊。[①] 地方上一方面对"居瓜"十分倚重，但是另一方面也很气恼他们。民间甚至有"管山员家中的火熄了，也难讨到火种"的谚语。但是丽江纳西族对待山林的态度也不是一味的保护，也有组织地进行必要的砍伐，称为"局然"。这种局然活动一般安排在每年农历9月以后，即深秋或初冬，也就是一年中的雨季结束的枯水季节。[②] 按照现代林业科学的观点：雨季对于树木的生长是极为重要的时期，这个时候应该禁伐。但是当地人的解释却是：如果这个时期砍伐，将招致冰雹和洪水（事实上，从"科学"的角度讲，如果在雨季出现水土流失，也确实容易引发山洪）。举行"局然"的时候，各家能够砍伐的树木和枝桠的总数，都是由老民会核定，各家各户的砍伐数量要经过老民会验对无误，才能各自运回家。

在笔者的调查过程中，一位曾经担任过玉龙村的管山人"居瓜"和管水人"吉瓜"的老人闵尚群（图6-3）说：一般来

图6-3　曾经的"吉瓜"：闵尚群老人

说，玉湖村地区组织的集体砍伐活动（可能由于地域的相异，这里并没有"局然"这种称谓，但其理相通），每年砍伐的林木面积大致在200米见方[③]（这是他比划出来的距离，笔者进行了大致的测量和估算），即砍即种，或者是"冬砍夏种"，总之要在半年之内确保补种这200米见方的面积。如果按照他的说法，也就是：

$$200 \times 200 = 40000 \text{ 平方米},$$

相当于每年大约砍伐并补种 40000/666.7=60 亩。

---

①　杨福泉. 东巴教通论 [M]. 北京：中华书局，2012：504.

②　杨福泉. 略论纳西族的生态伦理观 [J]. 云南民族大学学报（哲学社会科学版），2008（1）：38—42.

③　米见方为口语化的面积／体积单位，1米见方即1平方米／立方米——出版者注。

而玉龙村的总林地面积为 29900 亩，其中靠近道路、便于运输木材和节省人力的面积大约为 1/10，也就是大约 3000 亩，则：

3000/60=50 年（一个轮伐轮种周期）。

如果我们把纳西族村落每年的砍伐面积设定为 F，把村落的总的林地面积设定为 M，其中可以用于轮伐轮种的林地面积大约是总林地面积的 1/10，也就是 $M/10$，而把轮伐轮种周期设定为 X 年，则轮种周期的计算公式就是：

$X=（M/10）/F$

而这个 X 值，在丽江地区大体维持在 50 左右。

换句话说，一般而言，当地轮种轮伐的频率大约是 50 年一个周期。而当地一般树种为栎树、松树、柏树等，这些树种的成熟周期一般在 20 年左右（如马尾松、云南松等），树高可达 20—30 米，有些松树甚至可以长到 50 米，已经是巨大的乔木了。

据闵尚群老人说，这种情况在丽江大研古城周边的山林村寨地区，是十分普遍的，也就是说，50 年一个栽种和砍伐轮回的频率，是带有一般性的。而从植物生长的角度来讲，这个频率也是很"科学"的（请注意，这里仅仅在纳西地方性知识与科学知识的"命题"层面进行浅易的比较。实际上，二者之间的可比性是需要论证的）。

当然，这种"局然"的集体砍伐也并非毫无弹性。每年，在砍伐之前，在老民会的领导下，管山人"居瓜"都要制定砍伐计划，划定砍伐的区域，并标记出这一年计划砍伐的树木中大树有多少，并要做成号码，各家抽签决定这些大树砍倒后的归属。在这个过程中，村委会、群众代表都可以参与制定方案、发表意见，同时，地方林业局也会提供种子，供补种之用（图 6-4）。

图 6-4 重新栽种起来的山林树木

据笔者的采访，有一位老年的玉湖村人回忆：在他年轻的时候（他说自己可能是 1948 年出生，但他对自己的出生年份不太记得清了，而据笔者估计他的年龄也许还要老很多，看样子应该是 20 世纪二三十年代的人，遗憾的是他不会写字，且口音颇重，而周围的人也说不清、写不出，因此无法记录下他的名字），地方上的管理相当严厉，每家每户对孩子的教育都很强调山林保护，如果孩子不小心污染了水源或者弄死了树木，就会遭到家长的严厉惩罚。而即使地方上一些很有势力的人物，在某些方面可能不可一世，但只要毁坏了山林，比如引发了山林火灾，都可能立即"混不下去"，除非他"见人就磕头"，向乡邻们表示深刻的忏悔，才能得到地方上的饶恕。[①] 这不仅看出老民会的权威很高，而且可见地方上保护山林、敬畏自然的集体意识是相当强烈的。

但是，这位老人也强调说：老一代的人"素质"都很好，敬畏神灵、信奉东巴、保护山林已成自然，因为那时候的人读书识字的多，老人们有文化有"知识"，所以山林保护得就好；现在不一样了，年轻人"都不是人"，不识字不读书，没有"知识"（这显然是老人的解释，实际上，现在丽江地区受教育程度和教育普及率肯定是大大超过他那个时代的），只知道砍伐卖钱，把祖先留下来的山林都破坏了，连玉湖寺（附近的一个藏传佛教的喇嘛庙）周围的树都砍了，没良心，我去管，他们还打我骂我。还有就是外村的人来砍得多，本地人不会乱砍滥伐，都是有计划地砍，一边砍一边种；外面的人，没有"知识"，只砍不种，那些彝族人（据笔者所见，一些民间的纳西族老百姓，对"彝族人"是有一些陈见的，有些记忆模糊的坏事，都归结为是彝族人干的。例如，这位老人把"文化大革命"期间的很多砍伐事件都归结为彝族人领头的，但据笔者所知，那段时间在丽江发生的诸多事件，绝大多数还是汉族人领头干的。在纳西族一些受教育程度较低的老百姓看来，所谓"彝族人"似乎并不是指今天的"彝族"概念，而是泛泛而指"做了坏事的外来人"），偷偷开着东风大卡车来砍，砍了就拉走，不像本地人顶多是用马拉，从来没有用东风车的。

在他的讲述中，笔者注意到三个问题：其一，现在的年轻人已经与传统的纳西老人不同了，甚至说他们"都不是人"；其二，主要责任是"外来人"造成的，只不过这个"外来人"在弄不清楚族籍的情况下统称为"彝族人"（值得注意的是，这位讲述者是一个连自己的出生年份都说不清的老人了）；其三，"知识"在砍伐过程中扮演着重要角色，凡是按规矩砍伐的，都是"有知识"的，凡是乱砍滥伐的，都是"没有知识"的。

也就是说，在老人的观念里，年轻人、外地人应该承担起主要责任，因为他们没有"知识"。那么，为什么在一个没有读过书、不会写自己名字、不记得自己年

---

① 杨福泉. 略论纳西族的生态伦理观［J］. 云南民族大学学报（哲学社会科学版），2008（1）：38—42.

龄的老人看来，"年轻"或者"外来"就是没有"知识"的象征？他这里所指的"知识"是什么？笔者以为，显然，无论是"读了多年汉人书"的丽江纳西族年轻人，还是那些会开"东风大卡车"的外来人，他们所缺乏的"知识"，应该是一种"地方性知识"，也就是老人所熟悉和接受的"祖祖辈辈"口耳相传的习俗性知识。这种知识，其实与他口中所说的"识字"与否无关，问题只在于：这些人在观念上、在信念上是否接受本地传统而已。所以，老人只是无意识地道出了一个重要的信息：地方性知识的丧失过程，与外来的或移植的文化信息有关，并导致了纳西族代际之间的知识断层。

那么，这个过程是如何发生的呢？

二、黑白水林业局："国家正确"语境下的科技文明袭入

据丽江白沙、玉水地区的一位中年人回忆，在他小的时候，也就是"文化大革命"到来之前的一两年，在他的家乡冒出来一个叫"黑白水林业局"的稀奇地方（可能他的记忆有误，实际上黑白水林业实验局的成立时间应该是 1966 年 6 月 24 日，也就是发动"文化大革命"的当年[①]）。正是这个地方，还有这里面的稀奇古怪的人们，改变了当地人的生活。在这里，当地人第一次见到"油锯""溜索""东风大卡车""履带"这些闻所未闻的玩意儿。后来才知道，这些东西都是砍树的时候用得着的。另外，小孩子们还通过黑白水林业局，知道了两种令他们无比向往的新鲜东西，一种叫"罐头"，一种叫"西瓜"。

据他回忆，当时地方上的人们对这些奇怪人物充满了好奇，也充满了友好。尤其是小孩子，对林业局厂区内的学校，还有学校里天天咿咿呀呀读书的同龄人，有着一种说不出的新鲜感。他们古怪的口音，他们独特的生活方式，他们每天与巨大轰鸣的怪物一起上山伐木，都引发了人们的无穷兴趣。后来，他们才知道，这些人来自一个叫"东北"的地方。那里也有着无边无际的原始森林，响应"国家"的号召，他们在那里已经砍伐了无数的参天巨树，现在也是响应国家的号召，来帮助本地的人们砍伐一个叫做"西南"的地方的参天大树。再后来，人们才知道，这个叫"西南"的地方，就在自己脚下。

这些"东北"人砍下来的木材，要顺着金沙江，运到"国家"去，去支援那里

---

① 丽江地区行政公署林业局. 丽江地区林业志［M］. 昆明：云南民族出版社，1998：237.

的建设。负责运送这些木头的，是另一个"局"，叫金沙江木材水运局。它和黑白水林业局一样，是"国家"派来的，都是一种叫做"三线建设企业"的东西。至于什么是"三线"，是哪"三根线"，"东北"人都不太说得清楚，本地人就更加弄不明白。金沙江倒是知道，那里是丽江人的母亲河，丽江人居住在金沙江上游两岸，江水纵贯南北，把丽江人分为东西两部分，东边的叫"纳西"，西边的叫"麼些"，其实都是纳西人。这个金沙江水运局，把黑白水林业局砍伐下来的树木捆扎起来，顺

江漂流，流过万重山峦、千里水路，"国家"在江水的下游早早等着（图6-5）。后来，金沙江木材水运局所在的那一片地方，也就是在丽江的华坪、永仁等地的一部分，被从丽江划分了出去，不再归云南管辖，而是算作了四川的一个辖区（图6-6）。今天的那一片地区，是有名的富庶之地，而且有了一个很浪漫的新名字，叫做"攀枝花"。

图6-5　金沙江木材水运局让木料顺江漂流至中原，支援那里的建设（图片来源：中国林业新闻网）

据笔者的这位中年朋友回忆，那时候，小孩子们对这些都充满了想象，隐隐觉得黑白水林业局、金沙江水运局，还有其他很多很多的"局"（当时，由中央"金沙江林区会战指挥部"组建成立的"局"，就有碧泉林业局、黑白水林业局、金沙江水运局、华坪林业局、宁蒗林业局、金沙江林业工程公司等，它们都成立于1965—1966年，并最终都下放给云南省林业厅管辖），都是一个庞大到无边无际的宏伟大业的一部分，真不知道这项大业要达到多么广远的雄心，也不知道这项大业什么时候做得完。大人们其实也是似

图6-6　通往山野的林间小道

懂非懂，但是有一点是他们看在眼里的，那就是：林业局的人开山砍树从来不"祭署"，也不举行偿债仪式，而是直接砍倒，直接拉走。并且，与祖先传下来的训诫不同，在大多数情况下，砍树的人并没有遭到"署"的报应，他们没有生病，没有丢掉魂魄，也没有找当地的东巴为他们祈禳消灾。

在这个奇特的经历中，一系列知识上的变化已经悄然崛起。

首先，作为一切知识的起端，"空间"的观念对纳西族人来说已经开始发生变化。根据本书前文的分析，时间和空间，是任何一种知识的两个最基本的框架，或者按照康德的说法，是仅有的两种"感性直观的纯形式"[①]（当然，这个结论在牛顿力学的框架里也许是正确的，在爱因斯坦相对论的视野里则未必）。长期以来，纳西族人认为人类居于世界的南方，并与董神、术鬼和署族比邻而居（见本书"导论"部分）。但是，一种类似于地理大发现对欧洲人所产生的颠覆性，随着新的世界观和空间观的袭入，纳西族人的知识体系一定会随之发生结构性的调整，这一点是毋庸置疑的（图6-7）。

图6-7　商业繁荣背后，人居与山林交相掩映的残存痕迹

其次，油锯、大卡车和履带，这些现代科技文明的产物，随着深受西方影响的汉族人（其中，中国的东北，又是西方——经由日本——科技文明濡染最早和最深的地区之一）的推动，而进入丽江纳西族人的日常生活，也必将改变他们的传统观念。而且，与西方接受科技文明的过程不同，纳西族人是突然遭遇了科技的巨大而难以解释的改造世界的力量，从而没有一个从容的时间，允许他们像西方人那样，在逐渐探索科技知识的漫长过程中，一点一点在伦理上和心理上建构起适应科技文明的内在精神结构。这也造成了本书第四章所特别强调的一个现象，那就是"社会信念失灵"。

再次，由于这些外来的强大机构，比如黑白水林业局或者金沙江木材水运局，它们背后是国家的意志，也就是"国家正确"；但是这种正确，与纳西世居祖先所传

---

① 康德. 纯粹理性批判［M］. 北京：人民出版社，2004：27.

授的"习俗正确"之间是矛盾的，所以纳西族人必须找到一种能够适应这一矛盾的文化方式和认知方式，来尽量缓冲两种"正确"之间的不同。问题是，对此，国家似乎并不感兴趣，也没有注意到应该对当地人进行必要的解释，更不用说做什么获得当地人的同意或谅解。于是，一种对当地人传统知识信念的冷漠的违犯，就当面地、缄默地、自行其是地发生在当地人的面前。可以想见，这个过程对于当地人来说恐怕是残酷的。按照现代哲学、心理学和文化人类学的基本见解，人不是直接生活在客观物理世界之中，而是生活在他自己的解释性的符号世界、意义世界或文化世界里。这个世界的坚固性取决于周围人（亲人、朋友、邻居、后代）对这个世界的一致默认。但是，当来自另一种文化的人们对地方性知识加以漠然的毁坏，而传说中千真万确的来自神明的阻力却始终没有出现的时候，他们的"生活世界"将变得不可解释。梁启超说王国维的投湖是和屈原一样，归根究底是"死于文化"，[1] 文化大师遭遇此种状况的时候一定会更为痛苦，但是普通人也有可能体会到认同崩溃的迷惘，这一点毋庸置疑。

最后，按照本书上一章的分析，哈贝马斯所期待的文明相遇过程中的以权力平等为前提的交往，在这里并没有出现。同时，他所设想的人在无意识层面上的不反思的自由，也没有出现。其结果是，可以想象，在纳西族近代观念史上，无意识的"知识背景"的转换，是充满挫折感的（图6-8）。而且与此同时，人们也从中发现：文明传统对他们的欲望的限制，是一种观念上的虚构。也就是说，即使放纵自己的欲望，传说中的"报应"也不会到来。实际上，在西方社会，科技文明的漫长萌芽过程为精神生活和传统谱系预留了足够的时间来保障解释，即人们可以从容地发现和"体悟"——实际上是一种重新创造——科技与传统之间在日常精神生活和大众心理层面的和谐。而在其他文明

图6-8　一方残碑，记载了纳西先民多少尘封的集体记忆

---

① 吴其昌. 梁任公先生晚年言行记［J］. 中央周刊，1942，5（21）：11.

和民族面前，接受西方、发展科技，往往伴随着一个政权追求富国强兵的执政使命，所以一方面是急切的，另一方面是上位推动的。因此，这个过程既没有可能等待文化上的广泛共识的出现，也不可能考虑"文化相遇"时的话语权力是否平等。在这个过程中，当地传统知识信念的崩溃，就演变成了科技文明袭入的隐性代价，它实际上将由当地人的精神世界来"刚性"承受，但是没有得到国家的应有的注意和考量。换个角度说，这个过程有其粗暴之处，尽管是基于历史的不得已。

三、20世纪60年代与80年代：丽江地区的两次山林砍伐高潮

丽江当地人所不知道的是，上述事件的背景在于：1964年，随着苏联对华政策的日趋狞厉，加上美国对太平洋中国海上空间的封锁加剧，国家启动了西南三线建设的宏伟工程。大量的东部工业开始西迁，以备可能的战争时期为军事举动提供工业供给。在这样的背景下，云南也被纳入了国家"三线"建设的总盘子，而丽江—金沙江地区则以林业为主，突然参与到这项国家举措中来。

在当时，这个背景对横断山脉深处的丽江纳西族人们来说，是陌生而隔阂的。在缺乏大众共识和思想基础的情况下，国家对原始林业资源的大规模砍伐，也引发了很多地方百姓的效仿，形成了破窗效应。并且，百姓之间的砍伐又是以彼此利益为"零和边界"的，也就是说，资源只有这些，一旦你家砍了我家不砍，你们大队砍了我们大队不砍，我们就吃亏。结果，这一段时间，丽江局部地区出现了当地农民为林木砍伐而发生纠纷、采伐失控、火灾频繁等乱象。其中，永胜和宁蒗两县的西川与松坪、西布河与金官、松坪、战河与六德、石门坎与树底岩石、黑赤地与松坪、麦地河与新生、碧源与水井、海联、马鹿塘、跑马坪与白华、丘水与双河、黎明等大队，一直纠纷不断；还有丽江县的良美、贵峰等地农民偷伐集体林木，九河乡农民偷伐太安、金普、河源集体林木，以及海西农民偷伐中古集体林木的事件，层出不穷。[①]

此外，各种金属矿业和煤矿业的开办，更加速了砍伐。这个过程伴随着砍伐工具的兴替，特别是"油锯"这种高效率现代工具。1965—1978年，黑白水林业局、碧泉林业局、华坪、巨甸、宁蒗等林业局或木材加工厂，陆续引入西北林机厂生产的CY5油锯、GJ85油锯以及泰州林机厂生产的YJ4油锯，这些新型工具马力

① 丽江地区行政公署林业局. 丽江地区林业志 [M]. 昆明：云南民族出版社，1998：231.

十足，锯链导板工作长度有 850 毫米，十分适合砍伐高山林木。[①] 例如，有资料显示，1958 年 1—8 月，也就是丽江县黑白水天然林区玉龙铁矿开矿的短短八个月间，矿区周边集体林木就被砍伐 21700 立方米，[②] 按照这样的数据估算，那么在这八个月的时间里，这个铁矿的周围大概形成了一个宽达 50 米的"秃岭区"。

在 20 世纪 50—60 年代掀起的这场砍伐运动中，大量的优质原始林木随着金沙江，流向了中国的中部和东部，支援那里的国家建设。新中国迅速崛起的建国经济高潮，与丽江的悄无声息的贡献有不可抹杀的关系（图 6-9）。但是，值得一提的是，丽江本地人大多数并未亲身加入这次砍伐浪潮，也没有从中获得什么具体的利益。

图 6-9　丽江的山林，曾经得到纳西族人世代的集体看护

但是，一场更加庞大的砍伐运动，在"文化大革命"结束后，也就是大约 1978—1979 年期间，真正开始上演。当时，丽江地区与全中国同步推动集体土地或林地的家庭承包生产制度。具体来说，1979 年 9 月 5 日，紧随全国家庭联产承包责任制的脚步，云南省委出台当年的 78 号文件《关于划分社员自留山的通知》，随后两年，也就是到 1982 年为止，配合国家林业部《关于抓紧做好"三定"工作的通知》，云南省委、省政府出台《关于开展林业"三定"工作的通知》，即"稳定山林权、划定自留山、确定林业生产责任制"，这三点也就区分出了"自留山"和"集体责任山"两类山林。在丽江，这个制度被形象地归纳为"三定、两山"。严格说来，在丽江历史上，明确承认山林归属于个人所有，这是首次。[③] 在国有林和集体林总面积下降、自留山林开始出现的情况下，砍伐"自己的"林木，成了一种法权上可能的事情。正是在山林遭到严重破坏和林地归家庭承包生产的大背景下，丽江地区所掀起的第二次大规模砍伐，伴随着国有林区、集体林区和家庭承包林区的划分而开始。

---

① 丽江地区行政公署林业局. 丽江地区林业志［M］. 昆明：云南民族出版社，1998：197.

② 杨福泉主编. 当代云南纳西族简史［M］. 昆明：云南人民出版社，2012：181.

③ 丽江地区行政公署林业局. 丽江地区林业志［M］. 昆明：云南民族出版社，1998：217.

这里有一个背景，那就是"文化大革命"10 年中，丽江地区停产闹革命、揪斗企业干部，特别是城镇集体企业被当做"资本主义尾巴"被割掉，企业的管理体制遭到冲击，甚至废止。据有关统计，1958 年，有农村社队企业 247 个，从业人员 17933 人，产值 248 万元；但是，到 1970 年，社队企业锐减到 36 个，从业人员 505 人，产值也锐减至 70 万元。[①] 根据这样的数字，可以认为丽江地区经济面临着严峻的困难。在此背景下，经济上的窘迫，导致林地承包合法化后，分到一片林地的当地人，在吃不饱肚子的情况下，就纷纷以砍伐自家"包家提留"的林木，甚至一拥而上地砍伐集体林地，连幼树、果树、甚至杜鹃花都不放过，卖了换钱，养家、盖房、娶妻、生子。据当地老人回忆：当时，一株 10 厘米粗细的大树，砍倒后在市面上就可以卖到 100 元甚至更多，[②] 而国家工厂里的一个普通工人，劳作一个月的工资只有二三十元。在这样巨大的经济利益面前，上山砍伐林木维持生计，已经成了当时人们的普遍选择。当时，丽江县城内（也就是今天的古城区）私人木头贩子流布于街巷之间，大小木材人背马驮，在少数地方也有用拖拉机这样的现代化工具进行拉运的例

图 6-10　在人迹最繁盛的一角，仍可隐约见到远处的山峦

子。木材生意煊腾鼎沸，不绝如梭。以致当时的丽江，有"木头经济"的说法。[③]

据做过"居瓜"的闵尚群老人回忆，当时，人们不仅毫不顾忌地成片砍伐自家的林地，而且开始偷伐国家林地或集体林地上的树木。对此，地方上的很多管理者、村民自治组织和上了年纪的老人们时常感到难以言宣的悲哀（图 6-10）。在老人的记忆里，"年轻人"是最无所顾忌的一个群体。其中，1981 年的时候，有一个年轻人（他特别强调此人的"年轻"），白天赶着马车上山伐木，多次遭到管山员的阻止和斥责，于是就晚上再来（据资料显示，夜间从事偷伐活动的过程中，由于视力受限，经常有人或骡马被砍倒的大树砸死砸伤的情况发生，也可见当时所砍伐的

① 丽江县志编纂委员会. 丽江纳西族自治县志［M］. 昆明：云南人民出版社，2001：353.
② 何耀华主编. 丽江玉龙山区域村寨发展与生态调查［M］. 昆明：云南人民出版社，1998：16.
③ 杨福泉主编. 当代云南纳西族简史［M］. 昆明：云南人民出版社，2012：181.

树木都是巨大乔木）。几次以后，有一些管山员干脆约了村干部，在林子里等着，结果真的等到了这个砍伐者，结果双方发生冲突，年轻人对管山员和村干部进行了打骂，从此以后两家人多年没有往来。当然，这样的事情，据说在当时已经十分普遍，但是有意思的是，后来，一个十分偶然的机会，笔者对当时的事件进行了核实，发现老人口中那个的"年轻人"当年已经 38 岁，这样的年纪在传统的丽江人观念里，早已不算年轻了；而这个老人自己，当时也不过是 41 岁，两人之间不过是 3 岁的差距。那么为什么后者会称前者为"年轻人"呢？这里有一种合理的猜测：在"地方性知识"对人的行为的约束力量开始废弛的时候，"年轻人"形象有一种暗示作用，即因为"年轻"正好意味着古老的传统在一代人与下一代人之间的断层，这是世风开始与古老习俗背道而驰的一个标志。实际上，"外地人"一词也含有同样的意思，如前所述。

所以，一个看似记忆上的偏差，实际上也许恰恰反映了坚守传统的人对破坏传统的人的"潜意识"（也就是前述哈贝马斯理论中的"非课题性知识"）里的看法，即"年轻"。也就是说，老人的话，在个人记忆上也许是讹误的，但是在集体记忆上，却是正确的。

类似这样的事情发生多次之后，山林管理者与砍伐者之间的关系趋于尖锐。在老人们的记忆中，人们为了砍树与护树的分歧而发生肢体冲突，已经是习以为常的事情。据和景城老人回忆（图 6-11），当时的管山员之间曾经有这样一句话，叫做"白日不怕见野兽，黑间不怕见鬼神，就怕见到大活人"。因为野兽只要不被触犯，一般不会主动袭击人类，而偷伐者一旦被发现，就要大吵大闹，甚至动手打人，从此以后，两家就有可能成为多年的仇人。玉龙村就曾经出现过制止砍伐的人家里的耕牛被人毒死或者地里的庄稼被糟蹋的事件。[①] 其实，有一些村一开始只有一两个人砍伐得厉害，但是随着其他人发现砍伐

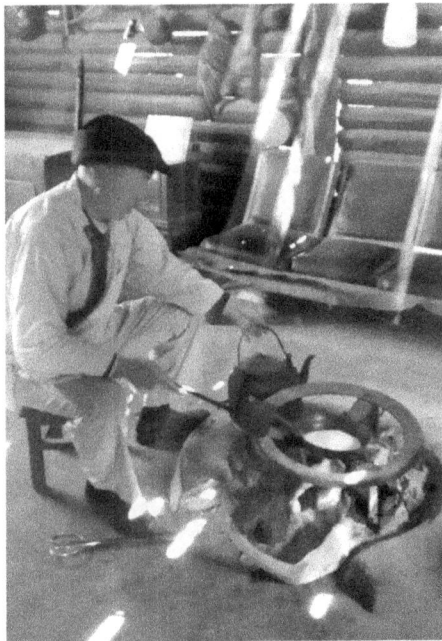

图 6-11　和景城老人正在火塘边烧茶

---

① 何耀华. 丽江玉龙山区域村寨发展与生态调查 [M]. 昆明：云南人民出版社，1998：45.

者没有出现古老相传的神话中所预言的那样生病、发烧、丢掉灵魂、"白天骨头痛晚上肌肉痛"等状况的时候，不仅争先恐后地参与到砍伐队伍，而且对传统观念的信仰也基本丧失殆尽。村委会、村支部、管山员、管水员、老民会的作用随之被架空或者被孤立。据当地人回忆，丽江地区曾经普遍存在的"老民会"，也大体是在这一时期消失的。

根据有关统计，1959—1989 年的 30 年时间里，丽江地区天然林木的总蓄积量从 4903 万立方米，锐减到 3873 万立方米，减少了 1029 万立方米，也就是相当于天然林木总量的 21%。如果算上 30 年间的生长量或者说木材的产出量 1684 万立方米，那么这短短的 30 年间，丽江就失去了 2714 万立方米原始天然林木，相当于1989 年林木总蓄积量的 70%。[①] 直到中央开始意识到砍伐问题的严重性，《人民日报》登载出《金沙江两岸森林告急》的报道（图 6-12），[②] 时任副总理的田纪云指示云南省政府和林业部："必须当机立断采取最坚决最有力的措施制止乱砍滥伐森林，越快越好。"千年来郁郁葱葱的山林，才免于彻底荡尽的厄运。然而，即便如此，老人们记忆中参天而立、遮阴蔽日的大片"拖撞"（纳西语，意思是"茂密的松林"），至今也没有完全恢复旧观。

图 6-12　《金沙江两岸森林告急》1988 年 8 月 15 日《人民日报》
登载的版面

---

① 丽江县志编纂委员会. 丽江纳西族自治县志 [M]. 昆明：云南人民出版社，2001：124.

② 于磊焰. 金沙江两岸森林告急 [N]. 人民日报，1988-08-15.

这样大规模的砍伐，导致了生态、社会和精神领域的一系列后果。

首先，从生态角度讲，丽江地区森林覆盖率大概在20世纪80年代后期降至谷底，据估计，这个数字可能低于25%。这种情况在丽江历史上恐怕是前所未见的。[①]大片森林的消失，导致气候异常，水土流失严重，山中各种野生动物开始锐减甚至灭绝殆尽。据玉湖村的一位老人赵有光介绍，他小的时候，山林里还经常有麂子、熊、豹子、野猪、鹿、野骡子、麂子、箐鸡、狼、岩羊、猴子、獐子、刺猬、花雉鸡、白鹇鸟等野物出没，现在，这些东西已经好几十年没有见过一次了。据说，如今年入古稀的那一辈纳西妇女，在她们年轻的时候，都要练习一种对付狼的防身之术，以避免在山间劳作的时候遭到狼的袭击。可是，这样的技艺，在今天已经无人再学了。

其次，从社会角度来看，情况则更为严重。以往不得侵犯自然以图牟利的观念，一旦被打破就一发不可收拾，人们对自己的行为再也无所顾忌，导致在这个过程中，地方性知识被悄无声息地改变了。这也导致了一系列的社会问题。例如，最初人们砍伐山林的动机是为了在农业生产遭到"文化大革命"破坏的情况下帮补家用，也就是"伐木补粮"，可是后来人们发现砍伐树木有大利可图，所以纷纷上山砍伐，没有人再去种粮，农业生产反而遭到了更大的破坏和贻误。[②]又如，长期的贫困之后，人们通过砍伐，突然手有余钱，反正是来得容易去得快，节俭自制的生活方式不再得到遵循，所以赌博和酗酒之风开始在丽江地区突然盛行起来，[③]甚至骤然之间出现了很多因饮酒过量而酒精中毒死亡的案例。[④]再有，就是乡亲之间的内部矛盾迅速加剧，严重破坏了以往和谐亲厚的邻里关系，集中表现在维护山林的村干部、老民会、管山员与砍伐者之间以及竞相争夺的砍伐者相互之间。再次，就是村民道德意识迅速滑坡，因为传统信仰体系瓦解之后，人们的欲望不仅仅指向山林树木，而且指向其他方方面面，例如1980年之后的十年，丽江地区盗窃、斗殴、破坏公物的案件发生率骤然上升，保留了数百年的淳朴厚重的上古民风，几乎一扫而空，还有就是以往对公共水源的保护意识也遭到随意破坏，开始有人往渠道里倾倒垃圾、污水，这在深受传统观念濡染的老一代丽江纳西族人那里，是不可想象的。最后，就是轻而易举得来的利益，促使丽江地区的父母和孩子们不再看重学业（图6-13、图6-14）。以往丽江地区有一个特点，就是妇女勤劳能干，支撑起整个家务，而男子

---

① 丽江地区行政公署林业局. 丽江地区林业志 [M]. 昆明：云南民族出版社，1998：238.

② 杨福泉. 当代云南纳西族简史 [M]. 昆明：云南人民出版社，2012：181.

③ 何耀华. 丽江玉龙山区域村寨发展与生态调查 [M]. 昆明：云南人民出版社，1998：78.

④ 何耀华. 丽江玉龙山区域村寨发展与生态调查 [M]. 昆明：云南人民出版社，1998：18.

图6-13　以往，丽江的墙壁上总是题满了诗词歌赋，可是如今，传统民居的大量空白，令人联想到人心的空缺

图6-14　很多人家都还保留着梁上悬鱼的习俗，却鲜有人能道出其中的由来

则发奋读书，或者以诗文、辞赋、联偶、乐曲等技艺会友，清俊高雅；清末时也曾有大东巴之子和文玉考中汉民族秀才的记载。[①] 但是，伐木得利之风日盛以后，人们对教育的期待开始松动，早早辍学的孩子迅速增多，直至今日，丽江地区麻将之风盛行，彻夜宣赌者不胜枚举，诗文吟诵之风已经无从寻觅。

　　"两山三定"实施之后，新近袭入的科技文明，以其无坚不破的知识和实践层面的优势，对传统的地方性知识的信念层面的破坏以及由此造成的对欲望藩篱的突破，导致蔓延的私欲决堤而来。其结果是，一种肆无忌惮、任意妄为、且顾眼前、不顾长久的生活态度和乡间风习，开始侵蚀古老敦厚的传统。大约在1986年前后，一些地方开始思索"两山三定"制度也许只是中国北方林广人稀之地的一种可行之道，而根本不能与纳西族的古老民俗相兼容，因此也就是在这一年，玉龙上村开始废除"两山"之分。这一时刻，距离时任云南省委第一书记、云南省革命委员会主任安平生向全省县委书记宣布"两山三定"是"我省人民的伟大希望所在"，[②] 仅时隔3年而已。

---

① 杨福泉. 绿雪歌者——李霖灿与东巴文化［M］. 昆明：云南教育出版社，2000：96.

② 丽江地区行政公署林业局. 丽江地区林业志［M］. 昆明：云南民族出版社，1998：218.

四、在纳西族传统观念里寻求对"大洪水"隐喻的 可能的解释

　　1998年，长江中下游遭遇了"千年一遇"的全流域性大洪水，创巨痛深。对长江上游，特别是金沙江流域水土资源流失问题的反思，成为一时举国的焦点。从种种水文迹象来看，造成这次大洪水的首要原因，就是长江流域植被破坏、水土流失。有数据显示，20世纪50年代，长江流域森林覆盖率高达22%，但是经过40年的乱砍滥伐，其中80%的天然林木已经消耗殆尽。正是这些森林被无度砍伐，造成了长江流域泽泊千里，这一年的6月28日，甚至出现了长江上游的历史最高水位，而长江上游则恰恰是天然森林被砍伐最甚的地方。[①] 1998年长江流域部分暴雨区暴雨极值见下表。

1998年长江流域部分暴雨区暴雨极值表

序号	暴雨名称	调查成果	
		暴雨中心	雨量
1	陕南宽坪"98.7"暴雨	丹凤县双槽乡、商南县清油河乡	历时6—7h，雨量达1300余mm。超过世界历史暴雨的最大记录
2	陕西商南"98.8"暴雨	商南县青山乡	历时7—10h，雨量为320—400mm。创下本站历史最在大记录
3	武汉附近地区"98.7"暴雨	黄石、汉阳鹦鹉洲	9h降雨量达483.4mm。创下本地历史最大记录
4	川北江油市"98.9"暴雨	黄垭堂站	6h降雨量达354.7mm，12h降雨量达470.7mm。创四川省最大点雨量记录
5	赣东北地区"98.7"暴雨	玉山县、德兴县	日雨量分别达339.1mm和329.6mm；最大3h、6h、12h雨量均居系列首位

　　熟悉自然科学并习惯于用自然科学的观念来看待灾害的现代中国人、现代丽江人，当然已经忘记了，在纳西族的神话里，也有一个关于洪水滔天的解释。

　　在纳西民间神话的记述里，上古时代发生过2次大洪水。第一次大洪水起因不明，在洪水过后，由于没有异性可以婚配，为了不使人类灭绝，所以斯巴贡布和斯巴吉姆两兄妹来"议婚"，象征着天神允许他们结合的，是一个从高山上滚下来的石

① 转引自：孙继昌，等. 1998年洪水调查及评价 [J]. 水文，2004（5）：14—19.

磨，而象征人类学一般认为，"石磨"象征着"性"和"生育"。① 生下一个肉球，被董神斩碎后抛入米利达吉神海，而后从海中孕育出人类最早的祖先"恨时恨仁"，但是这个恨时恨仁根本不是人类的形象，而是五官不全、肋生双翼，一幅原始生物的形象。

第二次大洪水，则是因为恨时恨仁之后，经过十代的进化，终于形成了"崇仁利恩"这个人类，在他的名字中，"崇"是"人类"的意思，而"仁"则是性爱、生育繁衍的意思，就是说，这是一个有生育欲望和能力的人类。但是，由于同样的原因即缺乏异性，所以崇仁利恩五兄弟和吉命六姐妹，作为亲手足，结为婚姻，结果"秽气污染了天和地，污染了日月星。阳神阴神发出了苦言，日月出现了眼疾，坡上高松将白头，山顶巨石将炸裂。"② 为了冲刷天地间的秽气，董神（也就是引文中出现的"阳神"）降下大洪水，淹没了世界。所以崇仁利恩，这个"负有生育使命的人类"，他的第一次爱情经历，也就是先民记忆深处的"兄妹婚"，显然是以失败告终的。接下来，在大洪水退去之后，他又拒不听从天神的命令，没有选择相貌平平的"横眼天女"，而是与美丽诱人的"竖眼天女"交媾，结果生下来蛇、蛙、鸡、熊、猴子、野猪这些野兽，甚至生下栎树和松树这些植物。他只好将这些怪胎弃置山林，从此以后，"山林"便是树木和野兽的栖息之地——也正因为"蛇"和"蛙"（它们共同构成了"署"的基本形象）等山林中的居民，和后来的人类一样，都是崇仁利恩的后代，所以人和山林之神"署"才自然而然是同父异母的兄弟关系。

正如本书前文所述，"竖眼天女"之所以是美丽诱人的，就是因为"竖眼"是野兽的特征，意味着野兽一样的原始野性，象征着她与崇仁利恩之间只有一种原始的"性"的动物性激情。这样的爱情之所以仍然失败，就是因为野兽一样的低级的性欲，无法提供人类社会生活的精神基础。所以，崇仁利恩只有在与天女衬红裹白咪的婚姻中，才真正建立了人类家庭的典型，即夫妻之间既有"性"的相互吸引的含义（他们相识的场景，是衬红裹白咪从天上来到人间的河中洗澡，而崇仁利恩则在河边向衬红裹白咪求婚③），又有共历患难、生死不渝的几番磋磨（从崇仁利恩上天迎娶衬红裹白咪，到二人一路回到人间的种种磨难，多次出现生死关头④），更有一起从事生产、繁衍后代的婚后经历（人间农业生产的种种谷类的种子，都是由

① 章立明. 关于人类早期婚姻形态建构的话语权力说：洪水神话分析 [J]. 民族研究，2002（3）：52—56.

② 和芳，周耀华. 崇摆图 [M]. 丽江县文化馆石印本，1964：6.

③ 詹承绪等. 永宁纳西族的阿注婚姻和母系家庭 [M]. 上海：上海人民出版社，1980：255.

④ 和芳，周耀华. 崇摆图 [M]. 丽江县文化馆石印本，1964：14—16.

衬红裹白咪从天上带下凡间的。"女人"与"种子"，都令人联想到"生育繁衍"）。至此，人类才真正建立起合法的、正常的婚姻形式，崇仁利恩也才真正完成了他作为"人类繁衍者"的使命。但是，即使如此，崇仁利恩和衬红裹白咪后来还是分别遭遇婚姻之外的性爱诱惑，而且最后衬红裹白咪还抛下的丈夫和孩子回到天上（笔者读到这一幕时，联想到汉民族关于嫦娥抛下后羿回到天上的神话）。这些似乎都与纳西族早期的"对偶婚"习俗有关（俄英都奴也曾经说："我第一次到祖老美古，与美蕊倍增结配偶，养育了一个爱儿，我又到拉白诚恩，同里美肯司结配偶，养育了一个爱儿；我还到井火老来地，同肯祖洛受结配偶，又养育过一个爱儿。我像一只善飞的乌鸦，没有飞不到的地方。到三家结了三次姻缘，我可连裙尾都没有留在他们三家"）[1]。此后，作为崇仁利恩与衬红裹白咪的后代，当俄英都奴向她的亲弟弟俄高勒求婚的时候，弟弟断然拒绝了姐姐，避免了人类遭遇第三次洪水。

这里就出现了一个值得注意的问题，即纳西先民认为，不被上天认可的婚姻和性爱，将引发洪水。"兄妹婚"或"姐弟婚"只不过是这些不被允许的性爱的极端形式而已。[2]

表面看来，这种对洪水的解释充满了蒙昧和迷信的味道，且与实际的洪水暴发——比如1998年大洪水的爆发——情况也不相符，或者说，是很不"科学"的。但是，如果联系本书在第二章中的一个阐述，我们也许将会发现，与纳西族的古代智慧相比，也许出问题的恰恰是现代人那战无不胜的"科学"。

在本书第二章和此后的许多地方，笔者一再提示：在纳西先民的观念中，"性、生育"和"财富"之间有着紧密的联系。有一个神灵叫做"仁"（读作"sseiq"，写作"✹"，其形象是"从人有翅。生角。"[3] 即"恨时恨仁"或"崇仁利恩"等祖先名字中的那个"仁"），它既是性爱和生育之神，又是财富之神。对这个神的理解，是本书的基石之一。本来，如果仅仅作为财富之神，那么在"人"和"署"两兄弟之间，"仁"导向后者即可；但是，在纳西先民的记忆里，故事却有一个波折："仁"本来是跟随衬红裹白咪从天上而来，但是因为衬红裹白咪不认识它，所以用裙子把它赶走，结果它从此跟随了人类的同父异母的兄弟"署"。于是，山林中的物产开始无比丰饶，在财富上超过了人类的田园和村寨。以致从此以后，人们要专门举行仪式，祈求兄弟"署"让"仁"回来，帮助人类致富。根据杨福泉教授的记述："该

---

① 东巴神话故事《猛厄绪》对这一情节进行了描述。

② 李子贤. 论丽江纳西族洪水神话的特点及其所反映的婚姻形态 [J]. 思想战线，1983（1）：79—86.

③ 方国瑜，和志武. 纳西族象形文字谱 [M]. 昆明：云南人民出版社，1981：355.

仪式在泉眼或沟边举行，用 9 个鬼神木牌，18 根祭木（竹子 9 根，白杨 9 根），在泉边插成环状，中间放酒、茶水等供物和'署'的一碗药水（牛羊奶放糖、柏叶等物），几块糯米粑粑。东巴先念经除秽，接着念请'署'神，祭'署'神的经书；然后念《求"仁"经》。最后念送'署'的经书，把 9 个木牌中画着海螺、净水壶、金、银等的那种木牌带回插在家里的'擎天柱'上，其余的木牌和祭木插在原地。"①

在这个过程中，"女人的裙子"显然另有深意，因为它明显具有"性"的暗示：根据严汝娴教授的研究，按照家庭结构出现的时间顺序，纳西族早期的氏族家庭"衣杜"，②以及紧随其后出现的母系家庭，都是在母系成员内部继承财产；这种情况直到后来的双系家庭和父系家庭才有所改变。③ 这就引出了问题的重点：主司"生育"和"财富"的神灵"仁"（𧲸），是衬红裹白咪从天界带到人间的。而在纳西族的原生的古老传统中，母亲是家庭财产的支配者，家庭遗产也按母系传承；④ 因此早期的家庭称为"栅"，写作"𢇛"，指一家人"设栅而居"，这个"栅"恰恰指的是"母系家族"。⑤ 即使在父权崛起之后，出阁的新嫁女仍然对自己在父家生活时所积累的个人财产享有支配权，可以带入夫家，以供日后夫妻生活之用⑥（这个传统也是后来随着改土归流和汉文化袭入才改变的）。所以，在原生的纳西观念里，"仁"就应该是衬红裹白咪的"个人陪嫁财产"，却到了"署"的手里，而"署"（蛙和蛇）的母亲并不是衬红裹白咪，而是竖眼天女。换句说话，"署"的"异母之子"身份，暗示了它不应该享有属于衬红裹白咪的"仁"（生育权利和财富权利）。所以，人与山林之神"署"之间，也和人间的兄弟一样，相互存在着一种微妙的嫉妒关系，这种嫉妒既是关于性爱和生育权利的，又是关于财富的。

兄弟俩是在第一次战争，也就是"董埃术埃"（黑白战争，也就是父子之战）的基础上建立起了相互在心理和道德上的依赖关系，而又在"性"的相互猜忌基础上发动了第二次战争，也就是"修曲署埃"（兄弟之争），并在最后，由于对父亲（修曲神鸟暗示"父亲"）的歉疚而克制住了战争升级的冲动，从而建立起有秩序的社会

① 杨福泉. 纳西族"山中灵境"观及其演变［J］. 云南社会科学，1998（1）：62—74.

② 关于这个问题，严汝娴与夏之乾两位学者曾经有过争论。见夏之乾. 关于纳西族的家庭类型问题［J］. 中国社会科学，1983（2）：143—146.

③ 严汝娴. 家庭产生和发展的活化石——泸沽湖地区纳西族家庭形态研究［J］. 中国社会科学，1982（3）：187—204.

④ 杨福泉. 纳西族的古典神话与古代家庭［J］. 思想战线，1982（4）：70—76.

⑤ 和志武. 从象形文东巴经看纳西族社会历史发展的几个问题［J］. 中央民族学院学报，1980（2）：47—68.

⑥ 杨福泉. 东巴教通论［M］. 北京：中华书局，2012：45.

文明。如果联系本章一开始的论断，即文明的本质在于限制人的欲望，[①] 那么人对文明的突破和放任自身欲望的泛滥，就被文明断定为是终将招致报应的。在这里，对性的欲望和对财富的欲望，二者实则没有根本的不同，它们之间的界限就模糊了，因此 "仁" 就可以既是财富之神，又是交合生育之神。

所以，无论是兄妹或姐弟之间的不伦恋情，还是对山林物产的无度攫取，都代表着泛滥的欲望，都是对 "兄弟之约" 的撕毁，都将招致天谴，其最令人恐惧的形式当然就是滔天的洪水。正因为如此，如果我们假想古老的纳西族传统观念在 20 世纪没有衰落，人们仍然按照先祖的思维方式和知识结构来理解发生在他们身边的这些重大的历史事件，那么，这些 "当地人" 显然会对 1998 年的大洪水做出符合他们地方性知识的解释，那就是人的失控的欲望打破了 "修曲署埃" 之后的人与自然之间的平衡约定。而且这种理解的方式也确实能够得到事实的支撑，因此这种知识是 "有效" 的。问题在于，传统的知识结构和解释世界的方式，在科技文明袭入的背景下已经解构，人们不再求助于传统的眼光来看待他们身处其中的历史。从人类学的意义上，如果极端一点，我们也许可以说：经过科学的无微不至的努力，如今已经没有 "当地人" 了（详见本书 "结语" 的最后部分）。

这恐怕才是玉湖村的老人说现在的年轻人 "没有知识" 的原因。

但是，反观 "科学"，一方面，用来大大加强砍伐效率的工具，比如油锯、履带、运输木材的卡车等等，无一不是 "科学" 的直接产物；但是另一方面，砍伐的结果所引发的一系列严重后果，不仅严重违背了生态学的自然科学逻辑，而且打破的当地朴实厚重的民风，从而造成社会科学意义上的负面效应。也就是说，恰恰是 "科学" 本身导致了最不 "科学" 的结局。归根究底，这种从 "科学" 出发达到 "不科学" 的过程，体现着本书的一个核心观点，那就是 "社会信念失灵"。

五、"社会信念失灵"：非原生科技文明的一个特征

一个文明逐渐成熟的过程，也就是这个文明在管理人们欲望的方面不断内化的过程。换句话说，人们在这个文明中，日益地不觉得是在被管理，而是处于一种信念或认同之下，而自发地在日常生活中体现着这个文明的管理意愿或意图。这就是哈贝马斯所说的 "无意识的自由"。这样，这个文明中的人们就共享着一个关于克制欲望的集体记忆。孔子的 "一日克己复礼天下归仁" 是如此，[②] 纳西民族从 "董埃术

① 弗洛伊德. 文明及其缺憾［M］. 合肥：安徽文艺出版社，1987：50.

② 《论语·颜渊》。

埃"到"修曲署埃"的发展也是如此。

这也恰好反过来证明了科学和其他所有知识一样，不仅有它的"内史"，而且更重要的是有它的"外史"。[①] 或者一如陈爱华教授所言，人类的"历史"，本质上就是人与自然的"关系史"。[②] 对此，科学元勘论者的解释是：科学不仅是一个知识上的积累过程，而且是一个不断受到外部社会条件和生活习俗的影响甚至支配的过程。[③] 可是本书却认为，不仅社会生活在影响人们的知识，而且不同民族之间的知识的跨文化相遇，例如西方科学技术知识对纳西族的袭入，也能反过来导致"地方知识"秩序的紊乱，最极端的情况是有可能造成当地人知识信念的丧失，从而出现"社会信念失灵"。也就是说，至少从知识社会学的理论上和实践上讲，反向的知识外史，也可能是成立的。这是本书与科学知识社会学或科学元勘论者之间的不同之处。

不难看出的是，丽江纳西族人在半个世纪以来的2次大规模砍伐山林的行为，背后正掩藏着这个"社会信念失灵"的现象。也就是传统的社会知识丧失了其在信念层面的有效性，而新的、正在袭入的知识，也就是科学知识，却在信念层面上限于空白。一种高度成熟的、对当地人的欲望进行着成功约束和疏导的信念，在被新知识架空的同时，却并未被新知识所"取代"。于是，当地人对待他们自己的欲望的态度，就逐步演变成无可无不可。这样，东巴经当中崇仁利恩从近亲交媾（第一次性爱尝试引发大洪水）、到与竖眼天女纵欲（纯粹野兽般的媾合生下怪胎）、再到终于与衬红褒白咪一起在精神和伦理层面建立起性爱和婚姻的一般典范（"性"与家庭责任之间的社会性平衡），三次跃进所塑造和建构起来的对欲望的规范和导引，终于在科技文明的袭入下显露出败迹。与所有知识的内部结构一样，这个过程发生在知识的命题层面、方法层面和信念层面，[④] 产生了完全不同的后果。

首先，科技文明导致"地方性知识"在命题层面的有效性动摇。例如，大规模的"三线建设"工程，导致丽江纳西族人亲眼所见山林的无度砍伐并没有招致神话中所恐吓出现的情况。正如前文所分析，这一过程对于有文化归属感的当地人来说，一定是痛苦的，因为人所借以支撑他们日常生活的那个世界观念，无可挽回地遭到了证伪。

其次，在科技文明袭入的情况下，传统的"地方性知识"的方法层面同样陷于

---

① 布鲁尔. 知识和社会意象［M］. 北京：东方出版社，2001：12.

② 陈爱华.《德意志意识形态》中人与自然关系的哲学解读［J］. 马克思主义研究，2006（9）：57—65.

③ David Bloor, Knowledge and Social Imagery, the University of Chicago Press, 1991. p. 79.

④ 霍伊卡. 宗教与现代科学的兴起［M］. 成都：四川人民出版社，1991：93.

被排挤的境地。目前，很多学者把东巴文化的衰落归结为"文化大革命"，这当然是不错的；但是，如果考虑到"文化大革命"作为科技文明崛起之后的产物，则科学"主体与客体通过无误的感官而统一"的方法论，与纳西族"东巴与神灵相互建立沟通"的方法论，二者之间势必在争取社会认可的时候发生冲突。因此，"文化大革命"期间把"东巴"们打为"牛鬼蛇神"、把东巴象形文字打为"牛头马面"，当做封建迷信而遭到排斥，[①] 也就不足为奇了。

其三，唯一例外的是，科技文明在知识的"信念"层面，却缺乏社会性的要求，这一点与前两个层面不同。按照科学知识社会学的思想，科学的知识命题和方法都与社会生活相联系，因此科学有其"外史"。但是，在信念层面上，外来的、袭入的知识，例如科学知识，并不试图、也无能力建立或移植它的发源地的知识信念，也就是西方文化传统（刘小枫先生曾经断言，中国要走现代化道路，必先引入西方神学体系[②]）。这一方面是因为在后期科学家那里，信念问题已经隐没在方法之中，而不再显性地宣称出来，这一点与牛顿、哥白尼等自然科学先驱的时代已经大相径庭；另一方面则是因为科学的技术化，使人们、特别是遭受科技袭入的"当地人"更加关注科技的实用层面，而漠视其信念层面。也就是说，人们更多的是惊诧于科技所能够带来的惊人的实用性和现实财富，由此掩盖了他们对科学知识背后的信念基础的追问。这样，当科技知识在命题层面和信念层面展现出它相对于"地方性知识"在技术上的优势之后，"地方性知识"——例如纳西东巴文化的本土知识——就将面临知识命题、知识方法、知识信念三个方面的全面崩溃，而取而代之的却是科学知识的命题层面和方法层面，但是信念层面却是缺席的。

这样，一个社会就陷入了知识信念的真空，人们在实用的意义上可以把科学发挥到极致，但是与此同时，科学内在结构中的自我节制，也就是如西方对确保知识真确性的"绝对形式"的敬畏，却是无从谈起。所以，一个社会的信念之所以会"失灵"，就是因为它所接受的科技文明固然与它在西方世界一样无往不胜，但是却缺乏西方文化所固有的对知识运用过程的精神生活层面的节制，从而导向为所欲为。丽江本地人从亲眼目睹到亲身参与的大规模砍伐，正是这一心理格局重大调整过程中的必由之路。从这个意义上讲，社会信念失灵，实则是所有非原生的科技文明社会所难以避免的一个特征。

这里又涉及另一个问题，那就是"集体记忆"。就这个概念的经典定义而言，

---

① 杨福泉. 社会与文化变迁对民族宗教文化认同的影响——纳西人对东巴教的认同及其变迁研究[J]. 思想战线，2010（4）：15—20.

② 刘小枫. 拯救与逍遥 [M]. 北京：生活·读书·新知三联书店，2001：134.

在哈布瓦赫那里，集体记忆中的“客观事实”并非一个真实的、实际发生过的“往事”，而是这个集体利用共同的社会知识结构重新构建和塑造出来的对历史的同一化的理解。① 而对纳西族先民来说，有一个古老的集体记忆，即世界图景的“世俗旨趣”。在本书“导论”中，笔者已经试图表明：相比于西方现代精神生活中出现的“世俗化”趋势，② 以及这种所谓的趋势背后的带有种种意识形态倾向的理解方式，③ 本书所使用的“世俗旨趣”概念更加重视突出纳西族古老的世界观中模糊此岸世界与彼岸世界之间以及人与对象客观世界之间的空间界限的倾向。当然，这里之所以仍然使用了诸如“此岸”、“彼岸”、“客观对象世界”之类的词汇，是假设本书的读者更多地接受西方式哲学训练。④ 实际上，这些观念对纳西先民来说是存在语境的不当跨越的。在他们那里，东、南、西、北、中“五方”，与“五行”、“五色”一样，有着共同的来源即金色大蛙“含失罢美”尸解而来，⑤ 而人的死亡则意味着重新回到五行秩序之中，所以要在死者棺材上钉入四个木楔子。这四个木楔子叫做“斯包久”，意思就是“木青蛙”，然后在这四个木青蛙上拴以红、黄、蓝、黑、白五色布条，意思仍然是死者回归“青蛙五行”元素。⑥ 这也清晰地表明了此世与彼岸、人间与自然之间，没有什么不可跨越的界限。所以，正如孟彻理所说：“纳西族观念中看不到对‘自然’和‘社会’这两个领域绝对相区别的划分。在祭天仪式和人类起源的叙述中，与被人类学者常常当做多少有区别意义的解析类别（如亲属关系、宇宙论、社会结构、神话、婚姻、性别、时间和空间观念等）相关的观念常常作为一个体系中互相依存的方面而表现出来。”⑦

但是，当这个集体记忆被破坏之后，纳西族地方居民并没有像西方近代文明那样，在信念层面上建立起人对彼岸世界的敬畏；可是，在知识层面上，却很快形成了人与山林（自然）之间的主体—客体对立观念。并且，这个主体与客体相对立的世界，又是没有西方形而上学那样的第三方“绝对形式真理”来担保主体“人”的行为必须具备道德上的规范意义，也就是经院哲学的大师托马斯·阿奎那所说“神

① 哈布瓦赫. 论集体记忆［M］. 上海：上海人民出版社，2002：45.

② 孙尚阳. 世俗化与去世俗化的对立与并存［J］. 哲学研究，2008(7)：103—111.

③ 汲喆. 如何超越经典世俗化理论？——评宗教社会学的三种后世俗化论述［J］. 社会学研究，2008(4)：55—75.

④ 郑震. 西方建构主义社会学的基本脉络与问题［J］. 社会学研究，2014(5)：165—190.

⑤ 纳西东巴古籍译注全集（第40卷）［M］. 昆明：云南人民出版社，1999：30—31.

⑥ 杨福泉. 纳西族的“青蛙五行”与生命观［J］. 云南民族学院学报（哲学社会科学版），1995(4)：67—72.

⑦ 孟彻理. 纳西宗教综论［M］// 国际东巴文化研究集萃. 昆明：云南人民出版社，1993：111.

恩附加在人的本性之上"① 。相反，这种没有第三方"绝对形式"担保的科学知识，只能把科学本身引向纯粹的技术层面，也就是主体对客体的攫取的纯粹量的最大化。至此，人与自然"兄弟之约"的生活信念，作为一种成体系的地方性知识，在其漫长的历史末端，被一种残缺的科技文明所取缔。传统知识的有效性与传统生活方式的合理性，在那个证伪了地方性知识的命题内容、同时又无力取代地方性知识的信念层面的科学面前，成为了当地人们日常生活知识"破而不立"的一个典型。

其结果是，20世纪七八十年代，丽江本地人所参与的那一场大规模砍伐，一方面被老人们归咎于"年轻人"和"外地人"所为，实际上这两种人只不过是"丧失了古老的集体记忆"的代名词，而并非一定是真的指"年轻人"和"外地人"——这种符合地方性价值取向的变换，正是集体记忆的特点。这也正是那位无法知道姓名的丽江老人说"现在的人没有知识"的原因。如果我们混淆了老人口中的"知识"与作为今天人们所惯常使用的"科学知识"之间的区别，那么我们也许永远无法理解老人的真实意思；更无法理解一个"地方性知识"濡染下生活了数十年的人，在面对一种新的、更为"高效"的知识崛起时的内心感受。

而作为当地人必须集体承受的后果，丽江地区在以往漫长岁月中的那种郁郁葱葱的山林与熙熙攘攘的人烟之间相互交织、边界模糊的状况，在短短40年时间里迅速消失殆尽。取而代之的，是人间与自然、城郭与山林之间泾渭分明的空间界限——"林郭相望"。这一方面是西方现代化的社会组织方式和生活方式的胜利，也就是西方科技文明和科技知识结构的成功扩张的明证；同时，也不得不说是纳西民族传统的集体记忆在现代迅速陨落的象征，更是纳西民族地方性知识在信念层面一去不复返的默默痕迹（图6-15）。

图6-15 在"创建卫生城市"的标语下，"社会信念失灵"反衬出宣传的无力

---

① 阿奎那. 基督教哲学 [M]. 上海：上海人民出版社，1990：49.

|结|语|

隐退的神明

一、玉水寨之行：地方性知识的复苏？

2015 年 2 月 18 日，也就是除夕前的最后一天。

即将到来的是羊年，而"羊"对古老的纳西族来说是一种十分重要的动物。他们远古的羌人祖先是牧羊人，而且在开始发展定居农业之后，纳西族人仍然保留着各种各样关于"羊"的重要记忆，其中就包括：他们认为玉龙雪山的山神"三多神"是属羊的。所以"羊"年，暗含着说不尽的吉祥。

这一天，我与一位当地深孚乡望的前辈一起乘车前往丽江古城的水源地——玉水寨。玉水寨古名叫做"歌吉本"，从玉水寨流出的河水称为"歌吉"河，是玉龙雪山南麓的高山雪融水（图结 -1、图结 -2）。此地是古代著名的"署古丹"，也就是祭祀山林或自然之神"署"的地方。在这里，玉龙雪山的融水，形成淙淙的溪流，经过一路沙砾的淘浣，汇成清冽异常的歌吉河，充当着丽江大研古城最主要的水源。

图结 -1　玉龙雪山：长江以南最高的雪山

所以，这里是整个丽江城郭的始端，同时也是"山林"的尽头，是人类足迹与自然疆域的交界，是一个真正的"林郭相望"的空间边缘。

沿途，城市的印记逐步消退，山林的气息渐渐加强。途经"三多庙"，据说这是最早、也是保存最完好的东巴寺庙，人称"和合庙"，意指人与自然山林和睦共存。但是，据说，也就是在这个大研古镇生活用水的源头和"和合庙"邻近，有八九家农家乐餐馆即将或已经开业，而这些餐馆并没有配备过滤池，餐饮业产生的泔水也将直接排入山野川泽之间。

丽江的老人们时常回忆，玉龙雪山的雪线曾经常年保持在山腰以下，但是现在，这条雪线一升再升，只留下一层稀薄的雪顶。古城内长期被称为"龙王居宅"的黑龙潭，从 2012 年开始出现了干涸。这主要是因为索道的开通导致登上玉龙雪山的游客增多，而人体的热量则改变了这里极为脆弱的生态系统。现在，由于生态破坏的恶果要由所有人分担，而其利益却只由破坏者占有，在这个逻辑的导引下，人迹继续向山林蔓延。于是，颇有"科技含量"的索道，继续向山林深处逼近；而略具"现代气息"的酒家，则在水道之旁摇曳起袅袅的炊烟。此外，传统丽江人利用山上流水的能量而推动的谷类加工工具"水磨"，也早已被"电磨"所取代（图结 -3、

图结 -2　林郭相望之地、玉龙雪山融水与丽江古城的交汇处：歌吉本

图结 -3　纳西族人古老的水磨，如今早已被电磨所取代 -1

图结 -4　纳西族人古老的水磨，如今早已被电磨所取代 -2

图结 -5　对东巴记忆的抢救，重点在于培养这种记忆的传承者

图结 -4）。现在的水磨则仅仅作为山间小道之旁的一个寂寞的景观，与潺潺流水一道掩蔽在林中草木的深处。

当然，一个令人欣喜的状况是，古老的地方性知识的火种，经过一些有责任感的本地政要、企业家、学者的努力，已经获得了保存和传继的希望。如今，由本地人和长红创办的玉水寨生态文化旅游有限公司，已经把玉水寨建设成为自然山林水泽景观与纳西族传统人文景观密切结合的国家 4A 级景区。在景区内，各种纳西族民间祭祀仪式按照传统来举行；公司下属的东巴文化传承学校，则从 2010 年起，每年从四川、宁蒗、塔城等地招收 7—14 岁的上不起学的适龄儿童 8 人左右，教授他们学习东巴祭祀仪式、舞蹈、传统民间绘画、东巴象形文书法、汉字等，将其培养为东巴文化传承人，这一学习过程一般历时 5 年，期间不仅不收学费和食宿费，而且每人每月补助 200 元生活费（学成毕业时一次性给付）。这些孩子结束学业后可选择在公司内部的东巴文化传承院、东巴画廊、东巴画苑等机构就近就业，成为玉水寨文化旅游的一名从业者。据了解，这个东巴学校现有 4 名专职教师，他们的工资由企业承担。其中一名早期的学生现在已经成长为年轻的东巴（图结 -5）。

当然，玉水寨有限公司在开发地方景区的旅游资源的时候，要保护植被、禁止砍伐，这就不可避免地会与当地村民多年来依靠砍伐而获得的经济利益相悖。据了解，景区所占据的土地主要属于塔城村委会，为了补偿塔城村民不再能够砍伐山中林木的经济损失，企业从 2007 年开始，每年补助村委会 60 多万元，并义务修通了从塔城到暑明村委会的乡村公路。另外，又投资把新善村委会建设成一个纳西族文化保护村，并建起了一个纳西族博物馆和一个文化精品庄园，这些措施的意图是在保护山林的前提下，把大自然景观资源的红利与当地人分享。可是即便如此，每年公司还是会遭遇村民的抗拒，当地人始终认为，"大头儿"被公司拿走了，自己只得到"小头儿"，只有闹事才能多分些好处。在笔者的采访过程中，在被问及"现在你们觉得玉水寨公司的补偿哪里不公平"之时，一位不愿意透露姓名的塔城村民表示：能多要点就多要点，你这个人还在城里当老师，连这个都不懂，怎么教学生？

二、山林砍伐：与"历史事实"相悖的集体记忆

正如本书第六章所提到：短短 40 年来，丽江地区经历过两次大规模的砍伐，这两次砍伐导致的直接结果是丽江纳西族地方性知识的衰落，特别是地方性知识在信念层面的失灵。对此，一些从砍伐中获得既得利益的人，特别是年轻人和外地人，显现出更多的是文化的无意识，即根本没有体验到他们行为在文化和知识领域里的后果；而另外一些深受地方知识濡染的人，特别是老人和有一定文化修养或受过传统教育的人，则承受了这个过程在地方精神世界里所遗留的痛苦。这样，"年轻人"或"外地人"（一如上一章所说，他们口中的"彝族"，并非事实上的彝族）就成为了他们对"砍伐者"的代称，从而成为那一代人的集体记忆。因此，那些接受过"科学"教育的外地人，在不识字的当地老人看来，却是"没有知识"的。

在他们的记忆里，玉水寨（当时叫做"歌吉本"）曾经有大量粗大高耸的巨树，直径达到 80 厘米以上或甚至 1 米的比比皆是，尤其是龙女湖之畔，大树长得遮天蔽日。如今，这些树木都已经被"丽江人"（从行政区划来说，玉水寨当然属于今天丽江市辖区，即使在以往，玉水寨也属于丽江县。但是，此地人说及"丽江"时，显然仅指大研古城，且明显具有贬斥"丽江人"的意味）砍去盖房子、讨老婆去了。一位老人还清晰地记得如今丽江城里的大礼堂，就是用他小时候经常攀爬的一株大树做了主梁。说到此处，笔者明显看出他脸上如丧发小一般的悲愤。但是，在说及他年轻时如何参加丽江城的建设之时，他又兴奋地追忆起挽起袖子干革命的豪情，似乎这件事与砍伐山林毫无关联。

也就是说：在砍伐树木这个问题上，当地人并不认为自己是"丽江人"；但是，

图结 -6　古城深处矗立起信号发射塔

在建设丽江这个问题上，当地人则强调自己是"丽江人"。这样，就出现了两个"不可同日而语"的"丽江人"形象：一方面是贪婪的、冒渎山林神明的丽江人，一方面是英勇的、在建设家园中建立革命功业的丽江人。或者说，由残存在人们记忆深处的地方性知识塑造了一个"习俗正确"的丽江人；同时，由现代舶来文明主导的权力——科技知识塑造了一个"国家正确"的丽江人（图结 -6）。这两个"丽江人"的不统一和不协调，终于在老人无意识的口中，成为了他自己二重身份的证据：人们自认为在两种时候都是"正确"的，却并不意识到这两种"正确"相互对抗。而掩盖这个对抗的有利条件，则在于玉水寨的当地人正好身处于丽江城郊，也就是"丽江"这个空间概念的边缘，因此他们可以不追究自己的这种模糊态度，同时有效地躲闪自己加诸别人身上的种种指责。

国家意志与科技知识的结合，是人们不得不塑造出第二种集体记忆的原因。正如前文所说，在中苏关系与中美关系同时紧张的情况下，在"落后就要挨打"这一历史经验和"科技富国强兵"的基本判断基础上，国家强行推动三线建设无疑是一种正确和果断的历史决策。但是，这个决策的代价就是丽江纳西族和其他少数民族的地方性知识一样，与科学这一"官方"知识（需要提醒读者的是：在本书第四章中，我们已经论证了"科学"的非普世性，也就是说，在西方赢得全球化浪潮的领导权之前，"科学"本身也只是西方特有的一种地方性知识①）之间的正面碰撞。其结果是：地方性知识面对科技知识的突然来临，没有表现出任何的适应性，这是社会知识信念失灵的根源。

笔者以为，这一点，正是丽江纳西族先民的"山林"观念在近现代种种遭遇对于"科技史"学科的意义所在。

所以，作为"林郭相望"之地的老人，处于古老山林与新兴城市的空间边缘和

---

① Robertson, David P, Hull R Bruce. *Public Ecology: An Env-ironmental Science and Policy for Global Society* [J]. Environ-mental Science & Policy, 2003, 6（5）: 403.

观念边缘之上，他对"丽江人"概念的两面性，正好是两种知识骤然相遇的历史命运的一个奇特剪影。这种混杂错讹的记忆图景，恰恰是对混杂错讹的地方知识史线索的准确折射。

这种错讹还有一个古怪的反映：赵有光老人提到，说当地的人们在今天终于认识到了山林树木的重要，所以要重建山林。但是，他认为，用飞机撒松树的种子，就能长起来；而如果是人工种植，就长不起来。笔者问他为什么会这样，他说他也解释不了。于是，笔者请教了当地的一些护林工人，他们说好像没有这回事，飞机播种和人工播种的树种都有成活，也都有偶尔发生病虫害死亡的情况；笔者又请教了大学里的一些植物学专家，他们也认为，除非是人工种植的树苗或树种遭遇了突发的干旱或者别的灾害，否则应该不至于比飞机播种的树种成活率低。像这位老人所说的情况，在理论上没有什么根据。

这种说法又令笔者产生如下猜测：由于在丽江纳西族人的生活史中，科技文明的最初推动者正是国家，所以当地人对"科学"的认同，在一定程度上与"国家"观念结合在一起，这就导致了当地人对科学（"飞机"代表"科学"，当然在目前中国，能够调遣飞机的也只能是国家）的推崇，暗中附带着一个对国家表示恭顺的意思。也就是说，当地人在一定程度上是把"接受科学"与"服从国家"联系在一起的（图结-7）。这一点，恰如周海燕博士所说：记忆是一种政治。[①]

可是，与此同时，同为护林员的闵尚群老人，却不经意间透露了这样一个相反的观念：他说，在砍伐行为兴盛的80年代，"彝族人"

图结-7　古老的民居连通了电线，现代文明已经悄然输入

（再次强调，据笔者判断，这里的"彝族人"是泛指外来人，而并非单指现在民族分类意义上的彝族同胞）是用东风大卡车来拉走那些被砍倒的木材，而本地人则是用马驮。在讲述这个不同点时，他流露出了一种道德上的自信，似乎用马驮比用东风大卡车拉要更加"正义"。对此，笔者追问他是不是马驮的要少一些，大卡车拉的要

---

① 周海燕. 记忆的政治［M］. 北京：中国发展出版社，2013：316.

多一些，所以证明"外地人"砍的树更多？令人惊讶的是，他说：那倒也不是，但是用大卡车来拉，你想想，那是多么可怕的事！

从中，显然又浮现出另外一个意思：科技的介入，在那个时代毕竟导致了当地人的强烈的"异己感"，特别是在他们正在从事一项为传统精神所不齿的砍伐事件的时候，人们更加倾向于把罪责归咎于一个明显不符合传统的"外来者"身上，这个外来者，与其说是所谓的"彝族"人，不如说是当地人所不熟悉的科学，包括科学的观念和工具。

由此可见，当地纳西族人对科学的态度并非只有一面，而是在恭顺政权的同时附带恭顺科学，可是又始终难以忽视科学在观念领域的异质性和入侵者身份。其结果是：一方面，尽管在今天，科学与国家之间的捆绑关系早已解除，但是人们仍然在观念世界里惯性地将二者相混糅；另一方面，对科学这种外来之物的排斥心理，在民间思想中找到了一个具象化的替代品，那就是"外人"，也就是纳西族百姓口中的"彝族人"。

三、"日内刻"：地方性知识"持有者"的沉默

直到今天，当地那些一字不识的管山员和管水员老人们，仍然坚定地相信只要读书识字的人越来越多，山林的培植就会越来越好。在采访中，他们几乎众口一词地说：读书识字的人多了，人就"有知识"了，人有了"知识"，就不会砍树了。在他们看来，"知识"是倾向于阻止砍伐的，哪怕他们一生所经历的两次大规模砍伐，都是由那些"有知识"的人发起并从中牟得利益，也仍然不能改变他们的观念。实际上，恰恰是他们自己，这些在我们眼中"没有知识"的人，在保卫着他们祖先曾经保卫过的山林。

我们当然可以像上文所提到的那样，指出老人们混淆了两种知识：一种是地方性知识，他们自己才具有这种知识（图结 -8）；另一种是科技知识，这种知识并不确保尊重大自然。但是，我们还是遗漏了一个值得一提的要点，那就是：老人们

图结 -8　古老的水车，曾经是纳西族人农业生产的重要工具，凝聚着地方性知识

对"知识"的天真的信赖，根源在于"科技知识"悄无声息地继承了地方性知识在当地人心中的认同感。而这需要一个前提，那就是当地人虽然生活在他们的传统的地方性知识的话语系统（discourse system）当中，但他们并不因此自认为自己是"文化人"或者"有知识的人"。因此，当社会的知识体系已经悄然转换，他们仍然延续着对旧有知识的那种信赖和认同。这在知识社会学的意义上，是一个很奇特的现象，即那些自认为"无知识"的人对"知识"的盲目推崇。

而这就说明一个社会有"文野之别"。也就是说，普通大众与社会知识精英之间，长期存在一条鸿沟，这条鸿沟既存在于日常生活中，也存在于自我意识上。具体来说，就是纳西先民社会中的"东巴"，是通谙传统文化典籍和礼仪的人，每每有人生病、男女嫁娶、孕妇生育、老者死亡、节日祭祀等等，都需要"东巴"亲临并操办种种仪式，从而使人们的日常生活获得合法性与正当性。人们相信，东巴之所以是东巴，就是因为他是一个具有"汁"（读作"rher"，写作"ᄀ"）的人。"汁"这个字，其意思颇难以汉语迻译之，方国瑜、李霖灿等先生都难以准确对译，如方先生言其为"威灵也，字源难解。"① 李霖灿则言其为"大神祖先加被威灵遗烈"，但也承认"字源尚不确知。"② 杨福泉先生则认为，"汁"不仅有"威灵"的意思，同时也有"威力"的意思，即它既是祖先的精神力量，也是一种物质力量，是借助祖上的"义牧罗"这样一种梦，在睡梦中以"神授"的方式，由祖先传授给东巴。③ 因此，东巴这一身份总是父子相传。这样，获得了"汁"的东巴，就与常人区分开来。他能够依仗神灵和祖先的附体（称为"汁在"，写作"rherq zail"，即威灵威力附体），清除秽气，驱鬼辟邪，从而指导人们的日常生活。所以，东巴实际上是传统纳西先民社会中的"知识持有者"，他们才是普通大众眼中"有知识"的人。相反，即使事实上任何一个人都生活在他自己的地方性知识的谱系之中，但是普通大众却仍然坚持认为自己"没有知识"。这一点似乎与汉民族的"士为四民之首"的那种"文野之分"观念十分接近，而汉族的"儒"在殷商时期的本意就是"有教授经典和指导礼乐的专家"。④

那么相应的，当舶来的科技知识强势到来的时候，这些持有地方性知识的人，也就是"东巴"们，也就相应的遭到了主流话语的冷落和排斥。他们的命运，对本书来说，也尤其值得认真对待。

---

① 方国瑜，和志武. 纳西族象形文字谱［M］. 昆明：云南人民出版社，1981：354.

② 李霖灿. 麽些象形文字、表音文字字典［M］. 台北：文史哲出版社，1972：150.

③ 杨福泉. 略论纳西族东巴教的"威灵"、"威力"崇拜［J］. 思想战线，2011（5）：28—33.

④ 冯友兰：《中国哲学简史》，转引自：郭玉良. 关于"儒"的原始意义的探讨［J］. 复旦学报（社会科学版），1998（6）：121—125.

图结-9 东巴杨玉勋

图结-10 左一坐者为时任丽江县委书记徐振康（1981年云南新闻图片社《春到玉龙》）

现在玉水寨东巴文化传承院的杨玉勋院长，就是出身自东巴世家（图结-9）。据他回忆，在"文化大革命"期间，人们把他的祖父打为"牛鬼蛇神"，被打得半残，一家人都被斗得很惨，所以老人家认为"日内刻"了——也就是"时代不允许了"，不能再做东巴了。

这个结论并非个别东巴的想法。事实上，在20世纪60年代之后，纳西东巴文化也曾经有过一段短暂的兴旺，时任丽江县委书记徐振康曾组织丽江文化馆的学者、民间东巴进行东巴文献古籍的翻译工作，共翻译"四对照"（象形文原文、国际音标、汉文直译、意译）格式的东巴文化典籍22本（图结-10）。①

本书前文中多处引用东巴文献典籍的石印本或油印本，就是出自这次翻译的成果。但是，随着"文化大革命"的到来，丽江城里的民间仪式活动基本绝迹，只有在偏远的农村和山区，才残存着一星半点的传统精神生活残余，比如偶尔见得到一个能够背诵长篇史诗的老年东巴，几件残破不全的祭祀用品，或者几页东巴文献的残篇。目前关于东巴传统文化在"文化大革命"期间的遭遇，已有比较翔实的研究，本书不打算锦上添花。这里需要提出的是，不仅是"文化大革命"一个个案，而且如果从知识社会学的角度来看，那么任何一种知识的衰落，一定伴随着政治的或者

---

① 杨福泉. 东巴教通论 [M]. 北京：中华书局，2012：656.

话语权力的转移。① 因为知识永远有其社会性。

也就是说，社会知识的变迁，总是一个政治的过程。

但是，"文化大革命"结束至今的这段岁月里，东巴文化呈现出了一派"繁荣"景象，"日内刻"的艰难岁月，看起来似乎已经过去。在改革开放后，特别是在80年代后，云南省政府开始注意到丽江纳西东巴文化的价值。关于东巴文化的国际学术交流，也逐渐得以恢复和前进。1980年6月，丽江地区行署正式发文成立"丽江东巴文献翻译整理委员会"。1981年5月，云南省社会科学院下属的丽江东巴文化研究室成立（后改名为丽江东巴文化研究院）。该机构后来承担了上千种东巴古籍文献的翻译工作，对传承和弘播东巴文化有扛鼎之功。1983年3月，在丽江县召开了"东巴"座谈会。来自丽江、中甸、永胜、宁蒗等县的61位"东巴"，还有来自云南省内和全国其他地方的学者、文化界人事30多人，对东巴文化的发掘和保护发表了意见。此后，在云南省政府的支持下，一些纳西族的传统民间仪式活动，也在民间开始悄然恢复；同时，由10多个在丽江知名度最高的"大东巴"领衔，开始进行东巴文献典籍"四对照"的整理翻译工作，到90年代后半期至2000年，全100卷、收入1000种东巴古籍的《纳西东巴古籍译注全集》精装本分卷分册陆续出版，全部用"古籍象形文（含格巴文）原文、国际音标注纳西语读音、汉文直译对注、汉语意译"这"四对照"的方式译出，成为迄今为止最权威、最完整的东巴古籍文本。2003年8月，在波兰格但斯克召开的联合国教科文组织世界记忆工程咨询委员会第六次会议，审议表决列入《世界记忆遗产名录》，成为中国迄今3项入选该名录的文化遗产之一，也是迄今为止中国唯一入选这一世界性重要遗产名录的少数民族古籍文献。

今天，不少传统的东巴祭祀仪式，在民间得以复苏（图结-11）；丽江

图结-11 现在穿上民族服装，大多是为了上台表演节目

---

① 福柯. 词与物——人文科学考古学 [M]. 上海：上海三联书店，2001：401 及以次.

民间甚至官方，也开始把东巴象形文字书法和绘画作品，赠送给国内外宾客作为礼品；[①] 在丽江城乡的一些小学里，也开设了东巴文化知识的校本教材；各式各样的丽江文化表演更是多如牛毛。30 年间，纳西东巴文化的处境，经历了一次沧海桑田的转变。

然而，正如一些有识之士所指出，今天的丽江，东巴文化已经脱离了民众日常生活这一土壤。她要么作为当地旅游资源的一个点缀，在丽江隽秀的自然风光之外，满足着游客们对异域人文风貌的猎奇之心；要么作为文化产业商人兜售各种商品和服务产品的兴奋剂，徒具其表而尽失其里，甚至出于对东巴文化的误会而以讹传讹；要么作为学者们开展各种研究的对象，充当着文化记忆的化石或"标本"而展览其与当下生活无关的僵硬面目。除了极少数老人、东巴之外，真正从内心深处认同东巴文化、认同传统生活方式的丽江人，已经堪称罕见。

所以，在采访玉水寨东巴杨玉勋先生的时候，他忽然从别的话题上冒出了这样一番言论，大意是：纳西族文化的创始者丁巴什罗，是因为有人追随他，他的存在才有意义。听到这话，笔者的内心感到一阵怅惘。我们知道，在旧时，东巴从来都不是一个专门的职业（这一点与西方的"宗教人士"不同），他也有自己的田地和牲畜，只是在业余时间帮助邻居做些法事，别人也只是随意给些报偿，并不能供养家业，所以民间有谚语，说东巴的老婆总是抱怨：农忙的时候丢下自家耕不完的田，去给别家瞎忙……可是，如今，即使在一些有文化责任感的企业，如玉水寨生态文化旅游有限公司所聘用的东巴，已经是"职业"东巴，不再另有产业，而且也不再承担某家某户的法事，而是定期在景区内进行东巴仪式的展示。这样，东巴活动毕竟远离了她原始的文化背景的滋润和日常生活土壤的哺育，用杨玉勋先生的话说："那个载体已经没有了。"

地方性知识的脆弱性，由此可见一斑。在一种强势的外来知识袭入之后，她不太可能轻易地恢复；即使因为国家或地方政府的外部力量推动而出现"复兴"，就知识的社会信念层面而言，也免不了是中空的。

科技作为现代性的正统知识，无疑改变了丽江人们的生活水平，使他们比历史上任何时候都更加富裕。但是，丽江人崇尚读书、喜文好墨、诗词会友的乡间风气，也一去不复返了。以往，一到春节，每家每户的春联都是一桩大事，邻里之间像比赛一样相互攀比谁家的春联对仗更加工稳、辞藻更加华美、书法更加堂皇；而现在

---

① 杨福泉.《丽江社区乡土知识教育》试点项目概述［M］// 张晓，张寒梅. 文化多样性与社会性别行动研究文集. 北京：中国言实出版社，2009：126—135.

春节期间的丽江人家门口，悬挂的再也不是自家人创作和书写的春联，而是街上花钱买来或请人代写的（图结 -12、图结 -13）。此外，目前丽江年轻人好赌、好酒者不少，家里如果有一两间古城中的房子出租，则一家人年收入就远远超过省会昆明的工薪阶层，因此年轻人中不事职业、耽于玩乐者众。而承租古城旧宅的往往是一些外地人，前来经营旅社、酒吧或餐馆，无论日夜，古城总是歌舞喧腾，前些年有人说丽江之安静适合于"发呆"，目前则恐怕最善于发呆者也会被随时惊醒。如果此时反思，则纳西古老的地方性知识其实就是对"富裕"等各种欲望的平和化，但是，要重新培植这种地方性知识，其在何日欤？

杨玉勋的祖父口中所谓的"日内刻"，真的已经结束了吗？

如今，按照当地人的说法，"社会已经变了"，"个个家都是吃的也有了，穿的也有了"，年轻人即使不坐收房租，也可以出去打工、抢马（替旅行社、客栈、酒吧招徕游客）、给政府看守金矿（丽江自古是黄金产地），没有人再去砍伐山林了。所以，有好些地方已经重新长起来大片的林木，甚至有老人说，现在很多地方的山林已经和五六十年代不相上下，而且直径 30 多厘米的大树也已经很常见。可是，笔者却高

图结 -12　纳西族民间神话中的各种神祇又回到了丽江人的宅院门楣之上 -1

图结 -13　纳西族民间神话中的各种神祇又回到了丽江人的宅院门楣之上 -2

图结 -14　丽江的植被，也许可以尽复旧观，可是传统的地方性知识和集体记忆，还能恢复吗？

兴不起来：试想，山林尽复旧观，从林业科学的角度讲只是一个时间问题；可是人们面对这一片山林的时候，却再也不复他们祖先的心态，那么多年之后，郁郁葱葱的山林和熙熙攘攘的城郭如同亘古未变般毫无痕迹，还会有人记得那突兀的 40 年里究竟发生过什么？

正如本书"上篇"的最后所说，这 40 年里，有两条相互穿插的历史演进线索：一是经验世界里的山林被伐毁；二是观念世界里的依托山林而构建起来的意义和象征体系被解构。所以，这不仅是一个科学强行推动"现代化"的世界，而且更为重要的是，这是一个"失去象征的世界"。① 目前的问题是：前者的修复在某种程度上掩盖和遮蔽了后者的继续恶化。这恰恰是本书之所以要研究"纳西族山林观念"而不是"山林本身"的原因（图结 -14）。

也说不定，多年后的人们在面对金沙江两岸茂盛如故的林莽时，会认为我们今天对那段砍伐历史的书写，是在小题大做。

四、谁是丽江人？

地方性知识的衰落，同时伴随着地方性符号象征的衰落。

---

① 耿占春. 失去象征的世界——诗歌、经验与修辞［M］. 北京：北京大学出版社，2008：12.

当地老人告诉笔者一个十分有趣的情况：玉湖村有一个人（这里就不提他的姓名了），在 20 世纪 80 年代他还很年轻的时候，曾经作为砍树能手而远近闻名；但是他在 50 多岁、快 60 岁的时候，也就是大概 2007 年左右，却放下刀斧，成了一个种树人和管山员，到现在已经七八年了。现在，这个老人的孩子在当兵，生活也过得好。笔者问道：这个老人为什么要去种树？会不会是因为他害怕传统观念中所提到的"报应"？没想到，得到的回答是：应该不是这个原因，"现在大家都已经科学了，他也科学了"，谁还信那个？

遗憾的是，此次行程，笔者没有见到那个老人，也就无法求证心中的疑问。

还有一个值得注意的细节，那就是：当地老人们在与笔者交谈的过程中，一开始十分谨慎，并不透露他们对"外地人"的不满。直到相互熟悉之后，他们才开始强调：20 世纪 60 年代的那一次砍伐，丽江本地没有留下什么木料，都是那些东北人砍去了，木头顺江漂流，中原地区的人得到了好处；80 年代的那一次砍伐，也是"彝族人"砍得多，丽江人砍得少；并且，今天丽江大研古城、束河古镇等地的歌舞喧嚣、水源污染、民风坏落、良俗毁弃，种种状况，都跟"外地人"的来临有关。当然，据笔者所见，外地人中间确实有行为不捡的，但是，任何一种"记忆"都不完全来自于事实，而且也来自于记忆的主体对事实的建构：当地人已经不得不接受外地人进入丽江这一事实，但是从情感上说，他们与外地人之间还是存在着一条心理的边界。但是，另一方面，随着丽江的开放，无数外地人的涌入，已经成为既定事情，即使当地的老人们还保持着一些传统的生活习惯，但是中年人和年轻一代却早已混迹于"外地人"之中。

也就是说，丽江人一方面在心理上保留着对外地人的隔阂，但是另一方面，他们的日常生活、行为方式和对世务的看法，却越来越不自觉地与外地人杂融在一起。而哪些是传统记忆，哪些是外来符号，对他们来说似乎已经越来越杂糅不清了。

在笔者看来，上述两个事件，表明了同一个倾向，那就是当地人日常生活中的符号象征的衰落。一方面，从砍伐者转变成种树人和护林员的那个老人，即使他的转变与传统观念有关，但同时也不可否认现代的、"科学"的观念，作为一个大环境在影响着人们对他的行为的评价，即他这样做是"保护生态环境"，而与纳西族古老风俗限制人类欲望的初衷无关；另一方面，对"外地人"的矛盾态度，表明对于自己作为"本地人"的身份认同出现了摇摆。

走在丽江大研古城，有大量的昆明、四川、重庆等地商人，在沿街开设商店、酒吧、餐厅、旅馆或者旅行社。笔者问他们：你们将来还回去吗？他们回答：那边房子都卖了，孩子也在这边上学、做生意了，不回去了，将来就要"做个丽江

图结-15　谁是丽江人？谁是外地人？

人"了（图结-15）。

　　和他们的情况相对照的是，与云南的其他州市相比，丽江在改革开放之后出生的一代人中，出国或出省定居的比例很高，在昆明工作、生活的也为数不少。2014年暑期，笔者正好参加了一个"化賮"（"化賮"，有时也写作"化賮"，指的是丽江人邀约一群亲朋好友，组成松散的聚会组织，按人头收取"会钱"，并邀约大家一起娱乐和吃饭。在丽江纳西族人的语言中，"化"字指的是"一群人"；"賮"或"賮"字从"贝"，有金钱的意思①）。这家人的儿子在德国已定居多年，获得了德国的博士学位和国籍，并成为一名年轻有为的桥梁工程师，还在德国成婚生子。这次回来组织一次化賮，然后就要动身回去了。有意思的是，在与笔者的交流中，他无论是说去德国，还是说来中国，都是用"回国"一词。对此，如果不是笔者提醒，他自己还没有察觉。他告诉笔者，在国外，有的时候感到自己是"异乡人"；可是回到丽江，所有的"家乡人"，甚至包括自己的父母，有时都会觉得自己是个"外来者"。令他难堪的是，时不时地，他会恍惚自己到底是不是一个丽江人。

　　从知识的角度讲，很多情况下，外来的科技知识、丽江纳西族的地方性知识、还有其他民族（比如汉族）的传统知识（例如，今天丽江的丧俗完整地保留了汉族传统），在丽江的交融涵汇，对于丽江传统的人文和自然景观，比如山林、水源、宅院、城郭等，早已不复往昔的符号谱系和知识信念。丽江人在这样杂汇的知识处境和文化处境中，不可避免地陷入认同的混乱（图结-16）。

　　在丽江的时候，笔者还曾经碰到这样的情况：一位从木府附近搬迁到古城边缘的老人，在木府开发成功之后，感到自己的经济利益受到了损失，所以特别强调自己是"祖祖辈辈生活在古城里"的丽江人，"多少年了一直都生活在木府周边"；可

---

　　①　和立勇，和少英."化賮"：丽江古城纳西人社会整合中的文化自觉［J］.思想战线，2007（6）：8—14.

是与此同时，他又不经意间向笔者透露，他的祖上是从南京迁过来的，所以根子上是汉人。王明珂曾经谈到一种奇特的情况叫做"汉化的微观社会过程"，即在一些少数民族人群中，特别是"羌人后裔"中，总会有人向外人强调自己的身上有汉人祖源。[①] 当然，纳西族是古羌人的一支，所以王明珂的观察有其精确和普全之处。他从这种"认同迁移"的细节中，发现的是华夏边缘的微观再造过程。但是，笔者在十分类似的现象中，看到的却是与知识谱系巨变有关的身份认同的重叠和混乱。

在结束调研之后，在从丽江开往昆明的旅游列车上，车内广播里面反复播放着一首专门赞美丽江的歌曲，曲中的复调是这样一句："哦——丽江，哦——故乡。"卧铺对床，是一位土生土长的丽江姑娘，

图结 -16　丽江人"老字号"的记忆，与强调"汉人祖源"的话语并存

现在在昆明当幼儿园老师。闲聊的时候，她告诉笔者，每次听到这首歌，都觉得不对味，因为丽江的歌不是这个调子，肯定是汉人写的。笔者于是问她是不是不喜欢，她说喜欢呀，丽江人又不是只喜欢丽江的歌。她还说，现在，父母在丽江，丈夫、孩子和事业在昆明，每年都要来回跑，离开丽江的时候觉得故土难舍，离开昆明的时候又感到漂泊离乱。笔者问她：你从小到大是生活在昆明多些，还是生活在丽江多些？她一口就说：当然是在丽江多些。然后又马上改口：好像还是昆明多些。而后失笑说道：说不成，真不知道在哪边多些。

夜里，车声隆隆；窗外，银光泻地。突然想起玉水寨的东巴杨玉勋来，这一想，似乎觉得有件事颇为蹊跷，不可不提：一方面，他告诉笔者，在景区里，他们做各种东巴仪式都不拒斥观众，但也不会为了迎合观众而做，即使大家不关注，他们也照做不误；但是另一方面，他又邀请笔者今年 6 月 5 日参加他们景区将要举行的盛大的祭署仪式"署古"，以祭祀山林自然，而且特别强调："祭署"本来是在 5 月，为了扩大影响，所以把日子改在了世界环保日。

---

① 王明珂. 华夏边缘：历史记忆与族群认同 [M]. 杭州：浙江人民出版社，2013：262.

参考文献

一、外文文献

[1] Albert Einstein. *Ideas and opinions* [M]. London: Sourenir press, 1973.

[2] Augustinus. *De Libero Arbitril(col: 1219–1919)* [M] //J.P.Migne. Patrologia latina. Paris, 1841.

[3] Barnes B. & Bloor D.. *Relativism, rationalism and the sociology of knowledge* [M] //M. Hollis & S. Lukes (eds.), *Rationality and Relativism*. Oxford: Blackwell., 1982.

[4] Budd. *Sociology and Religion* [M]. Collier–Macmillan Publishers. Press, 1973.

[5] Collins H M, Robert Evans. *The Third Wave of Science Studied: Studies of Expertise and Experience* [J]. Social Studies of Science, 2002.

[6] David Bloor. *Knowledge and Social Imagery* [M]. The University of Chicago Press, 1991.

[7] E. Husserl. *I deen zu einer Reinen Phanomenologie und Phanomenologischen Philosophie* [M]. Allgemeine Einführung in die Reine Phanomenologie, 1976.

[8] E.Fromm. Man for Himself [M]. Rinehart, 1947.

[9] Edmund L. Gettier. Is Justified True Belief Knowledge? [A]. Alvin Goldman. A Causal Theory of Knowing [A]. in Seven Bernecker & Fred Dretske (eds.). Knowledge: Reading in Contemporary Epistemology [C]. Oxford: Oxford University Press, 2000.

[10] Fabian, *Time and the Other: HowAnthropologyMakes ItsObject* [M]. New York: Columbia University Press, 1983.

[11] Heidegger, Nictzsche, Pfulligen [M]. 1961, Bd. 2.

[12] Horkheimer, Geschichte und Psychologie [J]. Zeitschrift für Sozialforschung. 1932(1).

［13］Horkheimer, Kritische Theorie, Frankfurt am Main［M］. Suhrkamp, 1968.

［14］Horkheimer, Vernunft und Selbsterhaltung. Ebeling, Subjektivität und Selbsterhaltung: Beträge zur Diagnose der Moderne［M］. Frankfurt am Main: Suhrkamp, 1976.

［15］J. Habermas, "What is Universal Pragmatics?", in Communication and the Evolution of Society［C］. translated by Thomas McCarthy, Boston: Beacon Press, 1979: 6.

［16］J. Habermas, Communication and the Evolution of Society［M］. translated by Thomas McCarthy, Boston: Beacon Press, 1979.

［17］J. Habermas, Nachmetaphysisches Denken［C］. Frankfurt am Main: Suhrkamp, 1988.

［18］J. Habermas, The Theory of Communicative Action, Volume 2［M］. translated by Thomas McCarthy, Boston: Beacon Press, 1987.

［19］J. Habermas, Theory and Practice［M］. trans by John Viertel, Boston: Beacon Press, 1976.

［20］J.F.Rock and K.L.Janert: Na-khi Manuscripts, 5 parts［M］. Verzeixhnis der orientalishen Handschriften in Deutschland, Band vii, Wiesbaden, 1965.

［21］James Hastngs: *Encyclopedia of Religion and Ethics, Volume IV*［C］. Edinburgh: T. & T. Clark, New York: Charles Scribner's Sons, 1959.

［22］James Q. Wilson and George L. Kelling, "Broken Windows: The Police and Neighborhood Safety," The Atlantic Monthly［J］. vol. 249, no. 3 (March 1982).

［23］Jurgen Habermas, Reconciliation through the Public Use of Reason: Remarks on John Rawls's Political Liberalism, The Journal of Philosophy［J］. Vol.XC II, Number3, March 1995.

［24］Mary Douglas. Purity and Danger: An Analysis of the Concepts of Pollution and Taboo［M］. London and Henley: Routledge and Kegan Paul, 1966.

［25］Oppitz, International Conference of Naxi Studies［J］. Rubin Museum of Art, New York, May, 14, 2011.

［26］R. Chisholm. The Foundation of Knowing［M］. Sussex: The Harvester Press, 1982.

［27］Robert T. Butts (edited): Constructivism and Science-Essays in Recent German Philosophy［M］. Kluwer Academic Publishers, 1989, xvi.

［28］Robertson, David P, Hull R Bruce. Public Ecology: An Env-ironmental Science and Policy for Global Society［J］. Environ-mental Science & Policy, 2003, 6(5).

［29］Rock, J.F.: *The Na-khi Naga Cult and Related Ceremonies*［M］. Plates Roma Is M. E. O. 1952.

［30］Rock, J.F: The Zhi-ma Funeral Ceremony of The Na-khi of Southwest China［J］. Studia Instituti Anthropos, vol.ix. Vienna-Modling, 1955.

［31］Sceptical Essay, p.71; Russell, Our Knowledge of the External World. Chapters V and VI ［J］. London, 1914.

［32］Schutz, The Phenomenology of the Social World. Trans. by George Walsh and Frederick Lehnert［M］. London: Heinemann Educational Books, 1967.

［33］Sismondo, Science without Myth［M］. State University of New York Press. 1996.

［34］Stum Pf. Socrates to Sartre［M］. MeGraw—Hill Book Co., 1975.

二、译文文献

［1］恩格斯. 家庭、私有制和国家的起源［M］. 北京：中国社会出版社，2001.

［2］弗洛伊德. 弗洛伊德文集（第3卷）［C］. 长春：长春出版社，2004.

［3］弗洛伊德. 论文学与艺术［M］. 北京：国际文化出版公司，2001.

［4］弗洛伊德. 文明及其缺憾［M］. 合肥：安徽文艺出版社，1987.

［5］维特根斯坦. 逻辑哲学论［M］. 北京：商务印书馆，1985.

［6］维特根斯坦. 哲学研究［M］. 北京：商务印书馆，2000.

［7］爱因斯坦. 爱因斯坦文集（第一卷）［C］. 北京：商务印书馆，1976.

［8］阿多尔诺. 否定的辩证法［M］. 重庆：重庆出版社，1993.

［9］奥皮茨等. 纳西、摩梭民族志——亲属制、仪式、象形文字［M］. 昆明：云南大学出版社，2010.

［10］玻恩. 我这一代的物理学［M］. 北京：商务印书馆，1964.

［11］菲利克斯·克莱因. 关于现代几何学研究的比较考察——1872年在爱尔兰根大学评议会及哲学院开学典礼上提出的纲要，数学史译文集（6）［C］. 上海：上海科技出版社，1981.

［12］伽达默尔. 科学时代的理性［M］. 北京：国际文化出版社公司，1988.

［13］哈贝马斯. 评伽达默尔的《真理与方法》一书［J］. 哲学译丛，1986（3）.

［14］哈贝马斯. 认识与兴趣［M］. 上海：学林出版社，1999.

［15］哈贝马斯. 在自然主义与宗教之间［M］. 上海：上海人民出版社，2013.

［16］哈贝马斯. 作为"意识形态"的技术与科学［M］. 上海：学林出版社，1999.

［17］黑格尔. 精神现象学（上卷）［M］. 北京：商务印书馆，1997.

［18］黑格尔. 历史哲学［M］. 上海：上海书店出版社，1995.

［19］黑格尔. 小逻辑［M］. 北京：商务印书馆，1980.

［20］黑格尔. 哲学史讲演录（第4卷）［M］. 北京：商务印书馆，1978.

［21］胡塞尔. 欧洲科学的危机与超越论的现象学［M］. 北京：商务印书馆，2005.

［22］胡塞尔. 生活世界现象学［M］. 上海：上海译文出版社，2002.

［23］胡塞尔. 现象学的观念［M］. 北京：人民出版社，2007.

［24］霍克海默. 霍克海默集［C］. 上海：上海远东出版社，1997.

［25］霍耐特. 权力的批判——批判社会理论反思的几个阶段［M］. 上海：上海人民出版社，2012.

［26］卡西尔. 符号·神话·文化［M］. 北京：东方出版社，1988.

［27］卡西尔. 人论［M］. 上海：上海译文出版社，1985.

［28］卡西尔. 语言与神话［M］. 北京：生活·读书·新知三联书店，1988.

［29］康德. 纯粹理性批判［M］. 北京：人民出版社，2004.

［30］康德. 任何一种能够作为科学出现的未来形而上学导论［M］. 北京：商务印书馆，1982.

［31］尼采. 悲剧的诞生——尼采美学文选［M］. 北京：生活·读书·新知三联书店，1986.

［32］尼采. 查拉图斯特拉如是说［M］. 北京：商务印书馆，2014.

［33］尼采. 论道德的谱系［M］. 桂林：漓江出版社，2000.

［34］尼采. 哲学与真理：尼采1872—1876年笔记选［C］. 上海：上海社会科学院出版社，1993.

［35］斯宾格勒. 西方的没落（第一卷）［M］. 北京：生活·读书·新知三联书店，2006.

［36］韦伯. 社会学的基本概念［M］. 桂林：广西师范大学出版社，2005.

［37］韦伯. 韦伯作品集（Ⅴ）［C］. 桂林：广西师范大学出版社，2004.

［38］西美尔. 宗教社会学［M］. 上海：上海人民出版社，2003.

［39］弗兰克. 社会的精神基础［M］. 北京：生活·读书·新知三联书店，2003.

［40］德勒兹. 普鲁斯特与符号［M］. 上海：上海译文出版社，2008.

［41］笛卡尔. 第一哲学沉思集［M］. 北京：商务印书馆，1986.

［42］笛卡尔. 谈谈方法［M］. 北京：商务印书馆，2001.

［43］福柯. 词与物——人文科学考古学［M］. 上海：上海三联书店，2001.

［44］哈布瓦赫. 论集体记忆［M］. 上海：上海人民出版社，2002.

［45］奥古斯丁. 忏悔录［M］. 北京：商务印书馆，1996.

［46］奥古斯丁. 独语录［M］. 上海：上海社会科学院出版社，1997.

［47］奥古斯丁. 论三位一体［M］. 上海：上海人民出版社，2005.

［48］奥古斯丁. 论自由意志［M］. 上海：上海人民出版社，2010.

［49］奥古斯丁. 上帝之城（中册）［M］. 香港：香港道风书社，2004.

［50］亚里士多德. 尼各马可伦理学［M］. 北京：商务印书馆，2003.

［51］霍伊卡. 宗教与现代科学的兴起［M］. 成都：四川人民出版社，1991.

［52］贝格尔. 神圣的帷幕［M］. 上海：上海人民出版社，1991.

［53］弗洛姆. 为自己的人［M］. 北京：生活·读书·新知三联书店，1988.

［54］吉尔兹. 地方性知识——阐释人类学论文集［C］. 北京：中央编译出版社，2000.

［55］康纳顿. 社会如何记忆［M］. 上海：上海人民出版社，2000.

［56］库恩. 科学革命的结构［M］. 北京：北京大学出版社，2003.

［57］拉帕波特. 献给祖先的猪［M］. 北京：商务印书馆，2015.

［58］洛克. 论纳西人的"那伽"崇拜仪式［C］// 杨福泉，白庚胜. 国际东巴文化研究集萃. 昆明：云南人民出版社，1993.

［59］孟彻理. 论祭天仪式的时间安排和参与人员［C］// 杨福泉，白庚胜. 国际东巴文化研究集萃. 昆明：云南人民出版社，1993.

［60］孟彻理. 纳西宗教综论［C］// 杨福泉，白庚胜. 国际东巴文化研究集萃. 昆明：云南人民

出版社，1993.

[61] 莫里斯·克莱因. 古今数学思想（第二卷）[M]. 上海：上海科技出版社，1981.

[62] 穆尔等. 思想的力量——哲学导论 [M]. 上海：上海社会科学院出版社，2009.

[63] 索卡尔等."索卡尔事件"与科学大战——后现代视野中的科学与人文的冲突 [M]. 南京：南京大学出版社，2002.

[64] 沃勒斯坦. 作为一种文明的近现代世界体系 [J]. 国外社会学，1991（5）.

[65] 夏伊勒. 第三帝国的兴亡 [M]. 北京：世界知识出版社，1979.

[66] 佐佐木高明. 寻求照叶树林文化和稻作文化之源 [J]. 民族论丛，1985（2）.

[67] 荣格. 让我们重返精神的家园——荣格文集 [C]. 北京：改革出版社，1997.

[68] 阿奎那. 基督教哲学 [M]. 上海：上海人民出版社，1990.

[69] 薄伽丘. 薄伽丘精选集 [C]. 济南：山东文艺出版社，1999.

[70] 奥斯汀. 如何以言行事 [M]. 北京：商务印书馆，2012.

[71] 巴恩斯. 科学知识与社会学理论 [M]. 北京：东方出版社，2001.

[72] 布鲁尔. 知识和社会意象 [M]. 北京：东方出版社，2001.

[73] 哈耶克. 科学的反革命——理性滥用之研究 [M]. 南京：译林出版社，2003.

[74] 怀特海. 科学与近代世界 [M]. 北京：商务印书馆，1989.

[75] 罗伯逊. 基督教的起源 [M]. 北京：生活·读书·新知三联书店，1958.

[76] 罗素. 西方哲学史：及其与从古代到现代的政治、社会情况的联系（下卷）[M]. 北京：商务印书馆，1976.

[77] 罗素. 宗教与科学 [M]. 北京：商务印书馆，2010.

[78] 迈克尔·波拉尼. 个人知识——迈向后批判哲学 [M]. 贵阳：贵州人民出版社，2000.

[79] 泰勒. 原始文化 [M]. 上海：上海文化出版社，1992.

[80] 诹访哲郎. 黑白的对立统一 [C] // 国际东巴文化研究集萃. 昆明：云南人民出版社，1993.

三、典籍、史志文献

[1] 马克思恩格斯选集（第1卷）[M]. 北京：人民出版社，1995.

[2] 马克思恩格斯全集（第42卷）[M]. 北京：人民出版社，1967.

[3] 滇川藏纳西族地区民族和宗教调查 [M]. 丽江：云南省社会科学院东巴文化研究所，1990.

[4] 和志武.纳西东巴古籍译注（第一卷）[M]. 昆明：云南民族出版社，1989.

[5] 纳西东巴古籍译注全集（第40卷）[M]. 昆明：云南人民出版社，1999.

[6] 纳西东巴古籍译注全集（第42卷）[M]. 昆明：云南人民出版社，1999.

[7] 纳西东巴古籍译注全集（第59卷）[M]. 昆明：云南人民出版社，1999.

[8] 纳西东巴古籍译注全集（第68卷）[M]. 昆明：云南人民出版社，1999.

[9] 纳西东巴古籍译注全集（第77卷）[M]. 昆明：云南人民出版社，1999.

[10] 四川省纳西族社会历史调查 [M]. 成都：四川省社会科学院出版社，1987.

四、今人著作

［1］安维复. 科学哲学新进展——从证实到建构［M］. 上海：上海人民出版社，2012.

［2］白庚胜. 东巴神话研究［M］. 北京：社会科学文献出版社，1999.

［3］白庚胜. 东巴神话研究（增订本）［M］. 昆明：云南大学出版社，2012.

［4］陈爱华. 法兰克福学派科学伦理思想的历史逻辑［M］. 北京：中国社会科学出版社，2007.

［5］陈省身. 陈省身文集［C］. 上海：华东师范大学出版社，2002.

［6］蒂利希. 基督教思想史［M］. 香港：香港汉语基督教文化研究所，2000.

［7］和志武. 纳西东巴经典选译［C］. 昆明：云南人民出版社，1994.

［8］和志武. 纳西东巴经典选译［C］. 昆明：云南人民出版社，1994.

［9］方国瑜，和志武. 纳西族象形文字谱［M］. 昆明：云南人民出版社，1981.

［10］方国瑜. 明十和院墓葬考丽江文史资料（第二辑）［M］. 丽江：丽江县政协文史组编，1987.

［11］冯契，徐孝通主编. 哲学大辞典［M］. 上海：上海辞书出版社，1992.

［12］耿占春. 失去象征的世界——诗歌、经验与修辞［M］. 北京：北京大学出版社，2008.

［13］郭大烈，杨世光编. 东巴文化论［C］. 昆明：云南人民出版社，1991.

［14］郭大烈，周智生. 长江文化丛书：家住长江第一湾的纳西族［M］. 武汉：湖北教育出版社，
2006.

［15］郭沫若. 郭沫若全集·历史编（第一卷）［C］. 北京：人民出版社，1982.

［16］郭沫若. 甲骨文研究［M］. 北京：人民出版社，1952.

［17］郭沫若. 中国古代社会研究·周易时代的社会生活［M］. 北京：中国华侨出版社，2008.

［18］何耀华主编. 丽江玉龙山区域村寨发展与生态调查［M］. 昆明：云南人民出版社，1998.

［19］和芳，周耀华. 古生土称和亨命素受的故事［M］. 丽江：丽江县文化馆石印本，1964.

［20］和芳，周耀华. 崇忍利恩解秽经［M］. 丽江：丽江县文化馆石印本，1964.

［21］和芳，周耀华. 超度沙劳阿包［M］. 丽江：丽江县文化馆石印本，1964.

［22］和芳，周耀华. 崇摆图［M］. 丽江：丽江县文化馆石印本，1964.

［23］和芳口述. 木扒卦松—找卦书［M］. 云南民族文学资料油印本（第22集），1979.

［24］和即贵口述. 祭署·把署与猛鬼分开［M］//纳西东巴古籍译注全集（第6卷）. 昆明：云
南人民出版社，1999.

［25］和开祥口述. 祭署·开坛经［M］//纳西东巴古籍译注全集（第6卷）. 昆明：云南人民出
版社，1999.

［26］和开祥释经. 祭署·俺双金套姆和董若阿夸争斗志的故事［M］//纳西东巴古籍译注全集（第
7卷）. 昆明：云南人民出版社，1999.

［27］和开祥释经. 祭署·蚩堆三子的故事［M］//纳西东巴古籍译注全集（第7卷）. 昆明：云
南人民出版社，1999.

［28］和牛恒释读. 多萨欧吐哲作［M］//和志武. 纳西东巴经选译. 昆明：云南人民出版社，

1994.

［29］和牛恒释读. 多萨欧吐哲作［M］// 和志武. 纳西东巴经选译. 昆明：云南人民出版社，
　　　1994.

［30］和士成释读，和力民翻译，和发源校译. 禳垛鬼大仪式·烧天香［M］// 纳西东巴古籍译注
　　　全集（第22卷）. 昆明：云南人民出版社，1999.

［31］和士成释读. 祭署·神鹏与署争斗的故事》［M］// 纳西东巴古籍译注全集（第6卷）. 昆明：
　　　云南人民出版社，1999.

［32］和士成释经. 压呆鬼·开坛经［M］// 纳西东巴古籍译注全集（第45卷）. 昆明：云南人
　　　民出版社，1999.

［33］和士诚讲述，白庚胜整理. 三个东巴的口述自传，未刊文.

［34］和士诚解读，和力民翻译. 董术战争［M］// 纳西东巴古籍译注（第三卷）. 昆明：云南民族
　　　出版社，1989.

［35］和士诚释读，和力民翻译，和发源校译. 禳垛鬼大仪式·烧天香［M］// 纳西东巴古籍译注
　　　全集（第22卷）. 昆明：云南人民出版社，1999.

［36］和云彩释读，和发源翻译，和力民校译. 超度放牧牦牛、马和绵羊的人·燃灯和迎接畜神
　　　［M］// 纳西东巴古籍译注全集（第67卷）. 昆明：云南人民出版社，1999.

［37］和云彩诵经，和发源翻译. 崇般崇笮［M］// 纳西东巴古籍译注（一）. 昆明：云南民族出版
　　　社，1986.

［38］和云章口述，和力民翻译. 驮达给金布马超度吊死鬼（上卷）［M］. 昆明：云南省社会科学
　　　院东巴文化研究室1983年油印本.

［39］和云章口述，和力民翻译. 驮达给金布马超度吊死鬼（下卷）［M］. 昆明：云南省社会科学
　　　院东巴文化研究室1983年油印本.

［40］和湛. 丽江文化荟萃［M］. 北京：宗教文化出版社，2000.

［41］和正才讲述，赵净修翻译. 高勒趣招魂［M］. 丽江：丽江县文化馆，1963年石印本.

［42］和正才讲述，赵净修翻译. 普称乌路［M］. 丽江：丽江县文化馆，1963年石印本.

［43］和正才讲述，赵净修翻译. 修曲署埃［M］. 丽江：丽江县文化馆，1963年石印本.

［44］和正才讲述、李即善翻译. 懂述战争［M］. 丽江：丽江县文化馆，1963年石印本.

［45］和志武，杨福泉. 中国原始宗教资料丛编·纳西族卷［M］. 上海：上海人民出版社，1993.

［46］和志武. 纳西东巴经选译［M］. 昆明：云南人民出版社，1994.

［47］黄建明，聂鸿音，马兰主编. 首届中国少数民族古籍文献国际学术研讨会论文集［C］. 北京：
　　　民族出版社，2012.

［48］金克木. 梵语文学史［M］. 北京：人民出版社，1964.

［49］李静生. 纳西人的署龙崇拜及环境意识［C］// 赵世红，习煜华编. 东巴文化研究所论文选
　　　集. 昆明：云南民族出版社，2003.

［50］李静生. 一组记录时间词的东巴字简析［C］// 中国文字研究（第十六辑）. 郑州：大象出版

社，2014.

［51］李霖灿，张混，和才. 麽些象形文字字典［M］. 台湾"国立中央"博物院，1944 年 6 月专刊，四川李庄石印本.

［52］李霖灿. 麽些经典译注九种［M］. 台北：台湾中华丛书编审委员会，1978.

［53］李霖灿. 麽些象形文字、表音文字字典［M］. 台北：文史哲出版社，1972.

［54］李霖灿. 麽些研究论文集［C］. 台北：台北"国立"故宫博物院，1984.

［55］李霖灿. 纳西族象形标音文字字典［M］. 昆明：云南民族出版社，2001.

［56］丽江地区行政公署林业局. 丽江地区林业志［M］. 昆明：云南民族出版社，1998.

［57］梁漱溟. 东西文化及其哲学［M］. 北京：商务印书馆，2000.

［58］刘小枫. 拯救与逍遥［M］. 上海：上海三联书店，2001.

［59］罗世泽等整理. 木姐珠与斗安珠·羌戈大战［M］. 成都：四川民族出版社，1983.

［60］倪梁康. 现象学及其效应——胡塞尔与当代德国哲学［M］. 北京：商务印书馆，2014.

［61］田松. 神灵世界的余韵——纳西族：一个古老民族的变迁［M］. 上海：上海交通大学出版社，2008.

［62］童世骏. 批判与实践——论哈贝马斯的批判理论［M］. 北京：生活·读书·新知三联书店，2007.

［63］王明珂. 华夏边缘：历史记忆与族群认同［M］. 杭州：浙江人民出版社，2013.

［64］王明珂. 英雄祖先与弟兄民族［M］. 北京：中华书局，2012.

［65］吴文俊主编，沈康身分卷主编. 中国数学史大系（第二卷）［M］. 北京：北京师范大学出版社，1998.

［66］吴增定. 尼采与柏拉图主义［M］. 上海：上海人民出版社，2005.

［67］严汝娴，宋兆麟. 永宁纳西族的母系制［M］. 昆明：云南人民出版社，1983.

［68］杨福泉. 东巴教所反映的生殖崇拜文化［C］// 郭大烈，杨世光编. 东巴文化论. 昆明：云南人民出版社，1991.

［69］杨福泉. 东巴教通论［M］. 北京：中华书局，2012.

［70］杨福泉. 魂路［M］. 深圳：海天出版社，南昌：江西教育出版社，2000.

［71］杨福泉.《丽江社区乡土知识教育》试点项目概述［C］// 张晓，张寒梅主编. 文化多样性与社会性别行动研究文集. 北京：中国言实出版社，2009.

［72］杨福泉. 绿雪歌者——李霖灿与东巴文化［M］. 昆明：云南教育出版社，2000.

［73］杨福泉. 纳西族文化史论［C］. 昆明：云南大学出版社，2006.

［74］杨福泉. 原始生命神与生命观［M］. 昆明：云南人民出版社，1994.

［75］杨福泉主编. 当代云南纳西族简史［M］. 昆明：云南人民出版社，2012.

［76］杨士兴，和云彩讲述，和发源译. 鲁般鲁饶［M］. 丽江：丽江东巴文化研究所，1982 年油印本.

［77］杨树兴讲述，王世英翻译. 祭拉姆仪式·烧木偶冥房［M］. 丽江：丽江东巴文化研究所，

1984 年油印本.

［78］杨正文. 最后的原始崇拜——白地东巴文化［M］. 昆明：云南人民出版社，1999.

［79］叶秀山主编. 西方著名哲学家评传（第 2 卷）［M］. 济南：山东人民出版社，1984.

［80］詹承绪等. 永宁纳西族的阿注婚姻和母系家庭［M］. 上海：上海人民出版社，1980.

［81］张祥龙. 海德格尔思想与中国天道［M］. 北京：人民出版社，2010.

［82］周海燕. 记忆的政治［M］. 北京：中国发展出版社，2013.

［83］木仕华. 纳西东巴文白海螺大鹏鸟字源考［C］∥黄建明，聂鸿音，马兰主编. 首届中国少数民族古籍文献国际学术研讨会论文集. 北京：民族出版社，2012.

［84］弗洛伊德. 图腾与禁忌［M］. 北京：中央编译出版社，2005.

［85］丽江县志编纂委员会. 丽江纳西族自治县志［M］. 昆明：云南人民出版社，2001.

五、今人论文

［1］白庚胜. 东巴神话之神山象征及其比较［J］. 民族文学研究，1996（3）：31—36.

［2］白庚胜. 东巴文化中的巴格图龟蛙辨释［J］. 云南民族学院学报（哲学社会科学版），1995（4）：73—91.

［3］白庚胜. 纳西族祭天民俗中的神树考释［J］. 云南民族学院学报（哲学社会科学版），1997（2）：32—35.

［4］白庚胜. 纳西族空间观念之色彩表象［J］. 西北民族研究，2003（1）：163—171.

［5］蔡仲. 强纲领 SSK 与相对主义［J］. 南京社会科学，2004（12）：4—6.

［6］陈爱华.《德意志意识形态》中人与自然关系的哲学解读［J］. 马克思主义研究，2006（9）：57—65.

［7］陈烈. 论纳西族英雄史诗《黑白战争》［J］. 民族文学研究，1988（6）：65—69.

［8］陈烈. 英雄史诗《黑白战争》主题思想的形成［J］. 民族文学研究，1998（2）：75—79.

［9］陈晓平. 知识定义与默会知识——从"盖梯尔问题"谈起［J］. 现代哲学，2013（6）：78—83.

［10］鄂崇荣. 试论中国少数民族中的蛙崇拜［J］. 青海社会科学，2004（5）：139—145.

［11］方国瑜，和志武. 纳西族的渊源、迁徙和分布［J］. 民族研究，1979（1）：33—41.

［12］方国瑜，和志武. 纳西族古文字的创始和构造［J］. 中央民族学院学报，1981（1）：57—68.

［13］方国瑜. 麽些民族考［J］. 民族学研究集刊，1944（4）：23—35.

［14］房建昌. 东巴教创始人丁巴什罗及其生平［J］. 思想战线，1988（2）：75—81.

［15］高师宁. 关于世俗化问题［J］. 世界宗教文化，1995（4）：1—9.

［16］高师宁. 世俗化与宗教的未来［J］. 中国人民大学学报，2002（5）：34—38.

［17］郭玉良. 关于"儒"的原始意义的探讨［J］. 复旦学报（社会科学版），1998（6）：75—82.

［18］和发源. 东巴经书中的纳西族古代婚姻家庭［J］. 云南社会科学，1986（5）：91—96.

［19］和继全，和晓蓉. 传统节日的文化继承与多元民族宗教和谐功能——以香格里拉白地纳西族传统节日"二月八"为例［J］. 思想战线，2009（增刊）：4—8.

［20］和力民. 东巴教的性质——兼论原始宗教界说［J］. 思想战线，1990（2）：98—102.

［21］和力民. 丽江东巴教现状研究［J］. 云南民族学院学报（哲学社会科学版），1995（2）：56—58.

［22］和立勇，和少英. "化暸"：丽江古城纳西人社会整合中的文化自觉［J］. 思想战线，2007（6）：8—14.

［23］和锡典等. 青蛙伙子［J］. 玉龙山，1982（1）：56—59.

［24］和志武. 纳西族古文字概论［J］. 云南社会科学，1982（5）：84—91.

［25］和志武. 从象形文东巴经看纳西族社会历史发展的几个问题［J］. 中央民族学院学报，1980（2）：47—68.

［26］洪俊，董绍禹. 宗教起源新证［J］. 中央民族学院学报，1986（4）：24—30.

［27］胡杨. 从强纲领到社会学有限主义——爱丁堡学派研究纲领的转变述评［J］. 自然辩证法通讯，2004（1）：41—47.

［28］汲喆. 如何超越经典世俗化理论？——评宗教社会学的三种后世俗化论述［J］. 社会学研究，2008（4）：55—75.

［29］瞿明安等. 身体部位的象征人类学研究［J］. 世界民族，2009（1）：33—42.

［30］拉巴次仁. 刍析纳西族东巴教中的"东巴"一词［J］. 西藏研究，2002（3）：80—83.

［31］李本森. 破窗理论与美国的犯罪控制［J］. 中国社会科学，2010（5）：154—164.

［32］李国文. 纳西族《东巴经》"五行"记录概述［J］. 云南社会科学，2007（2）：104—108.

［33］李国文. 纳西族象形文字东巴中关于人类自然产生的朴素观［J］. 社会科学战线，1984（3）：48—55.

［34］瞿明安等. 身体部位的象征人类学研究［J］. 世界民族，2009（1）：33—42.

［35］李鹤生. 纳西族东巴教"署"崇拜性质新探［J］. 学术论坛，2008（3）：68—71.

［36］李静生. 纳西族东巴教中的祭孰龙仪式及其社会功能［J］. 思想战线，1990（3）：59—64.

［37］李静生. 纳西族东巴文化研究三题［J］. 思想战线，1993（5）：56—59.

［38］李霖灿. 与骆克博士论么些族形字音字之先后［J］. 大陆杂志，第九卷10期：167.

［39］李子贤. 论丽江纳西族洪水神话的特点及其所反映的婚姻形态［J］. 思想战线，1983（1）：79—86.

［40］林向萧.《东巴经》与纳西族古代文化［J］. 思想战线，1981（3）：62—66.

［41］刘刚. 照叶树林文化论与云南民族研究［J］. 思想战线，1989（6）：79—85.

［42］刘华杰. 关于"科学元勘"称谓［J］. 科技术语研究，2000（4）：29—30.

［43］刘华杰. 科学元勘中SSK学派的历史与方法论述评［J］. 哲学研究，2000（1）：38—44.

［44］刘龙初. 俄亚纳西族安达婚姻及其与永宁阿注婚的比较［J］. 民族研究，1996（1）：41—47.

［45］刘龙初. 纳西族火葬习俗试析［J］. 民族研究，1988（5）：39—45.

［46］刘文旋. "强纲领"：科学知识社会学的哲学立场［J］. 哲学研究，2014（8）：92—98.

［47］刘刚. 照叶树林文化论与云南民族研究［J］. 思想战线，1989（6）：79—85.

［48］马元龙. 无意识就是大他者的话语——论拉康的无意识理论［J］. 中国人民大学学报，2014（5）：137—148.

［49］木丽春. 论纳西族的原生和次生图腾［J］. 云南师范大学哲学社会科学学报，1991（4）34—40.

［50］木丽春. 论纳西族生殖崇拜［J］. 云南社会科学，2004（6）：113—115.

［51］木丽春. 纳西族的图腾服饰——羊皮［J］. 民族文化，1984（3）：76—79.

［52］木丽春. 纳西族东巴教祭祀文化的演变［J］. 云南师范大学哲学社会科学学报，1993（4）：75—81.

［53］钱安靖. 试论以白石崇拜为表征的羌文化［J］. 宗教学研究，1988（4）：57—60.

［54］沈云都. 生活世界的时间性——从胡塞尔到哈贝马斯［J］. 云南社会科学，2014（4）：49—53.

［55］宋波，夏廷. 基督教与近代科学［J］. 世界宗教研究，2003（2）：9—15.

［56］苏国勋. 社会学与社会建构论［J］. 国外社会科学，2002（1）：4—13.

［57］孙继昌等. 1998年洪水调查及评价［J］. 水文，2004（5）：14—19.

［58］孙尚阳. 世俗化与去世俗化的对立与并存［J］. 哲学研究，2008（7）：103—111.

［59］陶遽云. 关于么些之名称分布与迁移［J］. 历史语言研究集刊，1936（7—1）：7—11.

［60］童世骏. 没有"主体间性"就没有"规则"——论哈贝马斯的规则观［J］. 复旦学报（社会科学版），2002（5）：23—32.

［61］汪宁生. 纳西族源于羌人之新证［J］. 思想战线，1981（5）：35—38.

［62］王承权. 从婚礼看永宁纳西人的一夫一妻婚［J］. 民族研究，1980（4）：46—56.

［63］王晖. 盘古考源［J］. 历史研究，2002（2）：3—19.

［64］王俊敏. 韦伯的理性"进步"及其意义问题［J］. 社会学研究，2011（2）：102—133.

［65］王明珂. 历史事实、历史记忆与历史心性［J］. 历史研究，2001（5）：136—147.

［66］王闰吉. "日""月"形义新证［J］. 西北民族研究，2006（2）：145—149.

［67］吴其昌. 梁任公先生晚年言行记［J］. 中央周刊，1942（12，5卷21期）：11.

［68］吴忠. 自然法、自然规律与近代科学［J］. 自然辩证法通讯，1985（6）：25—33.

［69］习煜华，杨逸天. 东巴教中的丁巴什罗［J］. 云南民族学院学报，1987（3）：35—38.

［70］习煜华. 东巴文里的"署"所体现的生殖崇拜含义［J］. 云南民族学院学报（哲学社会科学版），1997（1）：55—57.

［71］习煜华. 纳西文化中的路径崇拜——以祭天和丧葬仪式为例［J］. 云南民族大学学报（哲学社会科学版），2008（5）：42—44.

［72］夏洞奇. "地上之国总是无常"：奥古斯丁论"罗马帝国"［J］. 历史研究，2007（6）：132—147.

［73］夏国军. 基础融贯论：哈克、戴维森和蒯因［J］. 哲学研究，2010（10）：74—80.

［74］夏之乾. 关于纳西族的家庭类型问题［J］. 中国社会科学，1983（2）：143—146.

［75］徐弢. 阿奎那灵魂学说的立场与方法［J］. 世界宗教研究，2011（4）：100—105.

［76］宣科. 音乐的活化石——纳西族多声民歌"热美蹉"的原始状态［J］. 音乐学习与研究，
1986（4）：45—48.

［77］严汝娴. 家庭产生和发展的活化石——泸沽湖地区纳西族家庭形态研究［J］. 中国社会科学，
1982（3）：187—204.

［78］严汝娴等. 纳西母系亲属制与易洛魁亲属制的比较研究——兼论亲属制度的起源问题［J］.
民族研究，1980（2）：58—70.

［79］杨福泉. 藏族、纳西族的人与自然观以及神山崇拜的初步比较研究［J］. 西南民族大学学
报·人文社会科学版，2004（12）1—4.

［80］杨福泉. 从《神路图》看藏文化对纳西族东巴教的影响［J］. 云南社会科学，2001（5）：
34—39.

［81］杨福泉. 东巴经殉情长诗《鲁般鲁饶》刍论［J］. 民族文学研究，1996（2）：10—16.

［82］杨福泉. 关于东巴教性质的几点新思考［J］. 宗教学研究，2014（3）：151—157.

［83］杨福泉. 略论东巴教的"还树债"及其口诵经［J］. 思想战线，2013（5）：67—71.

［84］杨福泉. 略论东巴教的本土神祇谱系［J］. 思想战线，2009（1）：16—22.

［85］杨福泉. 略论纳西族的生死观［J］. 中央民族大学学报（哲学社会科学版），2004（3）：
47—51.

［86］杨福泉. 略论纳西族的生态伦理观［J］. 云南民族大学学报（哲学社会科学版），2008（1）
38—42.

［87］杨福泉. 略论纳西族东巴教中的箭［J］. 民族研究，1996（4）：54—61.

［88］杨福泉. 略论纳西族东巴教的"威灵"、"威力"崇拜［J］. 思想战线，2011（5）：28—33.

［89］杨福泉. 论东巴教中的生命树与死亡树［J］. 云南学术探索，1996（3）：40—44.

［90］杨福泉. 论纳西族生命神"肆"［J］. 思想战线，1992（3）：48—53.

［91］杨福泉. 论唐代吐蕃本教对东巴教的影响［J］. 思想战线，2002（2）：53—57.

［92］杨福泉. 纳西族"山中灵境"观及其演变［J］. 云南社会科学，1998（1）：62—74.

［93］杨福泉. 纳西族的"青蛙五行"与生命观［J］. 云南民族学院学报（哲学社会科学版），
1995（4）：67—72.

［94］杨福泉. 纳西族的"生命三段论"［J］. 云南民族大学学报（哲学社会科学版），2006（5）：
102—107.

［95］杨福泉. 纳西族的古典神话与古代家庭［J］. 思想战线，1982（4）：70—76.

［96］杨福泉. 纳西族的灵魂观［J］. 思想战线，1995（5）：48—53.

［97］杨福泉. 纳西族祭天仪式的功能和特点［J］. 云南社会科学，2009（4）：15—19.

［98］杨福泉. 纳西族木石崇拜文化论［J］. 思想战线，1989（3）：49—55.

［99］杨福泉. 社会与文化变迁对民族宗教文化认同的影响——纳西人对东巴教的认同及其变迁研究［J］. 思想战线，2010（4）：15—20.

［100］杨福泉. 再论纳西族的"黑""白"观念［J］. 西南民族大学学报（人文社科版），2009（8）：1—7.

［101］杨杰宏. "麽些"考释［J］. 中央民族大学学报（哲学社会科学版），2013（3）：69—77.

［102］杨堃. 女娲考［J］. 民间文学论坛，1986（6）：44—49.

［103］杨启昌. 东巴教及象形文字的产生年代问题［J］. 云南社会科学，1994（1）：70—73.

［104］仰海峰. 否定的辩证法与批判理论的逻辑终结——阿多诺《否定的辩证法》解读［J］. 学习与探索，2010（2）：17—23.

［105］原祖杰. 从上帝选民到社区公民：新英格兰殖民地早期公民意识的形成［J］. 中国社会科学，2012（1）：183—205.

［106］于磊焰. 金沙江两岸森林告急［N］. 人民日报，1988-8-15.

［107］章立明. 关于人类早期婚姻形态建构的话语权力说：洪水神话分析［J］. 民族研究，2002（3）：52—56.

［108］章立明. 兄妹婚型洪水神话的误读与再解读［J］. 中南民族大学学报（人文社会科学版），2004（2）：25—28.

［109］章立明. 主客位文化视野中的纳人走访制［J］. 中南民族学院学报（人文社会科学版），2001（4）：48—52.

［110］赵国华. 生殖崇拜文化略论［J］. 中国社会科学，1988（1）：131—156.

［111］赵林. 中世纪基督教哲学中的奥古斯丁主义与托马斯主义［J］. 社会科学战线，2005（1）：23—30.

［112］郑震. 西方建构主义社会学的基本脉络与问题［J］. 社会学研究，2014（5）：165—190.

［113］周昌忠. 现象学：科学发现的认识论［J］. 哲学研究，2013（10）：81—89.

［114］周源. 试论纳西族白石崇拜［J］. 云南师范大学学报，2001（5）：80—83.

［115］朱宝田. 纳西族象形文字的分布与传播问题新探［J］. 云南社会科学，1984（3）：74—79.

［116］朱力. 社会规范建设的困境——三种理性人的策略性选择［J］. 探索与争鸣，2009（10）：44—48.

索 引

后 记

2011 年夏天，我在丽江的玉柱擎天，第一次听到纳西族关于人与"署"为同父异母兄弟的民间神话，遂对纳西地方性知识和丽江人日常观念史产生了浓厚的兴趣，并引发深入研究的念头。从那时算起，到本书基本完稿，历时整整 4 年。

在这 4 年里，促成本书的一个重要机缘是 2013 年 7 月，人文学院的老院长、德高望重的科技史学界前辈诸锡斌教授，正策划一套关于少数民族文化与科技的丛书，问我有没有选题。我欣然奉召，自以为经过 2 年的"深入研究"，对纳西学已经颇有心得，当不辱命。可是接下任务之后，方知井观浅窄，鄙陋可哂。又经过大约 1 年的准备，直到 2014 年 7 月，才兢兢动笔，至今又历 1 岁寒暑。

纳西学为当今海内外一显学，得世界三大遗产之加持，研磨者众。本书固然颇得前辈学人之提点，也以大量文献、论著为导引，但以弗洛伊德象征人类学和科学元勘学派理论，支撑一地方性知识系统的整体诠释，自问前车乏人。夫昔者众人观小儿辩日，曰创新者有之，曰胡诌者亦有之，是耶非耶，供方家笑耳。

本书的写作，非笔者二人之力可逮，实多方因缘际会，方告付梓。

诸锡斌教授为学坛耆宿，为人温润，为学深厚，为我辈之仰止。然能礼下后学，每加提点，俱口称"探讨"，令人感佩。

与科技出版社王晓义先生，至今仅谋二面，然亲和谦随，雅望殷殷，如在耳际。奋笔苦耕之余，每每念及先生，遂不敢迁延拖怠。拙作得以刊诸枣梨，亦雅承先生多历奔劳，称谢之言，不足表致。

杨福泉教授，堪称国内纳西学研究的一面旗帜，奔逸绝尘，高迹无追，而温勉后进，襄赞末学，笔者虽毕竭驽钝，尤难答致先生忱切之殷。本书幸得先生全文修润，指出纰漏之处若干，上至立论之偏误，下至句读之瑕疵，无不纤毫必究。前辈

治学精神之严谨一至于斯，令后生汗颜。

本书的写作，承王文光教授、董云川教授、陈征平教授、龙静云教授、方慧教授、秦莹教授、陈庆德教授、龚汝富教授、王启梁教授、周智生教授、袁国友教授、田东林教授、杨云教授、赖毅教授、鄢显俊教授、杨春和兄、和晓蓉博士、张宏勇博士、李德波老师、杨红凌老师、张德权兄等诸贤提点良多，在此一并称谢。

丽江玉水寨生态文化旅游有限公司的董事长和长红先生，长期致力于纳西东巴文化的挽救与保护，一片丹诚，令人钦佩。

年轻的东巴杨玉勋先生，渊博敏锐，本书多承他悉心斧正。

云南大学丽江旅游文化学院的教师李四全，为笔者提供了重要的文献，目前也正从我攻读硕士。我的研究生黄菊、杨柳、杨力、牟雅婷，也曾参与本书的部分调研和讨论……在此一并称谢。

我的学生和朋友，姚文博、夏梓尧、李亚奇、杜卓、魏湘东、安传贵、肖晶、马蕊、胡原、艾文祥、罗毅、钟亮、李刘新、宋鸿、邱彬、杜一鸣、李嘉伟、王兵……这个独对银屏的夜晚，提到你们的名字，想起你们插科打诨地滋扰、耽搁我写作本书的点点光阴，感觉很清澈，很明亮。

感谢一位我敬重的兄长对我的不期而至的帮助。感谢妹妹张艺对本书的期待和鼓励。此外，还要感谢王榕，我曾经的学生，现在他已投入我所敬爱的李兵教授门下，成了我的小师弟。

一儿奔窜，四老含饴，在这燥热难当的人间，给我这个伏案躬耕的读书人，留下一缕抵御纷扰的从容。

最后，深深地感谢我在东南大学的博士后合作导师、科学技术哲学领域的前辈陈爱华教授。先生学识深邃，崖岸清峻，为我辈青年学人之楷范。迎风而立的法国梧桐下，先生亲切的微笑和分寸得宜的温勉，映衬得东大的深秋尤为宽厚广朗。时年复见先生，似觉她虽然精神奕奕，但银鬓暗渡，益见瘦弱单薄。谨以此书，献给我敬重的老师陈爱华教授，谨祝她和顺安康！

云都谨识
2015 年 5 月 25 日，一稿
6 月 13 日，二稿
7 月 24 日，三稿
8 月 2 日，四稿
8 月 17 日，五稿